安徽省社科规划项目（AHSK11—12D222）
阜阳师范学院学术著作出版专项经费资助

朱宗友◎著

安徽省社科规划项目

中国特色社会主义道路选择研究

全球化视野下的意义与战略

STUDY ON THE PATH CHOICE OF
SOCIALISM WITH
CHINESE CHARACTERISTICS

社会科学文献出版社
SOCIAL SCIENCES ACADEMIC PRESS (CHINA)

序

朱宗友同志的博士论文选题为"全球化背景下中国特色社会主义道路选择研究",经由安徽省哲学社会科学规划办立项后作了进一步研究,并且作为其最终成果而以现在的书名出版,我谨向他表示衷心的祝贺!

宗友同志对于这一问题的研究,始于 2002 年他在南京师范大学攻读硕士学位期间。他在 2007 年考入我所任教的河南大学马克思主义基本原理专业攻读博士学位期间,继续将其作为自己的博士学位论文选题。在毕业并获取博士学位回到阜阳师范学院工作以后,他又继续开展了进一步的研究,使研究得到了新的提高和完善。所以,本书绝不是他一时心血来潮的产物,也不是单纯的功利主义的工具,而是他长期刻苦研究和努力的结果。同时,其中也凝结了他与包括他的硕士生导师在内的诸多师友的相互切磋和琢磨的心得。对于他的这种矢志不渝、不畏劳苦、勇于攀登、锲而不舍的治学精神和态度,我是十分赞赏的。

本书在内容上的突出特色,在我看来体现在以下几个方面。

一是立意高远,选题意义重大。无论是"全球化"与"社会主义和共产主义"问题本身,还是"全球化"背景下的中国特色社会主义道路和策略的"选择"及意义,都是一些不仅关系到当代世界和中国,而且关系到人类社会发展的历史和未来的大课题。本书正是紧紧抓住了这一重大的课题,紧紧围绕"全球化"与"中国特色社会主义道路的选择"的关系这个中心,从逻辑的和历史的以及理论的和实际的结合上,对包括"全球化与中国特色社会主义道路:内涵与关联""全球化背景下中国社会主义道路的选

择""从社会主义道路到中国特色社会主义道路的选择""全球化
对中国特色社会主义道路选择的意义""全球化背景下发展中国特
色社会主义的策略选择""比较视野下的中国特色社会主义道路"，
以及"全球化背景下中国特色社会主义道路选择的世界意义"等
在内的诸多问题，层层剖析，娓娓道来，既条分缕析而又纲举目
张地进行了较为系统而全面的论述和分析。读后能给人以视野开
阔、轮廓清晰、高屋建瓴、"一叶而知秋"的感觉。

二是坚持和贯彻了马克思主义的基本原理，以及马克思主义
的基本立场、观点和方法。马克思主义的基本方法就是历史唯物
论和唯物辩证法，它既是马克思主义的世界观，又是马克思主义
的方法论。同时，它也体现了马克思主义的立场、观点和方法的
统一，马克思主义的科学性和革命性的统一，马克思主义的辩证
法、认识论和逻辑学的统一，以及马克思主义的科学性和革命性
的统一。用这种世界观和方法论去观察经济与社会问题，那就必
须像马克思所说的那样："在研究经济范畴的发展时，正如在研究
任何历史科学、社会科学时一样，应当时刻把握住：无论在现实
中或在头脑中，主体……都是既定的。"① "就是在理论方法上，主
体，即社会，也必须始终作为前提浮现在表象面前。"② 同时，也
就必须像列宁所说的那样："在分析任何一个社会问题时，马克思
主义理论的绝对要求，就是要把问题提到一定的历史范围之内；
此外，如果谈到某一国家（例如，谈到这个国家的民族纲领），那
就要估计到在同一历史时代这个国家不同于其他各国的具体特
点。"③ 统观全书，可以明显地感到：作者不仅在主观上而且在事
实上的确都努力贯彻了马克思主义的这些基本要求。

例如，拿对 20 世纪 70~80 年代以来的热门话题 "全球化"
问题的认识来说，作者在这里就没有仅仅停留在国内外一些流行
的说法上，而是立足于 "全球化" 问题本身的历史和现实，运用

---

① 《马克思恩格斯文集》第 8 卷，人民出版社，2009，第 30 页。
② 《马克思恩格斯文集》第 8 卷，人民出版社，2009，第 26 页。
③ 《列宁专题文集——论马克思主义》，人民出版社，2009，第 302 页。

马克思主义历史唯物主义关于生产力、生产方式和交往方式，生产关系和交往关系以及"生产的社会形式"之间的相互关系的原理，一方面说明了"全球化是在生产力、分工和交往发展的基础上形成的，是各民族互相往来和互相依赖不断加深的过程、趋势和结果"；另一方面又着重指出："全球化是由资产阶级所开启的，具有鲜明的资本主义时代的时代特征和鲜明的资产阶级的阶级性特征。"在此基础上，作者又根据马克思和恩格斯的有关论述，指出了"全球化进程是包括经济、政治和文化在内的多维过程"，它"不仅是一种经济现象，而且是一种社会的、政治的和文化的现象"；并且同样根据马克思和恩格斯的有关论述，揭示了"全球化"在促进人类社会进步和发展中的二重作用。就是说，一方面，"全球化促进了人类社会生产力的高度发展和各民族之间的融合，从而为向新的、更加高级的社会形态的过渡创造了条件"；另一方面，"资本来到世间，从头到脚，每个毛孔都滴着血和肮脏的东西。资本主义的发展史，就是资本剥削劳动、列强掠夺弱国的历史，这种剥夺的历史是用血和火的文字载入人类编年史的"。"资本主义开辟了世界历史，但资本主义制度又最终成为世界历史进一步发展的桎梏。这是全球化发展的必然结论。"尤其难能可贵的是，作者还循此前进，进一步明确指出了"全球化的前景将是共产主义"。正如作者所说："随着历史的前进，资本主义的所有制关系终将难以适应生产力的发展，它再也不能容纳其本身所创造的巨大财富了。因此，全球化的充分展开，其结果必将冲破资本主义制度本身，把人类推向资本主义的反面——共产主义，用共产主义的全球化取代资本主义的全球化。"

应当说，作者对于这一问题的论述和解读，大体上涵盖了马克思主义及其经济学关于"全球化"理论的基本原理，给人们提供了一个关于这些基本原理的比较清晰而又完整的轮廓、框架和"全型"①。而

---

① "全型"一词的德文原文是"Gestalt"，在心理学领域中又被译为"格式塔"，用以指称当代西方心理学中的一个流派，亦即其中的"格式塔理论"或"全型理论"。在中文马克思主义的著作中，多被译为"形态"。

其中无疑贯穿了马克思主义的基本立场、观点和方法。

再就对于本书的中心议题即"全球化视野下中国特色社会主义道路的选择"的论述来说，作者在这一问题上也努力坚持了马克思主义的基本原理及其基本立场、观点和方法。正如作者在本书中所说，其毕业论文之所以选择这个题目，首先是因为"全球化与中国特色社会主义道路是当今世界上存在的两大客观现实，并且中国特色社会主义道路的产生、发展，是同全球化的历史进程有着内在联系的，即全球化与中国特色社会主义道路有着巨大的历史同步性与价值契合性"。其中从全球化的角度看，尽管20世纪70年代以来的新一轮的全球化浪潮，从本质上来说仍然不过是从15～16世纪以来就已经开始了的人类社会历史的全球化过程的必然继续，"然而这一轮的新的全球化浪潮的特点之一，就是社会主义中国的中国特色社会主义道路的选择，以及中国人民在这条道路上所取得的举世瞩目的成就。从这个意义上说，中国特色社会主义已经成为当代全球化过程中的一大亮点。正如中国离不开世界一样，当今世界也离不开走上了中国特色社会主义道路的社会主义中国。中国特色社会主义事业的成就已经深刻地影响到当代全球化的进程、性质和作用"。而"这一问题的解决，包含着对在当代全球化条件下的社会主义发展规律新的解读"。因此，对于"全球化"和"中国特色社会主义道路"两者的内涵及其相互关系的解读，就成为全书的轴心。其中，从历史发展的角度看，按照作者的见解，全球化发展的历程大体上经历了早期、中期和当代三个历史阶段，而在这三个阶段中的每一个阶段里，都对应着工人阶级社会主义和共产主义运动的相应的发展。"中国特色社会主义道路的选择是在当代全球化的条件下，基于实现中国的繁荣富强和社会主义现代化、实现中华民族的伟大复兴而作出的主动选择。中国特色社会主义道路的产生和发展，离不开现当代全球化的历史背景，而是与之有着密切的内在联系。全球化与中国特色社会主义道路有着巨大的历史同步性与契合性。"同时，当代全球化又是一把"双刃剑"，"给中国特色社会主义的发展在经济、政治和文化等方面既带来挑战又带来机遇。面对挑战和机遇，我们实行了社会主义市场经济。可以说，这在社会主义发展史上是一个创举。然而，如何在全球化背景下不断发展和完善社会主义市场经济，使之区别于资本主义市场经济，将是一个关系到中国特色社会主义历史命运的重大问题"。"在全球化进程中形成的中国特色社会主义道路，必将受到全球化的影响。党中央提出贯彻落实科学发展观和构建社会主义和谐社会的重大战略思想，可以说是对此进行的积极回应。"最后，作者进一步指出了"全球化背景下中国特色社会主义道路的选择"的重大意义："这条道路既为广大发展中国家提供了一种有别于西方的发展模式，又为社会主义国家巩固、建设和发展社会主义提供了成功的范例，还将向人类表明：社会主义是必由之路、社会主义优于资本主义，从而在国际共产主义运动处于低潮时期，展现了社会主义无限光明的前景。"

应当说，作者的这些论述也是努力贯彻了马克思主义的基本立场、观点和方法的，既坚持了马克思主义的基本原理和科学社会主义的基本原则，又体现了马克思主义与时俱进、开拓创新的理论品格。同时，对于正在从事中国特色社会主义建设事业的人来说，这无疑将会成为一种鼓舞人们奋发图强、健康向上的"正能量"。

本书另一个值得肯定的地方是论述的系统性和完整性。作者围绕"全球化背景下中国特色社会主义道路选择"这个中心，先从"全球化与中国特色社会主义道路：内涵与关联"开始，然后层层递进，依次分别论述了"全球化背景下中国社会主义道路的选择""从社会主义道路到中国特色社会主义道路的选择""全球化对中国特色社会主义道路选择的意义""全球化背景下发展中国特色社会主义的策略选择""比较视野下的中国特色社会主义道路"，以及"全球化背景下中国特色社会主义道路选择的世界意义"等问题。此外，作者占有的文献资料较为丰富和全面，对于马克思主义经典著作和学术界各种不同观点的引证较为规范，分析和评论较为中肯，态度端正，风格稳健，努力贯彻了实事求是和"一分为二"的辩证法思想。所有这些，我认为都是值得肯定和继续发扬的。

当然，作为一部学术著作，本书也不可能不存有这样或那样的缺陷，更不可能穷尽与本论题相关的全部事实与真理。其中有些论述原本似乎还可以更加深入细致一些，有些论点和论据似乎也是还可以更加准确和鲜明一些的。尽管如此，本书毕竟体现了作者对于这一问题研究的又一阶段性成果。它的选题立意是符合时代的要求的，它的立场、观点和方法体现了马克思主义的立场、观点和方法，因而也是旗帜鲜明的。至于书中存在的这样或那样的缺陷或不足，这在任何一部学术著作中，恐怕也都是在所难免的。正如马克思在《资本论》第1卷法文版序言中所说："在科学上没有平坦的大道，只有不畏劳苦沿着陡峭山路攀登的人，才有希望达到光辉的顶点。"①

愿以此与作者和读者共勉。

是为序。

许兴亚

2003 年 9 月 3 日

于河南大学

---

① 《马克思恩格斯文集》第 5 卷，人民出版社，2009，第 24 页。

摘　要

"全球化"（globalization）问题是一个当今世界各国都必须面对的客观事实，它已经对人类社会的政治、经济、文化和社会发展产生重大影响，而且这种影响还在继续。中国作为全球化进程中的一员，必将受到全球化的深刻影响。因此，很有必要从全球化的视角来认识中国特色社会主义道路的选择问题。

全球化的产生和发展具有必然性，它是人类社会的生产、生活和交往的社会化发展的必然趋势，也是人类社会经过资本主义的全球化，进而过渡到社会主义社会、共产主义社会的必经阶段。全球化是一把"双刃剑"，不能笼统地讲全球化是福音抑或灾难，对不同的国家来说其影响是不一样的。中国特色社会主义道路的选择是在当代全球化的条件下，基于实现中国的繁荣富强和社会主义现代化，实现中华民族的伟大复兴而作出的主动选择。全球化与中国特色社会主义道路有着巨大的历史同步性与契合性。

中国人民走上社会主义道路，是在近现代全球化发展的历史进程中和在中国特殊的历史条件下，在中国共产党的领导下所作出的必然的和历史的选择。在当代全球化背景下，中国共产党人通过对国内外社会主义建设经验教训的深刻总结，在深刻把握当代全球化新特征的基础上，逐步探索出一条适合中国国情的社会主义现代化建设道路——中国特色社会主义道路。

当代全球化是一把"双刃剑"，给中国特色社会主义的发展在经济、政治和文化等方面既带来挑战又带来机遇。中国特色社会主义道路是在全球化进程中形成和发展起来的。因此，在新的历史条件下，只有继续解放思想，坚定不移地推进改革开放，发展社会主义市场经济，贯彻落实科学发展观和构建社会主义和谐社会，才能使中国特色社会主义道路越走越宽广。

全球化背景下中国特色社会主义道路的选择具有重大的意义。这条道路既为广大发展中国家提供了一种有别于西方的发展模式，又为其他社会主义国家巩固、建设和发展社会主义提供了成功的范例，还将向人类表明：社会主义是必由之路、社会主义优于资本主义，从而在国际共产主义运动处于低潮时期，展现社会主义无限光明的前景。

关键词：全球化　中国特色社会主义道路　选择

目 录

引　言 ……………………………………………………… 001

　一　选题意义及学术界研究现状 …………………………… 001

　二　本书的框架结构与基本内容 …………………………… 029

　三　本书写作的主要方法和创新点 ………………………… 030

第一章　全球化与中国特色社会主义道路：内涵与关联 …… 035

　一　马克思恩格斯的全球化思想 …………………………… 035

　二　对于全球化的本质、进程及影响的探讨 ……………… 048

　三　全球化与中国特色社会主义道路的关联，以及中国
　　　特色社会主义道路的内涵 …………………………… 070

　四　把全球化与中国特色社会主义道路结合起来：把握
　　　当代中国社会发展的正确方法 ……………………… 081

第二章　全球化背景下中国社会主义道路的选择 …………… 084

　一　"中国社会主义道路"的内涵 ………………………… 084

　二　19 世纪中叶到 20 世纪 40 ～ 50 年代的全球化特征与
　　　中国社会主义道路的历史背景 ……………………… 098

　三　中国社会主义道路的选择 ……………………………… 111

第三章　从社会主义道路到中国特色社会主义道路的选择 … 124

　一　中国特色社会主义道路选择的全球化背景 …………… 124

二　新中国前 30 年社会主义建设的历程和中国社会主义
建设道路的最初探索 ·· 139

三　改革开放与社会主义现代化建设的新时期与中国
特色社会主义道路的形成 ·· 144

第四章　全球化对中国特色社会主义道路选择的意义 ········· 161

一　全球化给中国特色社会主义带来的挑战 ··············· 161

二　全球化给中国特色社会主义带来的机遇 ··············· 177

第五章　全球化背景下发展中国特色社会主义的策略选择 ··· 192

一　解放思想与中国特色社会主义发展道路的选择 ········ 192

二　改革开放与中国特色社会主义发展道路的选择 ········ 202

三　社会主义市场经济：发展中国特色社会主义的
根本要求 ··· 217

四　科学发展、社会和谐与中国特色社会主义发展
道路的选择 ·· 240

第六章　比较视野下的中国特色社会主义道路 ············· 256

一　中国特色社会主义道路与其他主要发展模式形成的理论
渊源和历史背景不同 ·· 257

二　中国特色社会主义道路与其他主要发展模式在指导思想、
政治经济建设等方面不同 ·· 261

三　小结 ··· 264

**结语　全球化背景下中国特色社会主义道路选择的
世界意义** ·· 265

一　中国特色社会主义道路为广大发展中国家提供了一种
有别于西方的发展模式 ·· 266

二　中国特色社会主义道路为其他社会主义国家提供了
　　成功的范例 …………………………………………… 272
三　中国特色社会主义道路的选择对人类社会发展的意义 … 279

主要参考文献 …………………………………………… 287

索　引 ……………………………………………………… 306

后　记 ……………………………………………………… 309

引　言

　　全球化是当前国内外不少人正在热议的话题。但是，到底什么是全球化？它的实质是什么？它来自何处、去向何方？它和中国特色社会主义道路的选择有何关系？如何认识全球化背景下的中国特色社会主义？对于这些问题，都必须给予马克思主义的回答。笔者拟就这些问题，进行一些力所能及的探讨和研究。

一　选题意义及学术界研究现状

（一）问题的提出及意义

　　马克思恩格斯在《共产党宣言》和《资本论》等著作中，首先揭示出了资产阶级在全世界范围内推广资本主义生产方式的趋势，其中是包含了从生产力和生产方式、交往方式，到生产关系和交往关系，以及生活方式等在内的。总之一句话，资产阶级按照自己的面貌为自己创造出一个世界。自从20世纪十月社会主义革命以来，资本主义的一统天下已经被打破，但并没有改变人类社会在生产、交换、交往、科技和生活等方面进一步互相融合的趋势。东西方阵营的对立，主要表现在经济的和政治的，以及意识形态方面的对立。苏联解体、东欧剧变改变了世界东西方两极对立的格局，使当今世界的"全球化"在经济和社会制度，以及政治和军事等方面，重新表现出某种资本主义一霸独强的态势或格局。但是，这同样并没有改变从生产力和科技，以及生产方式和生活方式等方面的深层次的"全球化"趋势，也没有从根本上改变资本主义向社会主义、共产主义过渡的历史进程，不过却使这种全球化过程重新笼罩上资本主义的阴影。在存在社会主义和资本主义两种对立的社会制度和社会意识形态的情况下，一方面，并不改变人类社会继续朝着"全球化"发展的趋势；另一方面，从经济和社会制度以及政治和意识形态等上层建筑来看，又绝不能撇开经济、社会、政治、文化以及意识形态等方面的差异和对立，抽象地去奢谈无条件的、真正全面的"全球化"。

全球化的概念虽然是从 20 世纪 70～80 年代以来才开始成为一个新的热门的话题，但从马克思主义基本原理的角度看，它实际上是从 16 世纪以来就已经开始了的资本主义生产方式向全世界范围内进行扩张的延续。马克思恩格斯早在 1848 年发表的《共产党宣言》中就已经指出："资产阶级，由于开拓了世界市场，使一切国家的生产和消费都成为世界性的了。""一句话，它按照自己的面貌为自己创造出一个世界。"① 列宁在新的历史条件下创造性地继承和发展了马克思恩格斯的理论。他在 19 世纪末和 20 世纪初，提出了帝国主义是资本主义发展的最高阶段的理论，并且指出了帝国主义是无产阶级社会主义革命的前夜。列宁的这一理论，同样是建立在资本主义已经按照自己的面貌为自己创造出了一个世界并且列强已经把世界领土瓜分完毕这一前提和基础之上的。这说明，就其本来意义和实质来说，所谓的"全球化"并不是一个仅仅到了 20 世纪 70～80 年代以后才出现的新问题。只不过随着 20 世纪苏联十月社会主义革命的胜利和一系列社会主义国家的出现，统一的世界资本主义的经济体系分割为两大对立的世界经济体系和世界市场。然而这一切并没有改变在生产力和科技等方面，社会主义国家和资本主义世界继续朝着全球化发展的趋势。而随着 20 世纪 90 年代以来苏联解体和东欧剧变，全世界社会主义和资本主义的力量对比，重新出现了有利于资本主义在全世界范围内

① 《马克思恩格斯文集》第 2 卷，人民出版社，2009，第 35～36 页。

推广它的生产方式、生活方式乃至上层建筑和意识形态的新的变化。因此从这个意义上说，全世界资产阶级及其代言人所谓的新一轮的"全球化"，不过是他们自认为的"社会主义和共产主义最终失败"的一种过分乐观的说法而已。而对于马克思主义者来说，这只不过是在人类社会从资本主义向新的社会形态过渡的历史过程中的一个插曲。不过这一切，同样没有改变人类社会逐渐走向在社会主义、共产主义基础上的真正的全球化的必然趋势。

另外，各国无产阶级的社会主义革命运动，都是在世界资本主义经济和政治的"全球化"的基础上爆发的。它们都是全世界无产阶级社会主义革命的一部分，又无不具有自己的特点。中国革命和中国的社会主义建设也不例外。进入 20 世纪 70 年代以来，伴随着世界社会主义运动出现的历史曲折，人类历史的"全球化"过程也出现了许多新特点。正是在这一历史背景下，中国共产党带领中国人民又从新的历史条件出发，明智地选择了一条中国特色社会主义道路，并在这一条道路上取得了举世瞩目的成就。可以说，中国特色社会主义道路的选择，是在当今世界"全球化"条件下实现中华民族伟大复兴的唯一正确选择。

因此，在这种情况下，进一步弄清新时期"全球化"的内容和实质，并且进一步弄清这一背景与中国特色社会主义道路选择的关系，就成为一项具有十分重大的理论和实际意义的课题。具体说来，这些意义表现在以下几个方面。

1. 有助于人们认清中国特色社会主义道路的全球化背景和时代的本质及特征，从而把握人类社会发展的总趋势，进一步坚定共产主义的理想和信念，坚定走中国特色社会主义道路的信心和决心

如上所述，从根本上来说，人类社会的全球化进程，是一个从资本主义时代以来就已经开始了的历史进程。15～20 世纪的历史时期，可以说是一个单一的资本主义生产方式在全世界范围内逐步扩展的时期。不过尽管如此，却也同时包含了生产力、科学技术、生产的社会化，以及交往和生活方式的现代化等一系列历史的进步。然而，这一切同时也伴随着资本对人和自然界的统治和剥削的范围的扩大。19世纪末20世纪初，人类社会开始进入了帝国主义和无产阶级社会主义革命的时代。其中尤其是以俄国十月革命的胜利为转折点，经过后来的第二次世界大战和中国等一系列国家的新民主主义革命和社会主义革命的胜利，到20世纪50年代，统一的资本主义世界经济体系已经瓦解，一度出现了东西方社会主义和资本主义两大阵营互相对立的局面。后来又经过一系列的分化和改组，到60年代，逐步演变为美苏两极对立和三个世界划分的格局。不过这一切也都并未改变生产的社会化与经济和社会现代化，以及全球化的总的历史进程。及至80年代末90年代初，随着苏联的解体和东欧的剧变，世界社会主义、共产主义运动遭遇巨大挫折，世界历史的发展和全球化的历史进程再一次陷入西方发达资本主义国家一霸独强和主导的局面。面对这一历史剧变，国际和国内思想理论界出现了截然不同的判断。然而这一切，同样没有也不可能从根本上改变全球化的历史进程，以及人类社会从资本主义向新的生产方式过渡的历史发展的总趋势。

换句话说，从社会主义事业发展的角度来说，在全球化进程中，20世纪世界发生了两件大事，这两件事都关涉同一个国家——苏联，但影响却是全球性的。

第一件事是十月革命的胜利。这次胜利开辟了人类历史发展的新时代，从此结束了资本主义一统天下的局面，社会主义从理论变为现实。世界被压迫民族和人民也由此看到了希望，从而在世界范围内兴起了建立社会主义社会的热潮。第二件事是苏联的解体。这件事的影响也是全球性的。它改变了世界政治格局，使社会主义的力量大为削弱，社会主义运动处于低谷。以福山为代表的西方学者认为苏联解体意味着社会主义的失败，人类历史将终结于资本主义①。这种思潮不仅在国际上广为流传，而且也蔓延到国内。由此导致的一个最大的政治后果就是人们对社会主义的理想信念发生了动摇，不同程度地出现了"信仰危机"。

---

① 〔美〕弗朗西斯·福山：《历史的终结及最后之人》，黄胜强、许铭原译，中国社会科学出版社，2003，第326页。

正如江泽民指出："东欧剧变、苏联解体，是世界社会主义遭受的巨大挫折。为什么苏联这样一个发展了七十多年的社会主义国家还会解体呢？一些善良的人们产生了疑问和困惑，对世界社会主义的前途也存在这样那样的忧虑，甚至在我们一些党员、干部中也程度不同地产生了'信仰危机'。这是客观存在，我们不承认、不正视不行。"① 然而，承认、正视问题的目的在于解决问题。本书正是在此背景下，努力以马克思主义为指导，尝试以全球化为背景，对上述问题作出马克思主义的回答，从而努力为在加深对于社会发展的客观规律的认识，深刻认识社会主义代替资本主义的历史必然性及其长期性和艰巨性，坚定走中国特色社会主义道路的决心和信心等方面，作出自己微薄的贡献。

2. 有助于正确看待我国社会主义事业的历史，正确理解中国特色社会主义道路的选择与马克思主义的科学社会主义基本原则之间的关系，正确认识中国特色社会主义道路的实质

首先，中国特色社会主义道路的选择，是在长期的中国革命和中国社会主义建设的历史经验和基础上进行的。正如党的十七大报告指出："改革开放伟大事业，是在以毛泽东同志为核心的党的第一代中央领导集体创立毛泽东思想，带领全党全国各族人民建立新中国、取得社会主义革命和建设伟大成就以及艰辛探索社会主义建设规律取得宝贵经验的基础上进行的。新民主主义革命的胜利，社会主义基本制度的建立，为当代中国一切发展进步奠定了根本政治前提和制度基础。"② 而中国新民主主义革命的胜利和社会主义基本制度的建立，也都是在当时的世界历史背景下进行的。

其次，中国特色社会主义的道路的选择，又是在新时期的新的世界历史背景下作出的。新时期的国际背景的最重要的特点之一是：一方面，由于苏联解体和东欧剧变，人类历史的"全球化"

---

① 《江泽民文选》第3卷，人民出版社，2006，第78页。

② 中共中央文献研究室编《十七大以来重要文献选编》（上卷），中央文献出版社，2009，第6页。

进程重又陷入资本主义主导的局面；另一方面，面对世界经济、政治发展的新格局，中国共产党领导中国人民审时度势，在坚持社会主义的基本方向不动摇的前提下，毅然而明智地选择了中国特色社会主义的道路，并在改革开放和社会主义现代化建设的过程中取得了一系列举世瞩目的成就。正如党的十七大报告指出："改革开放以来我们取得一切成绩和进步的根本原因，归结起来就是：开辟了中国特色社会主义道路，形成了中国特色社会主义理论体系。""中国特色社会主义道路之所以完全正确、之所以能够引领中国发展进步，关键在于我们既坚持了科学社会主义的基本原则，又根据我国实际和时代特征赋予其鲜明的中国特色。""在当代中国，坚持中国特色社会主义道路，就是真正坚持社会主义。"①

这就是说，改革开放以来我国所走的既是一条社会主义的道路，又是一条中国特色社会主义的道路。两者缺一不可。而并非如有些学者所鼓吹的那样，改革开放以来我国所走的是民主社会主义道路。如何认识这段历史，是一个重大的理论问题，更是一个重大的政治问题。这是关系中国举什么旗、走什么路的大问题。本书拟在考察中国特色社会主义道路选择的历史和现实的基础上，对新中国成立以来特别是改革开放以来所走过的道路进行实事求是的评析，确证改革开放以来我国所走的既不是民主社会主义的道路，也不是苏联模式的道路，而是中国特色社会主义道路。

3. 研究全球化背景下中国特色社会主义道路的选择具有重大的理论价值

从理论上说，如何运用马克思主义的基本理论和方法来考察、审视、分析全球化问题，以及全球化与中国特色社会主义道路选择的关系问题，如何在全球化背景下进行中国特色社会主义的理论创新和实践创新等问题，都需要我们去认真研究。只有从理论上阐明了全球化背景下中国特色社会主义道路选择的客观性、必

---

① 中共中央文献研究室编《十七大以来重要文献选编》（上卷），中央文献出版社，2009，第45、69页。

然性及其路径，才能更好地在实践中应对全球化的挑战，更好地坚持和发展中国特色社会主义。

4. 有助于认识中国在世界上的地位和作用，从而增强中华民族的自尊心和自信心

全球化的发展为国家间的相互学习提供了前提与可能。在一定意义上，中国特色社会主义道路的选择过程就是向其他国家学习、借鉴的过程。现在，中国特色社会主义发展道路在国际上得到了越来越多国家的赞同和认可。同时，世界上还有那么多第三世界国家，面临着艰巨的发展任务。这些国家同中国具有不少共同的地方，比如，受过殖民统治、经济文化比较落后等。因此，中国特色社会主义道路的选择，对广大第三世界发展中国家具有可资借鉴的地方。从这个意义上说，中国特色社会主义道路的选择有助于促进世界的和平与发展。

在全球化进程中，中国特色社会主义道路的选择本身，就是对世界的和平与发展所作出的贡献。在历史上，大国的崛起往往伴随着战争、侵略和扩张。受此影响，一些国家对中国这些年来的快速发展心存疑虑。所以，有些国家就抛出了"中国威胁论"。实际上，他们多虑了。历史已经并将继续证明，中国特色社会主义的发展对世界来说，是机遇而不是挑战。中国是世界和平与发展的维护者和推动者。比如，在联合国改革、反恐、应对金融危机等问题上，中国都作出了自己的努力和贡献。阐明这一点，是确定本书选题的一个重要动因。

（二）学术界研究现状

1. 国内外学术界对"全球化"问题本身的研究

在马克思主义的理论中，如果不是单纯按字面上的提法，而是按其内容和实质来说，"全球化"问题其实本来不是一个新问题。早在 1845～1846 年，马克思恩格斯在他们合写的《德意志意识形态》中就指出：

> 共产主义对我们来说不是应当确立的状况，不是现实应

当与之相适应的理想。我们所称为共产主义的是那种消灭现存状况的现实的运动。这个运动的条件是由现有的前提产生的。……这种状况是以世界市场的存在为前提的。因此，无产阶级只有在世界历史意义上才能存在①。

在 1848 年的《共产党宣言》中，马克思恩格斯也指出：

资产阶级，由于开拓了世界市场，使一切国家的生产和消费都成为世界性的了。

一句话，它按照自己的面貌为自己创造出一个世界②。

所以，从这个意义上说，人类社会历史的"全球化"过程，早在资本主义上升时期就已经开始了。因此，所谓的"全球化"，按其本义来说，本来并不是一个新现象、新概念和新问题。不过人们今天所说的"全球化"所指往往并不是这个意思，而更多的是指伴随着苏联解体、东欧剧变而出现的美苏两极对立格局的消失而出现的、资本主义在世界范围内重新占据主导地位以来的全球化趋势的新特点。或者，是把在生产的社会化和生产力、生产方式和生活方式本身范围内所发生的足以说明全球化趋势进一步发展的总趋势，与资本主义生产方式和社会关系重新占据主导地位这一点相混淆。也有人所说的全球化，只不过是指跨国公司的生产和销售方面的情况。

具体说来，有人认为，在西方，对全球化进行研究从 20 世纪 60 年代就已经开始，只是到了 80 年代中后期，作为一个描述世界发展趋势及其特征的"全球化"概念在西方理论界才被多数人接受。在西方，也有人认为，西奥多·莱维特（Theodore Levitt）在他于 1983 年发表在《哈佛商业评论》（*Harvard Business Review*）上的一篇文章《市场的全球化》（The globalization of markets）中首先使用了"全球化"一词。不少人因此而认为，莱维特就是在用

---

① 《马克思恩格斯文集》第 1 卷，人民出版社，2009，第 539 页。
② 《马克思恩格斯文集》第 2 卷，人民出版社，2009，第 35~36 页。

"全球化"这个词来形容此前 20 年间国际经济发生的巨大变化，即商品、服务、资本和技术在世界性生产、消费和投资领域中的扩散。但实际上，莱维特在文章中主要是从跨国公司的市场营销的角度来谈的①。这与当代人们所说的"全球化"并不是一个概念。只是到了 90 年代以后，伴随着苏联的解体和美苏两极对立格局的消失，对这一问题的研究达到了高潮。据有关资料显示，单是从 90 年代到 2002 年，在西方就已经出版和发表了 2000 多种著作和 30000 多篇文章②。关于全球化问题，西方理论界主要有三种观点：第一，极端的全球化主张，主要代表是日本的大前研义。他认为，全球化标志着一个时代，在这个时代里，各个民族日益服从于全球市场的约束，而他所说的这个"全球市场"，其实质无非就是统一的全球资本主义市场。第二，变革论者的全球化主张，主要代表是英国的吉登斯、德国的贝克。他们认为，全球化的当代模式是前所未有的，全球的国家和社会正在经历着一个深刻的变革过程，以努力适应这个相互联系更加紧密，但非常不确定的世界。第三，怀疑论者的主张，以赫斯特、汤普森为代表。他们认为，全球化在本质上是一个神话，掩盖了国际经济不断分裂为三个主要地区集团、国家政府依然强大的现实③。此外就是来自国外马克思主义学术界和第三世界国家的学者和政治家、理论界的"反全球化"即反对全球资本主义化的主张。

国内关于全球化理论的研究④情况从表 1-1 大体上能够反映出来。从表 1-1 中可以看出，在 20 世纪 90 年代以前，我国只有少数学者开始关注全球化问题。但是，由于当时国内外的特殊原因，对该问题的研究没有能够展开。进入 90 年代，我国学者对全球化问题的研究逐步展开，1991~2000 年发表了 3002 篇研究文

---

① Theodore Levitt, "The Globalization of Markets," *Harvard Business Review*, 1983, 84 (3), pp. 2-20.

② 薛晓源：《全球化时代：我们何为?》，载李惠斌主编《全球化与现代性批判》，广西师范大学出版社，2003，第 1 页。

③ 〔英〕戴维·赫尔德等：《全球大变革——全球化时代的政治、经济与文化》，杨雪冬等译，社会科学文献出版社，2001，第 3 页。

④ 吴怀友：《国内全球化理论研究概述》，《上海行政学院学报》2005 年第 4 期。

章。特别是进入 21 世纪以来，对全球化问题的研究迅速成了我国学术界的热点。2001 年至今发表了 17294 篇研究文章。特别值得一提的是 2002 年，这一年发表了 2800 多篇研究文章，可以说国内就这一问题的研究达到了高潮。

表 1-1　题目中含有"全球化"的文章

单位：篇

时　间	数　量
1979~1990 年	36
1991~2000 年	3002
2001 年至今	17294

资料来源：中国学术期刊网。

学术界不仅发表文章探讨有关全球化问题，还举办多次全国性、国际性的研讨会进行沟通和交流，如"全球化与社会主义"（1999 年，南京）、"全球化与发展中国家"（2000 年，北京）、"全球化与 21 世纪国际论坛"（2001 年，河北）、"全球化与当代资本主义国际论坛"（2001 年，武汉）、"全球化与世界社会主义"（2002 年，南京）、"全球化与政治转型"（2007 年，北京），等等。20世纪 90 年代以来，国内学者还翻译、撰写了许多有关全球化问题的著作。1998 年，中央编译出版社出版了全面反映国内外学者最新成果的第一套"全球化论丛"：《全球化的悖论》《全球化时代的马克思主义》《全球化时代的社会主义》《全球化时代的资本主义》《全球化与中国》《全球化与世界》《全球化与后殖民批评》等。

之后，社会科学文献出版社接连出版了"全球化论丛"和"全球化译丛"等丛书。"全球化论丛"大部分内容反映的是中国学者的研究成果；而且这些作品已不是泛泛而论，而是专门性的研究成果。其中的相当一部分内容反映了全球化研究领域的前沿理论。"全球化译丛"涉及政治学、伦理学、经济学、社会学等领域。除中央编译出版社、社会科学文献出版社外，我国其他一些重要出版社，如人民出版社、上海人民出版社、中国社会科学出版社、华夏出版社等，都把全球化丛书或论著、译著列为出版的重点之一。

综观国内学者关于全球化问题的研究，大体涉及以下几个方面：①全球化的概念，即究竟什么是全球化，它的本质特征是什么。②全球化的类型，即除了经济全球化之外，民族国家的政治、文化是否也在经受全球化的冲击，从而也存在文化全球化和政治全球化的趋势。③全球化对于中国的意义，即全球化首先是民族化或中国化，还是世界化或普遍化，中国应当如何迎接全球化的冲击和挑战，对全球化应该采取什么样的对策。④全球化对于中国的发展和现代化进程而言究竟是利大还是弊多，是福音还是祸水①。可以说，几乎在上述所有的问题上，学术界都存在争论。

然而事实上，由于当今世界上主要存在资本主义和社会主义两种社会制度，因此，中外学者在探讨全球化问题时，不能不关涉这两大社会制度②。所以，在对全球化问题的研究中，事实上存在马克思主义与非马克思主义的不同观点的对立。对此必须保持清醒的马克思主义的认识。

2. 国内学者关于全球化与社会主义，尤其是中国特色社会主义的研究概况

表 1-2 基本上反映了国内学者关于"全球化"与"社会主义"的研究概况。可以看出，随着学者们对全球化问题研究的展开，关于"全球化"与"社会主义"的研究也进入了他们的视野。20 世纪 90 年代前，虽然能够见到关于全球化方面的文章，但还没有见到将全球化与社会主义结合起来进行研究的文章。进入 90 年代以来，这种情况大为改观。将两者结合起来进行研究的文章明显增加，1991~2000 年发表的有关研究文章为 789 篇。进入 21 世纪以来，这种研究更是不断升温，2001 年至今发表了 5422 篇研究文章。

---

① 俞可平：《全球化与政治发展》，社会科学文献出版社，2005，第 243 页。
② 关于全球化与两大社会制度的关系，参见王存刚《全球化与两大制度演进——若干问题研究》，吉林人民出版社，2004。

表1-2 题目中含有"全球化"与"社会主义"的文章

单位：篇

时　间	数　量
1979~1990 年	0
1991~2000 年	789
2001 年至今	5422

注：包括题目中含有"我国""中国"字样的文章。

资料来源：中国学术期刊网。

　　从以上分析可以看出，关于"全球化"与"社会主义"的研究文章非常多。现列举一些比较有代表性的文章，如许兴亚、张建伟、张昆仑的《对"经济全球化"的理性思考》（《现代经济探讨》2000 年第 10 期），李慎明的《全球化与第三世界》（《中国社会科学》2000 年第 3 期），吕世荣的《马克思对资本主义的批判与当代经济全球化的实质》（《焦作大学学报》2001 年第 4 期），宋士昌、李荣海的《全球化与建设有中国特色社会主义》（《中国社会科学》2001 年第 6 期），程恩富的《反思和超越新自由主义主导的经济全球化》（《河北学刊》2008 年第 1 期）等。这些文章在学术界都产生了一定的影响。

　　学术界不仅发表了许多研究全球化与社会主义的文章，还出版了不少这个方面的研究著作。比如，程恩富的《经济全球化与中国之对策》（上海科学技术出版社，2000），陈海燕的《全球化与中国特色社会主义》（山东人民出版社，2004），黄宗良、林勋健主编的《经济全球化与中国特色社会主义》（北京大学出版社，2005），王永贵等著的《经济全球化与社会主义意识形态建设研究》（人民出版社，2005）等。这些著作都探讨了全球化给中国特色社会主义带来的机遇和挑战，同时提出了应对策略。

　　学术界的这些研究成果对于认识全球化背景下的中国特色社会主义有着非常重大的参考价值，也为深入研究全球化背景下的中国特色社会主义奠定了良好的基础。

　　大体来说，学术界主要围绕以下几个方面展开研究。

第一，全球化背景下中国特色社会主义面临发挥后发优势、实现跨越式发展、实现现代化的历史机遇。

（1）全球化为我们有效地利用国内外两种资源和两种市场提供了有利条件。统一的世界市场的建立，是社会主义理论走向成熟的前提，也是现实社会主义发展的生长点。经济全球化实现了资源在世界范围内的优化配置，为我们有效地利用国内外两种资源和两种市场提供了有利条件①。全球化为中国充分利用国际信息资源和技术资源提供了便利条件，可以更好地利用国外的资金、技术、管理经验及高素质的人才②。全球化为21世纪中国充分利用世界上先进国家的资金、技术和管理经验等提供了有利时机③；为我国大力吸收外资，引进国外先进的科学技术、管理经验，利用后发优势赶超工业化国家，实现社会主义现代化提供了有利时机④。

应当说，这些论述更多的是从有利的角度分析了新时期全球化背景下加快中国特色社会主义经济发展的历史机遇，这些分析无疑是有一定道理的。然而必须牢记的是：新时期的全球化仍然是以资本主义占据主导地位为前提的，因而所有这些"机遇"都是与我们所面临的各种"挑战"相并存的。如果对这些机遇表现得过分乐观的话，也有可能会忘记其中所面临的各种挑战。这对中国特色社会主义的发展也有可能变成不利的因素。

（2）全球化催生了一些新观念，有助于推进中国特色社会主义现代化建设。全球化使人们提高了生态与环境意识，认同了可持续发展的观念。这些新的理念，极其有力地促进了中国可持续

---

① 热合木江·沙吾提：《全球化对中国特色社会主义发展的影响及对策》，《实事求是》2003年第3期。

② 王丹、王媚：《经济全球化与中国特色社会主义的辩证思考》，《大连海事大学学报》（社会科学版）2006年第4期。

③ 王永贵：《挑战机遇战略——全球化与21世纪中国特色社会主义》，《学习与探索》2001年第2期。

④ 周春明：《经济全球化与21世纪中国特色社会主义面临的挑战和机遇》，《科学社会主义》2000年第2期。

发展战略的实施，赋予中国现代化以新的内涵①。全球化使我们对社会主义现代化建设的发展道路的认识更加清晰②。全球化打破了以往社会主义发展中思想观念的"禁区"，实现了社会主义发展的价值观念变革，有利于促进社会主义的全面改革，为社会主义中国向西方学习、借鉴文明成果，实现跨越式发展提供了现实的可能性和良好的机遇③。不过需要警惕的是：鉴于当今世界资本主义和社会主义"西强我弱"的态势，并非所有来自西方发达国家的"观念"都是有利于我们中国特色社会主义的事业的。对此必须坚持以马克思主义的科学社会主义的原则为指导，加以仔细辨析。

（3）全球化有助于提高我国的国际地位。全球化迫使发达国家认识到它们的发展有赖于发展中国家，从而提高了社会主义中国的国际地位④。参与全球化不仅有利于维护我国的国家利益，而且拓展了我国的外交领域，扩大了政治影响，提高了国际威望⑤。积极融入经济全球化潮流，大大提高了我们的国际贸易地位、吸引外资水平和外汇储备额度，助力中国成长为居于世界前列的贸易大国和经济大国⑥。不过从另一方面看，西方发达资本主义国家是绝不会自动放弃自己在全球化过程中的霸权地位的。对此，我们也应有十分清醒的认识。

（4）全球化给中国特色社会主义民主政治建设的独立发展带来了机遇。经济全球化为中国特色社会主义民主政治建设提供了必备的文明环境；经济全球化可以加快社会主义市场经济的发展

① 蔡拓：《中国的全球化选择与对策》，《南开学报》（哲学社会科学版）2002 年第 4 期。
② 热合木江·沙吾提：《全球化对中国特色社会主义发展的影响及对策》，《实事求是》2003 年第 3 期。
③ 王永贵：《挑战机遇战略——全球化与 21 世纪中国特色社会主义》，《学习与探索》2001 年第 2 期。
④ 王永贵：《挑战机遇战略——全球化与 21 世纪中国特色社会主义》，《学习与探索》2001 年第 2 期。
⑤ 蔡拓：《中国的全球化选择与对策》，《南开学报》（哲学社会科学版）2002 年第 4 期。
⑥ 贾琳：《经济全球化双刃剑与中国特色社会主义建设》，《马克思主义与现实》（双月刊）2007 年第 1 期。

进程，为中国特色社会主义民主政治建设提供经济基础；经济全球化加快了先进文化的传播，有利于提高人民的民主素质①。不过这里应当指出：这种观点虽然不无可取之处，但社会主义民主与资本主义民主在本质上是两种不同性质的民主。因此，过分强调这个方面的机遇也是具有一定的风险的。

（5）从我国自身所具有的基本条件看，也存在机遇。第一，以和平、友好为主调的国际环境的营造，为我国积极参与经济全球化进程创造了有利的国际条件。第二，对外开放新格局的形成，为我国积极参与经济全球化进程提供了极为有利的国内条件。第三，经济实力的明显增强，国际竞争力的迅速提高，为我国积极参与经济全球化进程奠定了较为坚实的经济基础②。不过这里应当指出的是：这些有利条件或机遇，都是必须通过我们自身的正确的方针和政策，加上我们自身的努力才可以利用的，而并不是当代以发达资本主义国家为主导的全球化必然就会提供给我们的。

（6）全球化有助于构建社会主义和谐社会。积极参与经济全球化切实缓解了我国经济社会发展同人口、资源、环境压力的突出矛盾，有利于贯彻落实科学发展观以及构建社会主义和谐社会③。对此我们所要指出的是：我国社会主义和谐社会的构建的主体，仍是中国人民自身，绝不应把希望完全寄托在这些"机遇"上。

第二，全球化背景下中国特色社会主义面临的挑战。

（1）经济方面面临发展环境、国外竞争优势的挑战。就国际环境而言，"中国经济威胁论""中国经济崩溃论"等噪声就在交替起伏、混淆视听；国外"经济民族主义"（实质是搞贸易保护主

---

① 纪政文：《论经济全球化背景下的中国特色社会主义民主政治建设》，《东岳论丛》2005 年第 6 期。
② 周春明：《经济全球化与 21 世纪中国特色社会主义面临的挑战和机遇》，《科学社会主义》2000 年第 2 期。
③ 贾琳：《经济全球化双刃剑与中国特色社会主义建设》，《马克思主义与现实》（双月刊）2007 年第 1 期。

义）思潮也呈现逐步蔓延之势，我国外经贸发展的国际环境趋于严峻。"非市场经济国家"的问题长期困扰着中国的对外贸易①。中国在国际经济体系中处于不利地位②。现行的国际经济秩序是由发达国家建立的，它反映着它们的利益，因此存在严重的不公平、不平等、不合理性③。我国面临周边新兴工业化国家和地区及一些正在兴起的发展中国家的激烈的竞争和挑战④，以及全球化带来的经济震荡与压力⑤。在融入世界经济体系大潮中所产生的外部矛盾是中国在全球化进程中面临的外部挑战⑥。

就国内环境而言，全球化对我国 21 世纪的改革开放和现代化建设构成强大的压力和挑战。主要表现为：社会主义市场经济体制的挑战、公有制实现形式的严峻挑战、体制转轨过程中分利集团化与贫富两极分化趋向不断加剧的挑战、生态环境与人口的严峻挑战⑦。我国社会转型过程中的内部矛盾冲突和一系列亟待解决的重大课题也使我们在全球化进程中面临压力和挑战⑧。由计划经济体制向社会主义市场经济体制转型过程中所衍生的社会内部矛盾是中国在全球化进程中面临的内部挑战⑨。

就国外竞争优势挑战而言，主要表现在经济、科技实力方面

---

① 贾琳：《经济全球化双刃剑与中国特色社会主义建设》，《马克思主义与现实》（双月刊）2007 年第 1 期。

② 王丹、王媚：《经济全球化与中国特色社会主义的辩证思考》，《大连海事大学学报》（社会科学版）2006 年第 4 期。

③ 刘建飞：《经济全球化与建设有中国特色社会主义面临的挑战》，《中国特色社会主义研究》1998 年第 3 期。

④ 周春明：《经济全球化与 21 世纪中国特色社会主义面临的挑战和机遇》，《科学社会主义》2000 年第 2 期。

⑤ 蔡拓：《中国的全球化选择与对策》，《南开学报》（哲学社会科学版）2002 年第 4 期。

⑥ 周敏凯、张明军：《全球化进程中中国面临的双重矛盾挑战与发展战略抉择》，《河南师范大学学报》（哲学社会科学版）2000 年第 6 期。

⑦ 周春明：《经济全球化与 21 世纪中国特色社会主义面临的挑战和机遇》，《科学社会主义》2000 年第 2 期。

⑧ 王永贵：《挑战机遇战略——全球化与 21 世纪中国特色社会主义》，《学习与探索》2001 年第 2 期。

⑨ 周敏凯、张明军：《全球化进程中中国面临的双重矛盾挑战与发展战略抉择》，《河南师范大学学报》（哲学社会科学版）2000 年第 6 期。

和国外有不小的差距。中国面临着西方发达国家经济、科技优势的强大压力①。我国的国民经济支柱产业尚未形成可与外资相匹敌的、以核心技术为支撑的核心竞争力，因此，生产全球化必然强力冲击我国的民族工业②。西方发达国家强大的经济科技优势使21世纪中国面临挑战③。中国的综合国力还落后于美、日、德等发达国家，因此，在世界经济、政治、军事、文化、科技等重要领域难以充当领头羊的角色④。

（2）政治方面面临国际政治旧秩序、理论创新、主权让渡等方面的挑战。经济全球化对中国所形成的最为严峻的挑战是在政治方面。这种挑战一方面来自西方国家主观上所施加的压力，另一方面来自在融入经济全球化过程中产生的新情况、新问题在客观上所造成的影响和冲击。如何在面临新情况、解决新问题的过程中进行理论和制度的创新，是摆在我们面前的一个非常严峻的问题：一是如何坚持社会主义方向。二是如何坚持中国共产党的领导。三是如何坚持马克思主义的指导⑤。经济全球化对中国国家主权和政治影响提出了严峻挑战。对中国特色社会主义民主政治建设独立发展的挑战主要表现为：观念模糊化带来的困惑、"先发展效应"的负面性、理论上创新的艰巨性、主体的多样性与复杂性⑥，国家主权遭到的威胁⑦，从而使我国进一步发展和完善社会

① 王丹、王媚：《经济全球化与中国特色社会主义的辩证思考》，《大连海事大学学报》（社会科学版）2006 年第 4 期。

② 贾琳：《经济全球化双刃剑与中国特色社会主义建设》，《马克思主义与现实》（双月刊）2007 年第 1 期。

③ 王永贵：《挑战机遇战略——全球化与 21 世纪中国特色社会主义》，《学习与探索》2001 年第 2 期。

④ 蔡拓：《中国的全球化选择与对策》，《南开学报》（哲学社会科学版）2002 年第 4 期。

⑤ 刘建飞：《经济全球化与建设有中国特色社会主义面临的挑战》，《中国特色社会主义研究》1998 年第 3 期。

⑥ 纪政文：《论经济全球化背景下的中国特色社会主义民主政治建设》，《东岳论丛》2005 年第 6 期。

⑦ 沈东海：《全球化背景下中国特色社会主义文化面临的挑战》，《中国党政干部论坛》2005 年第 1 期。

主义民主政治面临挑战①。这就是全球化导致的政治压力与困惑②。

（3）文化上主流意识形态受到冲击，西方文化得以渗透。随着中国对经济全球化参与程度的加深，中国的文化建设会受到两个方面的挑战：一是西方意识形态对马克思主义指导地位的挑战，二是西方一些腐朽文化对中国传统道德文化的冲击③。可见，全球化给社会主义中国的意识形态带来了冲击和挑战④，还使我国面临西方发达资本主义国家文化渗透的挑战⑤。全球化条件下马克思主义在意识形态领域的统领地位经受考验，文化产业发展受到一定制约⑥。

总之，全球化为中国社会主义现代化建设事业提供了开放条件，但也对国家的利益和安全构成了一定威胁。全球化为中国社会主义提供了发展动力，但也带来了相应的压力。全球化进程使社会主义发展的价值观念得以更新，也使社会主义意识形态面临新的挑战⑦。

第三，全球化背景下中国特色社会主义的选择与策略。

对于中国是否要融入全球化，国内始终存在不同意见。怀疑论者认为，融入西方主导的全球化，虽可在经济上有一定收益，但最终是弊大于利，可能在经济、政治、文化上陷于难以自拔的从属地位。反全球化论者则明确指出，全球化是陷阱、资本主义意识形态、新殖民主义，因此，中国必须反其道而行之。但是这

① 周春明：《经济全球化与21世纪中国特色社会主义面临的挑战和机遇》，《科学社会主义》2000年第2期。
② 蔡拓：《中国的全球化选择与对策》，《南开学报》（哲学社会科学版）2002年第4期。
③ 刘建飞：《经济全球化与建设有中国特色社会主义面临的挑战》，《中国特色社会主义研究》1998年第3期。
④ 王永贵：《挑战机遇战略——全球化与21世纪中国特色社会主义》，《学习与探索》2001年第2期。
⑤ 陈季成：《经济全球化与建设中国特色社会主义》，《求实》2000年第12期。
⑥ 沈东海：《全球化背景下中国特色社会主义文化面临的挑战》，《中国党政干部论坛》2005年第1期。
⑦ 宋士昌、李荣海：《全球化与建设有中国特色社会主义》，《中国社会科学》2001年第6期。

两种观点不占主流，占主流的观点是主张积极参与全球化进程，认为这是我们唯一的正确选择。这种意见认为，中国必须坚定不移地融入全球化①；必须积极参与全球化进程，加快中国特色社会主义的发展，这是我们唯一的正确选择②。

面对机遇与挑战并存的复杂局面，只有抓住机遇，迎接挑战，选择和构建合理的发展战略，才能使中国特色社会主义实践在全球化进程中走向辉煌的未来③。围绕着"全球化背景下中国特色社会主义如何构建"这一主题，学者们提出了一些很有价值的理论观点。

（1）进行创新。参与全球化会面临一些新的情况和问题，因此，有学者提出，要进行制度创新、科技创新和理论创新，认为这是参与全球化进程的关键步骤、立足全球化发展的根本动力和迎接全球化挑战的思想武器④。

（2）全面深化改革。有学者提出，全面深化改革是中国应对全球化的必由之路。主要包括：一是继续深化经济体制方面的改革，主要举措就是坚持社会主义市场经济的目标模式，不断完善社会主义的市场机制与体制；强化科技创新，提高经济发展的科技含量，在经济效益上做大文章；进一步搞好社会主义的现代企业制度的建设，同时努力加强政府的宏观调控与监管职能，把国家的宏观调控与进一步增强企业的活力和核心竞争力更好地结合起来；加大金融系统改革的力度，在完善国内金融管理的同时，积极推进建立更加合理的国际经济、贸易和金融新秩序，以抵御世界资本主义所造成的各种不合理的经济关系和危机。二是政治体制的改革。三是社会方面的改革，主要是完善和健全社会保障

① 蔡拓：《中国的全球化选择与对策》，《南开学报》（哲学社会科学版）2002 年第 4 期。
② 王永贵：《挑战机遇战略——全球化与 21 世纪中国特色社会主义》，《学习与探索》2001 年第 2 期。
③ 宋士昌、李荣海：《全球化与建设有中国特色社会主义》，《中国社会科学》2001 年第 6 期。
④ 张从田：《"全球化"视域中的建设有中国特色社会主义》，《西安政治学院学报》2001 年第 2 期。

体系；加大解决就业和再就业问题的力度，缓解就业压力；创造调解社会矛盾的新机制与新形式。四是文化体制的改革。如此等等①。

（3）在与资本主义的交往与联系中壮大和发展自己。有学者提出，我们应该进一步解放思想，继续克服害怕与资本主义打交道的错误观念，在坚持社会主义的目标和方向的前提下，主动在与资本主义的交往中、联系中壮大和发展自己，并在与国际资本主义的竞争中，逐步取得对资本主义的比较优势②。与此同时，也有学者指出，在积极参与全球化的进程中，我国应坚定不移地走社会主义道路，牢牢把握社会主义方向，坚决抵制新自由主义的侵蚀，大力发展社会主义市场经济，吸收和借鉴世界文明成果，牢固树立科学发展观③。必须把巩固人民当家作主的人民民主专政的政权和巩固社会主义建设的成果摆在重要的位置。在此前提下，充分利用当代资本主义成果，为我所用，来建设和发展社会主义。中国要为世界社会主义的发展作出积极的贡献④。要抓住历史机遇，积极发展开放型经济，以更加积极的态度走向世界；保持清醒认识，始终坚持独立自主、自力更生的原则和方针⑤。

（4）冷静面对全球化。有学者认为，中国应冷静面对全球化。第一，应该对全球化的二重性有全面认识，只有这样才能够更好地坚持扩大开放和深化改革的方针，客观地、积极地迎接全球化的浪潮。第二，作为一个发展中的社会主义国家，我国在参与全球化竞争的过程中，要始终把国家和民族的利益放在首位，同时

① 蔡拓：《中国的全球化选择与对策》，《南开学报》（哲学社会科学版）2002 年第 4 期。
② 王永贵：《挑战机遇战略——全球化与 21 世纪中国特色社会主义》，《学习与探索》2001 年第 2 期。
③ 王连峰：《两种全球化与中国特色社会主义现代化道路之选择》，《天津市工会管理干部学院学报》2005 年第 1 期。
④ 俞良早：《全球化的性质和社会主义问题的思考》，《社会科学研究》2003 年第 6 期。
⑤ 梅荣政：《经济全球化的特征、实质与中国特色社会主义》，《马克思主义研究》2001 年第 4 期。

运用外交手段广泛团结第三世界、发展中国家，团结周边有较密切共同利益的国家，逐步加强周边区域经济的集团化。第三，应认识到能否占据有利的分工地位，归根到底是由国家经济实力决定的。第四，要吸取发展中国家参与全球化的教训，尽力避免一体化的陷阱或削减负面影响①。中国政府必须树立"全球化治理"和"国际协调管理"意识，正确引导和驾驭经济全球化潮流，把"引进来"与"走出去"紧密结合，扬长避短，趋利避害，避免掉入经济全球化的"陷阱"。中国的社会变革和可持续发展因参与经济全球化程度的加深而不断出现矛盾和干扰，必须高度关切、防范化解②。

（5）加强文化和民主政治建设。还有学者从文化和民主政治建设的角度，提出了应对的策略。他们指出，就文化建设而言，一是要把民族利益与全球化进程的互动作为文化建设的基点，二是要在顺应全球化发展的同时对外来文化进行中国式的解读，三是要建立防范西方文化侵略的有效机制，四是要加快文化产业的发展③。就民主政治建设而言，要坚持以人为本的发展战略，提高国民素质，确保社会主义民主主体的现代化与世界性的统一；健全和完善社会主义法制，确保民主政治发展的独立性和有效性的统一；实现民族文化的现代化与外来文化的中国化的统一；借鉴不同文化背景下的共同经验，探索适合中国特点的社会主义民主政治发展的道路④。

（6）警惕"三股思潮"。有学者认为，走中国特色社会主义道路要警惕新自由主义、民主社会主义、历史虚无主义三股思潮。一是新自由主义思潮，其核心是主张在经济领域全盘推行私有化，崇拜否定国家宏观调控的自由竞争；二是民主社会主义或者社会

---

① 许兴亚、张建伟、张昆仑：《对"经济全球化"的理性思考》，《现代经济探讨》2000 年第 10 期。

② 贾琳：《经济全球化双刃剑与中国特色社会主义建设》，《马克思主义与现实》2007 年第 1 期。

③ 沈东海：《全球化背景下中国特色社会主义文化面临的挑战》，《中国党政干部论坛》2005 年第 1 期。

④ 纪政文：《论经济全球化背景下的中国特色社会主义民主政治建设》，《东岳论丛》2005 年第 6 期。

中国特色社会主义道路选择研究

民主主义思潮，其核心是照搬西方资本主义的民主观和政治上层建筑模式；三是历史虚无主义思潮，其核心是歪曲中国共产党、中国人民和中华民族英勇奋斗的历史，为现在推销新自由主义和民主社会主义服务①。

3. 国外学者关于全球化背景下中国特色社会主义的研究概况

关于这个方面的研究，国外学者主要围绕以下问题进行。

一是关于中国特色社会主义道路的性质。从国外学者关于这个方面的研究成果来看，大体来说主要有以下几种观点：第一种观点认为我们当下所走的路是资本主义道路，第二种观点认为我们走的是社会主义道路，第三种观点认为我们正在走自己的"第三条道路"，第四种观点认为我们现在处于一个类似列宁提出的"新经济政策"阶段，第五种观点认为当前中国的制度是一种混合型制度，还有一种观点将中国特色社会主义道路概括为"北京共识"和"中国模式"。其具体观点如下。

（1）中国特色的社会主义姓"资"，是"变相资本主义"。国外一些学者认为我们现在所走的是资本主义道路，原因就在于我们搞了市场经济，这与经典马克思主义理论是相悖的。在他们看来，社会主义更多地应与计划经济相联系，而不是与市场经济相联系。英国《每月评论》杂志是代表这一批判性传统的重要论坛，该刊登载的多篇文章指出，"市场改革"已从根本上颠覆了中国的社会主义。中国政府的"市场改革"规划，本意是要恢复社会主义的生机和活力，结果却造成了国家越来越走向资本主义道路，日益深陷外国的支配②。这种观点错误的一面在于不了解或者不懂得社会主义市场经济与资本主义市场经济的根本区别，同时也不了解中国社会目前所处的社会主义社会的初级阶段这个重大的国情。但是作为一种批评，值得引起我们的高度警惕。

（2）中国特色的社会主义仍然是社会主义，是发展了的社会

---

① 郑科扬：《走中国特色社会主义道路要警惕新自由主义、民主社会主义、历史虚无主义三股思潮》，《政治学研究》2008 年第 1 期。

② 徐觉哉：《国外学者论中国特色社会主义》，《中国特色社会主义研究》2008 年第 3 期。

主义，是"中国式的社会主义"。早在 20 世纪 80 年代中期，针对海外一些人对中国农村家庭联产承包责任制改革性质的错误理解，美国著名汉学家费正清就指出："无论是谁，如果从此得出结论，以为中国农业看见了光明，要学我们的样子，即搞'资本主义'了，那就大错特错了。"① 这种观点正确地看到了我国经济体制改革和经济与社会发展的主流、主导和正确的一面。其不足之处是对来自右的方面的错误思潮的干扰，缺乏相应的了解和认识。

（3）中国正在走自己的"第三条道路"。这种观点认为，中国的发展道路不同于苏联模式，也有别于全球自由市场原教旨主义。就是说，中国的发展很好地处理了国家与市场之间的关系。英国学者彼得·诺兰在《处在十字路口的中国》一文中指出，如果我们所说的"第三条道路"是指国家与市场之间的一种创造性的、共生的相互关系，那么中国 2000 年以来一直在走它自己的"第三条道路"。在他看来，中国的"第三条道路"是一种完整的哲学，把既激励又控制市场的具体方法与一种源于统治者、官员和老百姓道德体系的深刻思想结合在了一起②。这种见解的正确的一面是看到了中国特色社会主义道路与资本主义道路以及传统的社会主义计划经济体制之间的区别。错误之处是无视中国特色社会主义道路的本质属性，而将其归入单纯从"国家与市场之间的关系"的角度来看待的所谓"第三条道路"。

（4）中国特色社会主义处于一个类似列宁提出的"新经济政策"阶段。由于"战时共产主义"政策的实施引起了工人、农民和士兵的反对，于是，列宁在 1921 年决定放弃这一政策，实施具有市场经济性质的"新经济政策"。日本学者不破哲三认为，中国目前的"社会主义初级阶段"和"社会主义市场经济"的观念，是通过克服历史错误而确定的新的努力方向，而"新经济政策"能为今天中国倡导的通过市场经济建立社会主义的尝试提供借鉴。

① 成龙、钟晓莉：《海外邓小平理论研究四大问题观点综述》，《攀登》2004 年第 2 期。

② 徐觉哉：《国外学者论中国特色社会主义》，《中国特色社会主义研究》2008 年第 3 期。

他指出，列宁挑战市场经济的历史与中国 1949 年之后所走的道路有很多相似的地方，中国的发展进程也类似于列宁实施新经济政策时的情况，可以说，今天的中国正进入一个类似列宁提出的"新经济政策"阶段①。应当说，这一见解也是具有一定的马克思主义的理论根据和实践方面的依据的。其错误或不足之处是不了解中国特色社会主义道路与列宁的新经济政策时期的政策或措施之间的重要区别，包括历史时代、经济与政治背景、改革开放的程度和形式，以及长期和短期的不同政策的区别等。

（5）中国特色社会主义是一种混合型制度。这种观点认为，中国特色社会主义既有社会主义的因素，又有资本主义的因素，甚至还有封建主义的因素，所以很难确定当下中国的国家制度的性质。波兰学者亚当·沙夫持这种观点。他指出，对目前社会上存在的关于中国的三种说法都表示怀疑，即中国式的社会主义、中国式的资本主义、中国式的封建主义。他对这三种说法都不能表示同意。在他看来，要想说明今日中国的制度，也许可以用这样的话来概括：现代中国尚未形成稳定的国家制度，无法用准确的语言来确定。因此，他说："由于我们分析的对象处于大变革过程中，有许多不确定的因素，只能说当前中国的制度是一种混合型制度。"② 而这种观点，按其实质来说，只能算做一种折中主义的见解。

（6）有学者将中国特色社会主义道路概括为"北京共识"和"中国模式"。中国学者徐觉哉研究员指出，所谓"中国模式"只是国外对中国特色社会主义道路的解读，它不仅体现了国际社会对中国发展态势的高度关注，也表明中国探索的道路已取得了举世的公认。所谓的"北京共识"，实际上就是"中国特色社会主义道路"在西方学者那里的另一种表述，它是世界历史上有别于西方的一条大国崛起之路，也是世界社会主义发展史上一条全新的发展之路，对广大的发展中国家具有重要的启示意义。不过这种

---

① 徐觉哉：《国外学者论中国特色社会主义》，《中国特色社会主义研究》2008 年第 3 期。

② 〔波兰〕亚当·沙夫：《我的中国观》，《当代世界社会主义问题》2001 年第 4 期。

看法多少带有某种一相情愿的良好的主观愿望的性质。例如，新加坡国立大学东亚研究所所长郑永年就认为，中国模式是一种混合模式，既不是苏联模式，也不是西方模式的延伸；既否定了苏联的完全公有化模式，也破除了西方的极端私有化模式。它整合了各个方面的动力机制，因此成为中国高速发展的基础。中国模式是国际最优经验和中国本身实践结合的产物，既有世界性，也有中国性[①]，但是，并无只言片语谈及中国特色社会主义道路的属性。此外，"北京共识"是英国学者乔舒亚·库珀·雷默提出的。2004 年 5 月，他发表了一篇题为《北京共识：论中国实力的新物理学》的论文，指出中国通过艰苦努力、主动创新和大胆实践，已摸索出一个适合本国国情的发展模式，他把这一模式称为"北京共识"。

二是中国特色社会主义建设取得的成就、面临的挑战和存在的问题。国外学者普遍认为，改革开放 30 多年来，中国发生了翻天覆地的变化，取得了巨大成就。这主要表现在经济、政治、人民生活水平和国际地位等方面。从经济方面来看，中国经济持续高速增长。1979～2006 年，中国的 GDP 年均增长率接近 10%。对此，美国学者阿尔文·托夫勒指出："中国过去 30 年的成就可谓显著、惊人。我们当初也没有想到中国能发展得如此之快，能取得这样的成功。"从政治方面来看，中国政治文明发展取得了很大进步。从人民生活水平来看，中国人民生活水平显著提高。人民生活实现了由贫困到温饱再到小康的转变。对于这种变化，俄罗斯学者米哈伊尔·季塔连科说："数千年来，吃、穿、住一直是中国民众操心的大问题。但在改革开放 10 年后，这些问题就基本得到解决。可以说，改革开放成就了这一历史性的功绩。"从国际地位来看，中国国际影响力日益增强，国际地位不断提升。美国学者斯蒂芬·罗奇认为，中国对世界经济增长的贡献率大概为 17.5%。这是因为中国经济的开放度非常高，中国的经济增长对世界经济有某种乘数效应。中国对协调国际舞台上政治对话工作

---

① 杨金海、吕增奎：《国外学者眼中的中国改革开放》，《上海党史与党建》2009 年第 1 期。

的积极作用也日益明显，贡献越来越大。欧盟委员会 2006 年 10 月 24 日在发表的题为《欧盟与中国：更紧密的伙伴、承担更多责任》的文件中指出，在过去 10 年里，中国已经成为世界上的一个主要强国，成为世界第四大经济体和第三大出口国，也正在成为国际舞台上的重要政治力量①。

国外学者在充分肯定我国发展成就的同时，也指出了我国发展面临的挑战和存在的问题。一是贫富差距扩大。这主要体现在城乡收入差距、地区收入差距与行业收入差距方面。二是社会道德观和价值观滑坡。日本学者宇野重昭认为，中国改革开放在取得成绩的同时，"也造成了一种思想和道德标准的真空状态，带来了许多社会问题"。"经济改革越是向前推进，就越是有必要重新加强传统道德，即加强精神文明建设。"三是中国在国际方面所面临的挑战。俄罗斯学者特别强调了中国在国际方面所面临的挑战。他们认为，随着中国在国际舞台上地位的提高，世界的传统领袖（美国、欧盟、日本）绝不会在自己控制的市场空间对中国作出让步。在这种情况下，"共产主义中国"就会被他们视为潜在的危险，必然受到来自他们各个方面的遏制，包括政治、思想、军事等方面的遏制，以达到削弱中国国际地位的目的。中国领导人面临的最大挑战就是对这种威胁作出正确的反应②。四是中国在融入全球化的进程中，如何坚持社会主义方向。不破哲三认为，今天的中国正吸引着来自欧洲、美国和日本等国家或地区的大资本，这就使中国面临着一个巨大的挑战，即在向资本主义学习的同时，还要与它们展开竞争，而且不能被它们所吞并。也就是说，中国需要既坚持社会主义方向又不被资本主义所取代，需要使社会主义核心经济部分在市场经济中发挥作用来与资本主义展开竞争③。

① 韩艳涛、许倩：《国外学者对中国经济体制改革的评价》，《经济纵横》2008 年第 5 期。

② 杨金海、吕增奎：《国外学者眼中的中国改革开放》，《上海党史与党建》2009 年第 1 期。

③ 徐觉哉：《国外学者论中国特色社会主义》，《中国特色社会主义研究》2008 年第 3 期。

此外，有学者认为，中国还存在环境问题、能源问题、政治体制改革滞后于经济体制改革等问题。

4. 从上述研究现状可以发现，还存在一些值得深入研究的问题

首先，需要对全球化背景下中国特色社会主义道路选择的必然性问题作出回答。应该说，这个问题相当重要。特别是在当今世界社会主义处于低潮的情况下，不少人对社会主义的理想信念发生了动摇，甚至有人主张在我们国家搞民主社会主义，说什么改革开放以来我国所走的道路就是民主社会主义道路。这实际上是未能"把我国改革开放的伟大成就充分有效地转化为对于社会主义的认同"的结果，相反的认同还大有市场[①]。针对这种状况，我国学术界和理论界应该对全球化背景下中国特色社会主义道路选择的必然性作出明确肯定的回答。这对于坚定人们走中国特色社会主义道路的信心意义重大。正因为如此，党的十七大报告指出，改革开放以来我们取得一切成绩和进步的根本原因，归结起来就是：开辟了中国特色社会主义道路，形成了中国特色社会主义理论体系。在当代中国，坚持中国特色社会主义道路，就是真正坚持社会主义。但是，我国学术界当前对这个问题的研究很不够。学者们很少探讨全球化背景下中国特色社会主义道路的选择问题，只是就事论事，把全球化和中国特色社会主义道路作为一个"实然"，分析探讨全球化背景下中国特色社会主义面临的机遇、挑战和应采取的对策。当然，这种分析很有必要也很有意义，但更为重要的是我们应该在此基础上，进一步探讨全球化背景下中国特色社会主义道路的选择问题；提出明确的观点，进行有说服力的论证，以消除各种错误思潮对我国坚持走中国特色社会主义道路的影响，从而增强人们对中国特色社会主义道路的坚定性和自觉性。

其次，需要从历史和现实的结合上来研究全球化背景下的中

---

① 参见侯惠勤《中国的改革开放与科学社会主义共命运——纪念〈共产党宣言〉发表160周年》，《马克思主义研究》2008年第3期。

国特色社会主义。不论是全球化还是中国特色社会主义道路，都既是现实，也是历史。如果不从历史的高度进行把握，我们既不能说明全球化，也不能说明中国特色社会主义道路。这就要求我们从历史和现实的结合上来研究全球化背景下的中国特色社会主义。众所周知，近代中国是被迫进入全球化进程的。在这一进程中，中国人民历经磨难，最后，在中国共产党的正确领导下，选择了一条具有中国特色的社会主义革命道路，并取得了胜利。当代中国是积极主动融入全球化进程的。在这一进程中，我们历经艰辛，探索出一条中国特色社会主义建设道路，取得了举世瞩目的成就。因此，只有通过历史与现实的结合，才能够充分地说明全球化背景下中国特色社会主义道路选择的必然性问题。然而，从现有文献看，这个方面的研究很不够。如上文所述，绝大多数学者只是从现实的角度来研究全球化背景下的中国特色社会主义。从历史方面进行研究的不多，而把两者结合起来进行研究的更不多见。

再次，需要从比较的角度来研究全球化背景下的中国特色社会主义。有比较才有鉴别。只有通过比较，才能更充分地说明全球化背景下中国特色社会主义道路选择的正确性与合理性。这种比较，既要同以往社会主义国家尤其是苏联及东欧国家进行比较，又要同现在在国际上比较流行的民主社会主义等发展模式进行比较。从现有文献看，有学者从全球化的视角对苏联模式进行了研究，也有学者对比研究了民主社会主义与中国特色社会主义。但是，总的来说，这个方面的研究还有待于进一步认真地开掘。

最后，需要在创新上下功夫。江泽民同志曾指出，创新是一个民族进步的灵魂，是一个国家兴旺发达的不竭动力。这足以说明创新的重要性。可是，从现有研究情况来看，这个方面还有待加强。尽管有不少学者提出了一些很有价值的观点。但从总的情况来看，重复研究的人居多，开拓创新的人较少。关于全球化的论文、论著可以说汗牛充栋、数不胜数，不过，这些论文、论著尤其是论文大同小异的居多，真正在理论上有所突破的科研成果不多。针对全球化与中国特色社会主义道路进行翔实论证的论文、论著更少。

二　本书的框架结构与基本内容

本书共分引言、正文和结语三个部分，正文部分共有六章。

在引言中，首先阐明本选题意义及本论题在学术界的研究现状，其次介绍本书写作大体框架与基本内容，最后概述本书写作的方法论原则和主要创新点。

第一章主要阐述马克思恩格斯的全球化思想，探讨全球化的本质、进程和影响，阐明中国特色社会主义道路的内涵，在此基础上揭示全球化和中国特色社会主义道路的内在关联。这些内容为下文写作作理论铺垫。

第二章阐述全球化背景下中国社会主义道路的选择。为此，首先考察了"中国社会主义道路"的内涵。其次对19世纪中叶到20世纪40～50年代的全球化特征与中国社会主义道路的历史背景进行了回顾和分析。然后从可能性与必然性两个方面论述全球化背景下中国社会主义道路的选择何以可能，在此基础上分析了这种路径选择的进程。本章旨在说明中国特色社会主义道路的选择，是在我国人民已经选择了社会主义道路的基础上作出的，是对中国社会主义道路的必然继承和发展，而不是割断这种历史。

第三章阐述全球化背景下中国特色社会主义道路的选择。首先分析中国特色社会主义道路选择的全球化背景。其次对新中国前30年社会主义建设的历史进行了考察和回顾，总结了中国社会主义建设道路最初探索的经验教训。在上述基础上探讨了中国特色社会主义道路的形成过程。这一过程说明，中国特色社会主义道路是在当代全球化进程中形成的，同时，中国特色社会主义道路又推动当代全球化向着公正公平的方向发展，以彰显社会主义的价值。

第四章阐述全球化进程对中国特色社会主义道路选择的意义。主要从机遇和挑战两个方面，全面分析全球化进程在经济、政治和文化方面给中国特色社会主义带来的积极和消极影响。

第五章阐述全球化背景下发展中国特色社会主义的策略选择。中国特色社会主义道路是在全球化进程中形成和发展起来的，必将受到全球化的影响，因此在其发展过程中难免会出现一些矛盾和问题。有鉴于此，我们必须继续解放思想、坚持改革开放、发展社会主义市场经济，只有这样，才能实现科学发展与社会和谐，才能不断推动中国特色社会主义事业的新发展。

第六章从比较的视角阐述全球化背景下中国特色社会主义道路与世界主要发展模式的根本区别，以进一步廓清人们对中国特色社会主义道路的认识。

结语部分阐述全球化背景下中国特色社会主义道路选择的世界意义。笔者认为，这条道路的选择既为广大发展中国家提供了一种有别于西方的发展模式，又为社会主义国家巩固、建设和发展社会主义提供了成功的范例，还将向人类表明：社会主义是必由之路，社会主义优于资本主义，从而在国际共产主义运动处于低潮时期，展现了社会主义无限光明的前景。

三　本书写作的主要方法和创新点

（一）写作的主要方法

（1）坚持马克思主义的辩证唯物主义和历史唯物主义的总方法，努力体现马克思主义的基本立场、观点和方法的统一，以及马克思主义的科学性和革命性的统一。辩证唯物论和历史唯物论，既是马克思主义的世界观，也是它的方法论；既是马克思主义的立场、观点和方法的统一，也是马克思主义的辩证法、认识论和逻辑学的统一，同时体现了马克思主义的科学性和革命性的统一。马克思曾指出："在研究经济范畴的发展时，正如在研究任何历史科学、社会科学时一样，应当时刻把握住：无论在现实中或在头脑中，主体——这里是现代资产阶级社会——都是既定的；因而范畴表现这个一定社会即这个主体的存在形式、存在规定、常常只是个别的侧面。"[1]"我的辩证方法，从根本上来说，不仅和黑格

---

① 《马克思恩格斯文集》第 8 卷，人民出版社，2009，第 30 页。

尔的辩证方法不同，而且和它截然相反。在黑格尔看来，思维过程，即甚至被他在观念这一名称下转化为独立主体的思维过程，是现实事物的创造主，而现实事物只是思维过程的外部表现。我的看法则相反，观念的东西不外是移入人的头脑并在人的头脑中改造过的物质的东西而已。"① 至于它的科学性和革命性，列宁指出："这一理论对世界各国社会主义者所具有的不可遏止的吸引力，就在于它把严格的和高度的科学性（它是社会科学的最新成就）同革命性结合起来，并且不仅仅是因为学说的创始人兼有学者和革命家的品质而偶然地结合起来，而是把二者内在地和不可分割地结合在这个理论本身中。"②

就本书而言，运用这种方法进行研究，首先就要从世界历史发展的实际和我国社会主义现阶段的实际出发，从中揭示出"全球化"的实质，以及在这一背景下中国特色社会主义道路选择的客观必然性，同时揭示出这种选择对中国人民生存与发展的意义。具体来说，就是通过对全球化背景下中国特色社会主义道路选择的历史和现实进行深入的考察，揭示其规律和意义。这种规律体现了马克思所揭示的人类社会发展的统一性与多样性。人类社会的发展呈现出由低级到高级不断演进的过程。这是人类社会发展的统一性。同时，在这个过程中，不同的民族由于多个方面的原因，所选择的路径是不同的。正如列宁所指出的那样："一切民族都将走向社会主义，这是不可避免的，但是一切民族的走法却不会完全一样……每个民族都会有自己的特点。"③ 中国特色社会主义道路的选择体现了人类社会发展的统一性与多样性的统一。根据马克思的人类社会形态演进的学说，中国特色社会主义道路的选择是一个历史的进步。这条道路又不同于其他民族所选择的道路，从全球化的视野来看，体现了社会发展道路的多样性。对中国人民来说，选择中国特色社会主义道路，其意义是不言而喻的。

---

① 《马克思恩格斯文集》第5卷，人民出版社，2009，第22页。
② 《列宁专题文集——论马克思主义》，人民出版社，2009，第297页。
③ 《列宁专题文集——论社会主义》，人民出版社，2009，第398页。

正是这条道路，使中国人民实现了从温饱经小康向全面小康的历史性跨越。中国人民不仅分享到经济社会发展的成果，而且分享到因祖国的发展而带来的国际地位的提升所赋予的尊严和荣誉。

（2）逻辑方法与历史方法的统一。在这里，这两种方法都是作为与"研究的方法"相对应的"叙述的方法"而言的。正如马克思所说："当然，在形式上，叙述方法必须与研究方法不同。研究必须充分地占有材料，分析它的各种发展形式，探寻这些形式的内在联系。只有这项工作完成以后，现实的运动才能适当地叙述出来。这点一旦做到，材料的生命一旦在观念上反映出来，呈现在我们面前的就好像是一个先验的结构了。"① 而对于作为叙述方法的逻辑方法与历史方法之间的关系，恩格斯则指出："历史从哪里开始，思想进程也应当从哪里开始，而思想进程的进一步发展不过是历史过程在抽象的、理论上前后一贯的形式上的反映；这种反映是经过修正的，然而是按照现实的历史过程本身的规律修正的。"② 历史是逻辑的基础，逻辑的进程必须从总体上符合并反映历史的进程。

按照这一方法的要求，在论证时就要把对事物历史过程的考察与对事物内部逻辑的分析有机地结合起来，逻辑的分析应以历史的考察为基础，历史的考察应以逻辑的分析为依据，以达到客观、全面地揭示事物的本质及其规律的目的。据此来研究全球化背景下中国特色社会主义道路的选择问题，首先应该搞清楚全球化的历史发展及其与中国特色社会主义道路的关系。尽管对全球化的起源众说纷纭，但一般来说，近代以来的全球化是随着西方资本主义兴起而开启并不断加强的历史过程。其间，它经历了一系列量变、质变的发展，也经历了一定的反复和曲折，直至成为今天人们热议的话题。可以说，社会主义从空想到科学再到实践的发展，都是与全球化分不开的，或者说就是在这一背景下产生和发展起来的。中国特色社会主义道路的开启和发展则更是在全

---

① 《马克思恩格斯文集》第5卷，人民出版社，2009，第21页。

② 《马克思恩格斯文集》第2卷，人民出版社，2009，第603页。

球化发展的新的历史背景下进行的。这就要求我们在论述中国特色社会主义道路的时候，逻辑思维要从全球化的产生、形成与发展这一客观现实出发，从经济发展的相互依存、政治活动的相互影响和相互作用、文化交流的日益密切、人员交往的更加频繁、社会生活的有机互动等角度出发，思考、审视中国特色社会主义道路的特定背景、理论内涵及时代意义，做到逻辑与历史的一致和统一①。

（3）比较研究方法。比较研究方法也称比较分析方法，是社会科学的普遍研究方法。就是对物与物之间或人与人之间的相似性或相异程度进行研究与判断的方法。有比较才有鉴别。比较研究的好处就在于使事物具有很大的鲜明性。"两刃相割，利钝乃知；两论相订，是非乃见。"说的就是这个道理。因而，比较研究方法具有较强的说服力。马克思十分重视这种研究方法，把它视为理解历史现象的钥匙。他说："极为相似的事变发生在不同的历史环境中就引起了完全不同的结果。如果把这些演变中的每一个都分别加以研究，然后再把它们加以比较，我们就会很容易地找到理解这种现象的钥匙。"② 然而马克思主义所说的这种比较，首先是用一种事实和另一种事实作比较，而不是用观念和事实去作比较。也正如马克思引用俄国评论家考夫曼的话所说："批判将不是把事实和观念比较对照，而是把一种事实同另一种事实比较对照。对这种批判唯一重要的是，对两种事实进行尽量准确的研究，使之真正形成相互不同的发展阶段，但尤其重要的是，对各种秩序的序列、对这些发展阶段所表现出来的顺序和联系进行同样准确的研究。"③

具体到本书来说，运用这种研究方法，不仅要考察全球化背景下中国特色社会主义道路的形成与发展，还要考察全球化背景下中国特色社会主义道路与民主社会主义以及苏联模式之间的区

---

① 参见吴怀友《全球化与中国共产党执政能力建设研究》，中共中央党校出版社，2007，第35~36页。

② 《马克思恩格斯文集》第3卷，人民出版社，2009，第466页。

③ 《马克思恩格斯文集》第5卷，人民出版社，2009，第21页。

别。通过这样的比较研究，可以进一步论证全球化背景下中国特色社会主义道路选择的必然性与合理性。

（二）主要创新点

（1）坚持用马克思主义的观点来看待全球化。马克思主义是科学的世界观和方法论，为我们认识世界提供了正确的理论指南，因此必须坚持马克思主义的观点来看待全球化。马克思主义认为，生产力是人类社会发展的最终决定力量，是最活跃、最革命的因素，而生产力的发展又是在一定的社会形式下进行的。所以，我们也必须从这样的高度来认识全球化。从这个意义上来说，全球化既是生产力发展的客观要求，又是生产力发展的结果，是不以人们的主观意志为转移的发展趋势。这里还要进一步指出：就社会形式来说，全球化进程虽然迄今为止仍然是由资本主义主导和推动的，并且从这个意义上说必然会体现为资本主义的对外扩张，然而全球化的最终趋势和前途，则是为全人类从资本主义朝向社会主义、共产主义的过渡创造条件。全球化的最终形式仍将是社会主义、共产主义主导的全球化。

（2）从"选择"的视角考察全球化背景下中国特色社会主义道路。从目前所掌握的资料看，学者们在考察全球化背景下中国特色社会主义的时候，大多把它作为一个既定的事实，主要探讨全球化给中国特色社会主义带来的影响以及应对策略等问题。但对全球化背景下中国特色社会主义道路的选择问题，不论从已经发表的学术论文看，还是从学术著作看，对该问题的研究都很薄弱，也不够系统。

（3）以更加长远的历史跨度和更加广阔的视角来考察中国特色社会主义道路。即不仅考察中国社会主义道路的选择，而且考察中国特色社会主义道路的选择；不仅考察它的过去和现在，而且考察它的未来；并把这一切全部放在全球化的背景下来考察，把它们全部结合起来加以考察。

第一章

全球化与中国特色社会主义道路：内涵与关联

在具体探讨全球化与中国特色社会主义道路的形成与发展之前，将全球化与中国特色社会主义道路的内涵及其内在关联进行阐述和揭示是十分必要的。

一 马克思恩格斯的全球化思想

学者们一般认为，"全球化"一词是在 20 世纪 80 年代中期出现的。马克思恩格斯虽然没有明确使用全球化的概念，但在他们的理论中却蕴涵着丰富的全球化思想。他们主要用"世界市场""世界历史""世界交往"这样特定的概念来指称、描述"全球化"现象。因此，在今天的全球化问题研究中不能不追溯到马克思恩格斯。西蒙·布莱姆雷认为："对于全球化问题的任何严肃探究，马克思都是不可回避的研究起点。"安东尼·冯·福森同样认为："没有人比马克思恩格斯更早真正认识到全球化的重要性，比他们更好地指导定义全球化的观点还没有出现。"① 马克思恩格斯在《德意志意识形态》和《共产党宣言》等著作中对全球化的基础、动力、性质、特征、内容、后果、作用及前景等一系列问题，

---

① 参见〔澳〕尼克·奈特《当代中国马克思主义与马克思主义传统——全球化、社会主义及对理论连续性的追寻》，邓晓臻译，《马克思主义与现实》2006 年第 6 期。

都作了极其深刻的分析和论述。这些分析和论述对于我们认识、理解和把握当代全球化进程仍然具有重大的理论和实践意义。

（一）马克思恩格斯的全球化思想的主要内容

1. 全球化是在生产力、分工和交往发展的基础上形成的，是各民族互相往来和互相依赖程度不断加深的过程、趋势和结果

马克思恩格斯从唯物史观的基本原理出发，科学分析了全球化形成的基础和前提。他们认为，全球化的形成取决于生产力、分工和交往的发展这三个方面[①]。马克思恩格斯指出："各民族之间的相互关系取决于每一个民族的生产力、分工和内部交往的发展程度。这个原理是公认的。然而不仅一个民族与其他民族的关系，而且这个民族本身的整个内部结构也取决于自己的生产以及自己内部和外部的交往的发展程度。"[②] 在他们看来，随着生产力的发展，社会分工将会得到进一步的发展，而分工反过来又推动了生产力的发展，从而引起交往的普遍化。这样，各民族的"历史也就越是成为世界历史"[③]。马克思恩格斯认为，前资本主义的历史都是狭隘的地域性的民族历史。因为，在生产力落后和分工不发达的基础上，人们征服自然和改造自然的能力还不足以提供打破限制民族普遍交往的自然隔阂和屏障的手段。只有随着生产力、分工和交往的高度发展以及大工业的出现，全球化才能开始形成。因此，生产力、分工和交往的发展这三个方面，共同构成了全球化的物质前提。生产力的发展，打破了原来那种地方的、闭关自守的状态，代之以各个国家、各个民族之间的相互关联和依赖，从而使民族史、国家史都成为世界历史进程的一部分；社会分工发展的直接后果是资本主义工商业的繁荣，在民族和国家交往日益频繁和扩大的基础上，它使各个民族和国家成为相互联

---

① "经济全球化，首先是生产力和交往关系发展的结果，特别是国际分工和国际交换发展的结果。"参见许兴亚、张建伟、张昆仑《对"经济全球化"的理性思考》，《现代经济探讨》2000 年第 10 期。
② 《马克思恩格斯文集》第 1 卷，人民出版社，2009，第 520 页。
③ 《马克思恩格斯文集》第 1 卷，人民出版社，2009，第 541 页。

系和相互依赖的整体；交往作为国家与国家、民族与民族之间的联系和往来，把资本主义的生产方式推向整个世界，它不仅改变了一般人的活动方式，也引发了各个国家和民族生存形式的改变，使任何一种产品和发明都能在很短的时间内成为世界历史性的存在①。"各个相互影响的活动范围在这个发展进程中越是扩大，各民族的原始封闭状态由于日益完善的生产方式、交往以及因交往而自然形成的不同民族之间的分工消灭得越是彻底，历史也就越是成为世界历史。"②"过去那种地方的和民族的自给自足和闭关自守状态，被各民族的各方面的互相往来和各方面的互相依赖所代替了。"③

　　马克思恩格斯不仅一般地指明了全球化的物质基础，而且尤其揭示了机器和大工业在全球化的形成过程中的作用。正如恩格斯在《共产主义原理》一文中指出："单是大工业建立了世界市场这一点，就把全球各国人民，尤其是各文明国家的人民，彼此紧紧地联系起来，以致每一国家的人民都受到另一国家发生的事情的影响。"④ 也正如马克思恩格斯在《德意志意识形态》中指出："如果在英国发明了一种机器，它夺走了印度和中国的无数劳动者的饭碗，并引起这些国家的整个生存形式的改变，那么，这个发明便成为一个世界历史性的事实；同样，砂糖和咖啡是这样来表明自己在19世纪具有的世界历史意义的：拿破仑的大陆体系所引起的这两种产品的匮乏推动了德国人起来反抗拿破仑，从而就成为光荣的1813年解放战争的现实基础。"⑤

　　在马克思恩格斯看来，全球化现象的出现，不是由精神或人的意识决定的，而是由物质事实决定的，是一种客观的历史趋势。"历史向世界历史的转变，不是'自我意识'、世界精神或者某个形而上学幽灵的某种纯粹的抽象行动，而是完全物质的、可以通

---

① 贾英健：《论马克思的全球化思想及其当代价值》，《唯实》2002年第2期。
② 《马克思恩格斯文集》第1卷，人民出版社，2009，第540~541页。
③ 《马克思恩格斯文集》第2卷，人民出版社，2009，第35页。
④ 《马克思恩格斯文集》第1卷，人民出版社，2009，第687页。
⑤ 《马克思恩格斯文集》第1卷，人民出版社，2009，第541页。

过经验证明的行动，每一个过着实际生活的、需要吃、喝、穿的个人都可以证明这种行动。"①

2. 全球化是由资产阶级所开启的，具有鲜明的资本主义的时代特征和鲜明的资产阶级的阶级性特征

马克思主义认为，人类经济与社会生活的全球化是一个历史的过程。生产力、分工和交往的发展为它提供了必要的物质基础，但是只有到了资本主义时代，它才在资本和资本主义的推动下变为现实。正如马克思恩格斯所说："不断扩大产品销路的需要，驱使资产阶级奔走于全球各地。它必须到处落户，到处开发，到处建立联系。"② 也正如马克思所说："资本一方面具有创造越来越多的剩余劳动的趋势，同样，它也具有创造越来越多的交换地点的补充趋势……从本质上来说，就是推广以资本为基础的生产或与资本相适应的生产方式。创造世界市场的趋势已经直接包含在资本的概念本身中。"③ 也正如马克思恩格斯在《共产党宣言》中所说："资产阶级，由于开拓了世界市场，使一切国家的生产和消费都成为世界性的了。""一句话，它按照自己的面貌为自己创造出一个世界。"④

由资产阶级所开创的全球化体现了它的利益、意志和要求，因此这一过程自始就带有鲜明的资产阶级时代的和阶级的特征。这一过程自始就是伴随着对落后国家和落后民族的侵略、压迫和剥削而发展起来的。也正如马克思恩格斯所说："资产阶级挖掉了工业脚下的民族基础。古老的民族工业被消灭了，并且每天都还在被消灭。""它迫使一切民族——如果它们不想灭亡的话——采用资产阶级的生产方式；它迫使它们在自己那里推行所谓的文明，即变成资产者。"⑤ 可以看出，这种全球化的世界体系，实际上是一种以资本主义生产方式为内核的庞大的"中心—边缘"的结构

---

① 《马克思恩格斯文集》第 1 卷，人民出版社，2009，第 541 页。
② 《马克思恩格斯文集》第 2 卷，人民出版社，2009，第 35 页。
③ 《马克思恩格斯文集》第 8 卷，人民出版社，2009，第 88 页。
④ 《马克思恩格斯文集》第 2 卷，人民出版社，2009，第 35 ~ 36 页。
⑤ 《马克思恩格斯文集》第 2 卷，人民出版社，2009，第 35 页。

体系，也就是以西方发达资本主义国家为中心，以东方和其他落后地区为边缘；以现代化的城市为中心，以落后的乡村为边缘；以资本主义经济为中心，以其他经济为边缘；以少数资本家阶级为中心，以大多数工人和农民为边缘；以少数压迫民族和宗主国为中心，以广大被压迫民族和殖民地为边缘的一种不平衡发展的过程①。马克思恩格斯指出："资产阶级使农村屈服于城市的统治。……正像它使农村从属于城市一样，它使未开化和半开化的国家从属于文明的国家，使农民的民族从属于资产阶级的民族，使东方从属于西方。"②"英国是农业世界的伟大的工业中心，是工业太阳，日益增多的生产谷物和棉花的卫星都围绕着它运转。"③

3. 全球化进程是包括经济、政治和文化在内的多维过程

马克思恩格斯认为，全球化首先是一种经济现象。它主要包括生产全球化和消费全球化。资本主义生产的性质决定了资产阶级必须奔走于全球各地，开拓世界市场。而大工业的建立、美洲的发现又为开拓世界市场做好了准备。资本主义新兴工业使得物质资料的生产全球化了。资本主义新兴工业所加工的，已经不是本地的原料，而是来自极其遥远的地区的原料了。不仅如此，物质资料的消费也全球化了。资本主义新兴工业加工的产品，不仅供本国消费，而且供世界各地消费。旧的、靠本国产品来满足的需要，被新的、要靠极其遥远的国家和地区的产品来满足的需要所代替了。

然而马克思恩格斯又指出：全球化不仅是一种经济现象，而且是一种社会的、政治的和文化的现象。经济基础决定上层建筑，物质生活的生产方式制约着整个社会生活、政治生活和精神生活的过程。"人们的观念、观点和概念，一句话，人们的意识，随着人们的生活条件、人们的社会关系、人们的社会存在的改变而改变。"④ 因此，全球化绝不可能仅仅限于经济这一个方面。虽然它

---

① 杜玉华：《马克思全球化思想的本质性特征及其启示》，《中共长春市委党校学报》2004 年第 4 期。
② 《马克思恩格斯文集》第 2 卷，人民出版社，2009，第 36 页。
③ 《马克思恩格斯文集》第 1 卷，人民出版社，2009，第 372 页。
④ 《马克思恩格斯文集》第 2 卷，人民出版社，2009，第 50 页。

起因于经济，并且在一段时间和一定程度上主要表现为经济的全球化，但随着经济全球化的发展，政治和文化的全球化必然逐步加强。关于政治的全球化，马克思指出："各自独立的、几乎只有同盟关系的、各有不同利益、不同法律、不同政府、不同关税的各个地区，现在已经结合为一个拥有统一的政府、统一的法律、统一的民族阶级利益和统一的关税的统一的民族。"① 随着全球化的进展，民族之间、国家之间的交往日益增多，各种文化、各种文明开始相互影响、相互渗透、相互融合，形成了一种全球化的世界文化。正如马克思恩格斯所指出的那样，由于经济的全球化，"各民族的精神产品成了公共的财产。民族的片面性和局限性日益成为不可能，于是由许多种民族的和地方的文学形成了一种世界的文学"②。

4. 全球化进程的二重作用

马克思恩格斯深刻揭示了全球化在促进人类社会进步和发展中的二重作用。

首先，全球化促进了人类社会生产力的高度发展和各民族之间的融合，从而为向新的、更加高级的社会形态的过渡创造了条件。马克思恩格斯指出："某一个地域创造出来的生产力，特别是发明，在往后的发展中是否会失传，完全取决于交往扩展的情况。当交往只限于毗邻地区的时候，每一种发明在每一个地域都必须单独进行……关于这一点，腓尼基人的例子就可以说明……只有当交往成为世界交往并且以大工业为基础的时候，只有当一切民族都卷入竞争斗争的时候，保持已创造出来的生产力才有了保障。"③ "资产阶级在它的不到一百年的阶级统治中所创造的生产力，比过去一切世代创造的全部生产力还要多，还要大。自然力的征服，机器的采用，化学在工业和农业中的应用，轮船的行驶，铁路的通行，电报的使用，整个整个大陆的开垦，河川的通航，

---

① 《马克思恩格斯文集》第 2 卷，人民出版社，2009，第 36 页。
② 《马克思恩格斯文集》第 2 卷，人民出版社，2009，第 35 页。此处的"文学"在德语里泛指科学、艺术、哲学、政治等方面的著作。
③ 《马克思恩格斯文集》第 1 卷，人民出版社，2009，第 559~560 页。

仿佛用法术从地下呼唤出来的大量人口——过去哪一个世纪料想到在社会劳动里蕴藏有这样的生产力呢?"①

马克思恩格斯指出:"单是大工业建立了世界市场这一点,就把全球各国人民,尤其是各文明国家的人民,彼此紧紧地联系起来,以致每一国家的人民都受到另一国家发生的事情的影响。"②而更重要的还在于,马克思恩格斯的本来的思想是:"共产主义只有作为占统治地位的各民族'一下子'同时发生的行动,在经验上才是可能的,而这是以生产力的普遍发展和与此相联系的世界交往为前提的。"③也正如马克思在谈到自由贸易和保护关税的政策时所说:"自由贸易制度正在瓦解迄今为止的各个民族,使无产阶级和资产阶级间的对立达到了顶点。总而言之,自由贸易制度加速了社会革命。先生们,也只有在这种革命意义上我才赞成自由贸易。"④此外,也正是在这种情况下,落后民族、国家可以吸收资本主义文明成果,而不经历资本主义发展所经历的痛苦,跨越"卡夫丁峡谷"⑤。

另外,马克思恩格斯也深刻揭露了全球化过程中资本主义的历史弊病。资本来到世间,从头到脚,每个毛孔都滴着血和肮脏的东西。资本主义的发展史,就是资本剥削劳动、列强掠夺弱国的历史,这种剥夺的历史是用血和火的文字载入人类编年史的。马克思对这种扩张的本质作了深刻的揭露,指出资产阶级在殖民地的所作所为"完全是受极卑鄙的利益所驱使",它充分地暴露了资产阶级文明的伪善和野蛮本性。"当我们把目光从资产阶级文明的故乡转向殖民地的时候,资产阶级文明的极端伪善和它的野蛮本性就赤裸裸地呈现在我们面前,它在故乡还装出一副体面的样子,而在殖民地它就丝毫不加掩饰了。"⑥对此,马克思指出:"美

---

① 《马克思恩格斯文集》第2卷,人民出版社,2009,第36页。
② 《马克思恩格斯文集》第1卷,人民出版社,2009,第687页。
③ 《马克思恩格斯文集》第1卷,人民出版社,2009,第538页。
④ 《马克思恩格斯文集》第1卷,人民出版社,2009,第759页。
⑤ 《马克思恩格斯文集》第3卷,人民出版社,2009,第580页。
⑥ 《马克思恩格斯文集》第2卷,人民出版社,2009,第690页。

洲金银产地的发现，土著居民的被剿灭、被奴役和被埋葬于矿井，对东印度开始进行的征服和掠夺，非洲变成商业性地猎获黑人的场所——这一切标志着资本主义生产时代的曙光。这些田园诗式的过程是原始积累的主要因素。接踵而来的是欧洲各国以地球为战场而进行的商业战争。"① 这就是说，资本主义的发展主要是通过对殖民地的掠夺和剥削来进行的。所以，在资本主义条件下，"单个人随着自己的活动扩大为世界历史性的活动，越来越受到对他们来说是异己的力量的支配（他们把这种压迫想象为所谓世界精神等等的圈套），受到日益扩大的、归根结底表现为世界市场的力量的支配"②。资本主义开辟了世界历史，但资本主义制度又最终成为世界历史进一步发展的桎梏。这是全球化发展的必然结论。

5. 全球化的前景将是共产主义

如前所述，全球化首先是由资产阶级开拓和推进的。在这一过程中，资产阶级发挥了不可替代的历史性的作用。例如，它消灭了古老的民族工业，代之以新的工业；它消灭了各国以往自然形成的闭关自守状态，把一切民族甚至最古老的民族都卷到文明中来了；它创立了巨大的城市，因而使很大一部分居民脱离了农村生活的愚昧状态；它迫使一切民族采用资产阶级的生活方式，使未开化和半开化的国家从属于文明的国家，使东方从属于西方。但这并不意味着资本主义是全球化发展的未来归宿。全球化的归宿将是共产主义。

之所以如此，根本原因在于全球化的发展从本质上说是同资本主义制度相冲突的。随着历史的前进，资本主义的所有制关系终将难以适应生产力的发展，它再也不能容纳其本身所创造的巨大财富了。因此，全球化的充分展开，必将冲破资本主义制度本身，把人类推向资本主义的反面——共产主义，用共产主义的全球化取代资本主义的全球化。正如马克思恩格斯指出："资产阶级的生产关系和交换关系，资产阶级的所有制关系，这个曾经仿佛

---

① 《马克思恩格斯文集》第 5 卷，人民出版社，2009，第 860 页。
② 《马克思恩格斯文集》第 1 卷，人民出版社，2009，第 541 页。

用法术创造了如此庞大的生产资料和交换手段的现代资产阶级社会，现在像一个魔法师一样不能再支配自己用法术呼唤出来的魔鬼了。""资产阶级用来推翻封建制度的武器，现在却对准资产阶级自己了。""随着大工业的发展，资产阶级赖以生产和占有产品的基础本身也就从它的脚下被挖掉了。它首先生产的是它自身的掘墓人。资产阶级的灭亡和无产阶级的胜利是同样不可避免的。"①

也正如马克思恩格斯所说："共产主义对我们来说不是应当确立的状况，不是现实应当与之相适应的理想。我们所称为共产主义的是那种消灭现存状况的现实的运动。这个运动的条件是由现有的前提产生的。"② "各个人的全面的依存关系、他们的这种自然形成的世界历史性的共同活动的最初形式，由于这种共产主义革命而转化为对下述力量的控制和自觉的驾驭，这些力量本来是由人们的相互作用产生的，但是迄今为止对他们来说都作为完全异己的力量威慑和驾驭着他们。"③

从以上分析可以看出，全球化发展的最终结果将是社会主义和共产主义的全球化。从这个意义上来说，近代以来主要由资产阶级推动和发展了的全球化进程，又是实现社会主义和共产主义的必要条件。

（二）马克思恩格斯的全球化思想的意义

列宁指出："沿着马克思的理论的道路前进，我们将愈来愈接近客观真理（但决不会穷尽它）；而沿着任何其他的道路前进，除了混乱和谬误之外，我们什么也得不到。"④ 全球化思想是马克思主义理论的重要内容。因此，在考察全球化问题时，不能不重视马克思恩格斯关于全球化的思想。正如有学者所指出的那样，马克思恩格斯关于全球化的思想对于我们观察当今全球化现象，解

---

① 《马克思恩格斯文集》第2卷，人民出版社，2009，第37、43页。
② 《马克思恩格斯文集》第1卷，人民出版社，2009，第539页。
③ 《马克思恩格斯文集》第1卷，人民出版社，2009，第542页。
④ 《列宁专题文集——论辩证唯物主义和历史唯物主义》，人民出版社，2009，第50页。

读全球化问题，认识全球化与社会主义的关系都具有重要的理论价值和方法论意义①。笔者认为，这些意义至少可以归结为以下几个方面。

首先，马克思恩格斯的全球化思想全面揭示了全球化过程的实质，对于我们认识今天的全球化现象有重大的指导意义。

按照马克思恩格斯的有关论述可以看出以下几点。

第一，全球化过程本身，如果撇开经济的社会形态或生产的社会形式来看，首先反映了人类社会历史的发展不断突破地域的限制，向着一个共同的"世界历史"的方向发展的总趋势。人类社会本身就是一个不断地从低级到高级、从原先地域上的相互隔绝、彼此孤立的状态，向着全球化、一体化发展的过程。在这一历史发展过程中，尽管首先是由近、现代资产阶级在其中起到了主导的和推动的作用，并且伴随着许多罪恶的剥削和掠夺，但是如果撇开全球化进程的这一个侧面，就仍然包含了人类社会发展的巨大的历史进步，并成为推动社会历史向着更高级的社会形态过渡的必要条件。正如恩格斯在讲到奴隶制的进步作用时所说："没有奴隶制，就没有希腊国家，就没有希腊的艺术和科学；没有奴隶制，就没有罗马帝国。没有希腊文化和罗马帝国所奠定的基础，也就没有现代的欧洲。我们永远不应该忘记，我们的全部经济、政治和智力的发展，是以奴隶制既成为必要、又得到公认这种状况为前提的。在这个意义上，我们有理由说：没有古希腊罗马的奴隶制，就没有现代的社会主义。""如果我们深入地研究一下这些问题，我们就不得不说——尽管听起来是多么矛盾和离奇——在当时的情况下，采用奴隶制是一个巨大的进步。"②

20世纪80年代以来全球化的迅猛发展，进一步说明了全球化的过程是人类社会历史发展的必然趋势，因而也是全世界无产

① 王永贵：《经济全球化与中国特色社会主义》，黑龙江人民出版社，2003，第114页。

② 《马克思恩格斯文集》第8卷，人民出版社，2009，第188页。

阶级和劳动人民争取彻底解放、实现社会主义和共产主义的必要条件。对此，我们绝不能采取简单拒绝或排斥的态度，而应在认清它的本质、特点和前景的基础上，为我所用，在坚定不移地坚持中国特色社会主义道路的前提下，积极融入新时期的全球化过程，并且在这一过程中不断发展和壮大自身的实力，最终达到引领潮流，促进人类社会向着社会主义和共产主义全球化的方向发展。

第二，马克思主义的全球化理论告诉我们，20 世纪 80 年代以来的全球化，仍然是从 15 ~ 16 世纪以来就已经开始了的资本主义全球化过程的继续，只不过在新的历史条件下具有了一些新特点。当今世界的"全球化"，仍然带有资本主义占主导地位的性质。它一方面说明了当今世界的资本主义生产方式和生产关系所能容纳的生产力尚未发挥殆尽，因而对于已经走上社会主义道路的中国和其他社会主义国家来说，仍然具有可资借鉴和利用的地方；另一方面也进一步说明了社会主义、共产主义取代资本主义这一历史进程的长期性、曲折性和复杂性。因此，这就要求我们在实行对外开放和积极融入全球化进程的时候，既要趋利避害，充分利用全球化所带来的历史机遇，又要保持清醒的头脑，充分认识全球化的资本主义性质。

其次，马克思恩格斯的全球化思想指明了全球化的发展前景，对于我们坚定社会主义、共产主义的理想信念有重大的指导意义。

马克思主义的全球化理论告诉我们，以"世界市场"为基础的全球化发展下去，必然被以公有制为基础的全球化所取代。全球化发展的必然趋势和最终结果是共产主义。因为共产主义是世界性的、国际性的、全球性的。众所周知，由于苏联解体、东欧剧变，当今世界出现了"社弱资强"的局面。在这种背景下，有些人对社会主义、共产主义的信念动摇了，就是在各国共产党内部，也程度不同地出现了信仰危机。从马克思恩格斯的全球化思想所揭示的关于全球化发展前途的论断来看，这种观点是站不住脚的。正如邓小平所说："封建社会代替奴隶社会，资本主义代替封建主义，社会主义经历一个长过程发展后必然代替资本主义。

这是社会历史发展不可逆转的总趋势，但道路是曲折的。资本主义代替封建主义的几百年间，发生过多少次王朝复辟？所以，从一定意义上说，某种暂时复辟也是难以完全避免的规律性现象。一些国家出现严重曲折，社会主义好像被削弱了，但人民经受锻炼，从中吸收教训，将促使社会主义向着更加健康的方向发展。因此，不要惊慌失措，不要认为马克思主义就消失了，没用了，失败了。哪有这回事！"① 江泽民同志指出："必须看到，实现共产主义是一个非常漫长的历史过程。"他还强调："我们坚信马克思主义关于人类社会必然走向共产主义这一基本原理。"②

最后，马克思恩格斯的全球化思想对于我们参与今天的全球化实践有重大的指导意义。

第一，马克思恩格斯的全球化思想告诉我们，在全球化进程中要解决好"生产力的普遍发展和与此相联系的世界交往"问题。从马克思恩格斯的全球化思想来看，落后国家在取得革命胜利并建立政权之后，必须高度重视并卓有成效地解决"生产力的普遍发展和与此相联系的世界交往"问题，主动适应和积极参与全球化潮流，只有这样，才能形成"获得利用全球的这种全面生产（人们的创造）的能力"③。因此，在经济文化相对落后的国家建设社会主义，必须发展生产力，主动地扩大世界交往，积极参与全球化进程，使自身经济成为世界经济的一部分，从而使自己成为世界历史性的存在。马克思恩格斯认为，无产阶级夺取政权后将利用自己的政治统治，"一步一步地夺取资产阶级的全部资本，把一切生产工具集中在国家即组织成为统治阶级的无产阶级手里，并且尽可能快地增加生产力的总量"④。这就是说，发展生产力是社会主义的根本任务。也正如有的学者所指出的那样，已经建立了社会主义制度的国家，还"需要在已经建立起来的'社会主义社会'的基础上，努力发展社会主义社会的生产力，努力发展和

---

① 《邓小平文选》第3卷，人民出版社，1993，第382～383页。
② 《江泽民文选》第3卷，人民出版社，2006，第293页。
③ 赵兴良：《马克思的全球化思想》，《求实》2000年第9期。
④ 《马克思恩格斯文集》第2卷，人民出版社，2009，第52页。

完善社会主义和共产主义的生产方式、生产关系和交往关系，努力发展社会主义的教育、科学和民主，以朝着人类发展和人类社会形态的更高的目标前进"①。在全球化背景下，不同社会制度国家之间的竞争说到底是综合国力的竞争，实际上是经济和科技的竞争。社会主义能否最终战胜资本主义，取决于其能否创造出高于资本主义的社会生产力，取决于其在全球中的地位和影响。而要发展生产力就必须扩大交往。马克思恩格斯指出，随着交往的扩大，某些地方可以在发明上借助其他地方已有的成果，实现生产力的跨越发展。因此，对于处于社会主义初级阶段的我国来讲，扩大对外交往意义重大。现在的世界是开放的世界，关起门来搞建设是不能成功的，中国的发展离不开世界。所以，只有对外开放，才能得到过去难以得到的先进技术、管理经验、市场、资源和其他有利条件，从而壮大自己的力量，扩大社会主义在世界上的影响。

第二，要积极参与全球化进程。根据马克思恩格斯的全球化思想，全球化是由资产阶级推动的，资产阶级在全球化进程中起着主导的作用。直到现在它仍然是全球化的主导者。但是，马克思恩格斯还指出，全球化又是生产力、交往和分工发展的结果。从这个意义上说，全球化又是一个客观的历史进程。因此，面对全球化的浪潮，积极参与和沉着应对全球化是 21 世纪中国特色社会主义不断发展的战略选择。为此，对西方文明既不能采取一概拒斥的态度，这是改革开放前的老路，不能走；也不能采取全盘接受的做法，这是全盘西化的邪路，更不能走；而是要取其精华，去其糟粕，结合国情和世情，走中国特色社会主义道路。只有这样，中国才有可能在全球化进程中获得更大的发展，也才有可能不断扩大自身在国际上的影响力，从而为人类的和平与发展作出更大的贡献。

---

① 许兴亚：《马克思〈1844 年经济学哲学手稿〉中若干译文辨析》，《马克思主义研究》2006 年第 4 期。

二 对于全球化的本质、进程及影响的探讨

(一) 关于当代全球化的本质的探讨

1. 学术界关于全球化讨论的主要理论观点

准确把握全球化的本质，是充分利用全球化所提供的契机，加速我国发展的基本前提。近年来，随着全球化研究热潮的兴起，国内外学术界从各自的研究角度，提出了许多不同的看法。正如德国科隆大学社会学研究所所长于尔根·弗里德里希斯博士所指出的那样，全球化这个概念具有多种含义。目前它几乎成了一种标签，"用以描述任何一种方式的国际关系和市场的国际化。就是在科学著作中，也被理解为各种不同的内容，没有统一的定义"[①]。从所掌握的资料看，国内外关于全球化的界定比较有代表性的观点主要有以下几种。

(1) 矛盾说。这种观点认为，全球化是一个多种矛盾的统一体。安东尼·吉登斯认为："全球化不是一个单一的过程，而是各种过程的复合，这些过程经常相互矛盾，产生冲突、不和谐及新的分层形式。例如，本土民族主义的复活以及本土认同的增强直接与相对立的全球化的力量交织在一起。"[②] 我国学者俞可平教授也认为，全球化是一个合理的悖论。他认为，全球化过程本质上是一个内在的充满矛盾的过程，它是一个矛盾的统一体：它包含一体化的趋势，同时又包含分裂化的倾向；既有单一化，又有多样化；既是集中化，又是分散化；既是国际化，又是本土化。总之，全球化就是这样一个矛盾的统一体，是一个相反相成的过程，是一个悖论，但这是一个合理的悖论。其一，全球化的内在矛盾是一个客观事实，无论看起来是多么匪夷所思，它都是合理的。

---

① 张世鹏等编译《全球化时代的资本主义》，中央编译出版社，1998，第 2 页。
② 〔英〕安东尼·吉登斯：《超越左与右——激进政治的未来》，李惠斌、杨雪冬译，社会科学文献出版社，2000，第 5 页。

其二，全球化的内在矛盾是必然的，在全球化的背景下，即使是开放化程度最高的国家也不可能完全没有本民族的印记，反之，最保守的民族也不可能没有全球化的痕迹。其三，全球化的矛盾有利于人类社会的进步，社会本身就是多样性的统一，多元一体化也好，一元多体化也好，都应当是人类发展的真谛①。岳长龄教授分析了全球化讨论中一般涉及的五组对立趋势：普遍化与特殊化、同化与分化、整合与分离、中心化与离心化、并立与融合②。也有国外学者认为全球化伴随着越来越多的地方化等。

上述"矛盾说"看到了当代全球化过程的复杂性，就这一点来说是有一定意义的。但是，其共同的缺陷则是停留在对于当代全球化问题的表层现象的罗列上，因为未能从根本上揭示出它的本质、特点和趋势。实际上，全球化无论多么"矛盾"或"复杂"，从马克思主义的观点来看，总是有规律可以遵循的。当代全球化一方面是历史上全球化的继续，另一方面又具有一系列新特点。这样看，才算是抓住了事物的本质或根本。

（2）过程说。这种观点认为，全球化是一个过程。渥特斯提出，全球化是一个社会过程。在这个过程中地理对社会和文化安排的约束减弱了，身处其中的人们越来越清楚地意识到这一点③。贝克认为全球化指的是一个过程，在这个过程中，主权受到具有不同力量前景、取向、认同以及网络的跨国行为体的困扰和削弱。全球化意味着没有世界国家，或者更准确地说，是没有世界国家和世界政府的世界社会。可以通过三个变量来衡量全球化的程度：空间的广度，时间上的稳定性，跨国网络、关系和形象流动的社会强度。通过这三个维度可以清楚地看到当代全球化的崭新之处④。我国学者杨雪冬也持同样的观点，提出全球化是一个多维度过程，全球化在理论上创造着一个单一的世界，全球化是统一和多样并存的过程，现在的全球化是一个不平衡发展的过程，全球

①　俞可平：《全球化与政治发展》，社会科学文献出版社，2005，第 235～240 页。

②　岳长龄：《西方全球化理论面面观》，《战略与管理》1995 年第 6 期。

③　转引自杨雪冬《全球化：西方理论前沿》，社会科学文献出版社，2002，第 12 页。

④　Ulrich Beck, *What is Globalization*? London：Polity Press，2000.

化是一个冲突的过程，全球化是一个观念更新和范式转变的过程①。

上述"过程说"正确的一面是看到了全球化是一个过程，但其共同的根本缺陷则是未能真正从历史和现实相结合的角度，准确揭示出当代全球化的本质和特征，而是停留在某种超历史和超阶级分析的抽象层面。

（3）超越民族壁垒说。这种看法强调全球化就是超越民族国家的边界，消除各种壁垒的约束的过程。有学者认为，全球化就是人类不断地跨越空间障碍和制度、文化等社会障碍在全球范围内实现充分沟通（物质的与信息的）和达成更多共识与共同行动的过程。这个过程具有这样几个特点：第一，全球化是一个多维度过程。第二，全球化是统一和多样并存的过程。第三，全球化是一个不断出现冲突的过程②。有学者提出，所谓"全球化"现象，指的是当代人类社会生活的活动空间正日益超越民族国家主权版图的界限，在世界范围内展现出全方位的沟通、联系、交流与互动的客观历史进程及趋势③。还有学者认为全球化指的是在经济、信息、生态、技术跨国文化冲突与市民社会的各种不同范畴内可以感觉到的人们的日常行动，日益失去了国界的限制。归根结底，无论人们是否相信、是否理解，这些都与可以感受到的日常暴力一起从根本上发生变化。一切都被迫适应这种变化，并作出回答。金钱、技术、商品、信息、毒品都超越了国境。这些原来都是无法设想的④。全球化是指人类社会生活跨越民族、国家的地域，在全球范围内全方位沟通、相互影响，从而使全球经济形成一个不可分割的有机整体的客观历史过程和趋势⑤。赫尔姆和索伦森把全球化看成"跨越国界的经济、政治、社会和文化关系的

① 杨雪冬：《全球化：西方理论前沿》，社会科学文献出版社，2002，第14页。
② 胡元梓、薛晓源主编《全球化与中国》，中央编译出版社，1998，第3页。
③ 黄卫平：《全球化与中国政治体制改革》，《马克思主义与现实》1998年第4期。
④ 转引自张世鹏《什么是全球化？》，《欧洲》2000年第1期。
⑤ 吴仁平：《论全球化时代社会主义生产力跨越发展的条件》，《江西师范大学学报》（哲学社会科学版）2002年第3期。

增强"。另有学者认为，全球化是某种从多个中心和发源地向外运动、跨越边境和边界的长期的传播进程①。

"超越民族壁垒说"看到了全球化的过程性，但是一方面都没有区分全球化本身和资本主义全球化，另一方面没有看到当代（迄今为止）的全球化过程中资本主义的主导作用或性质。

（4）联系加强说。这种观点认为，在全球化条件下，民族国家之间的联系加强了，形成了"你中有我，我中有你"的局面，"谁也离不开谁"。著名的里斯本小组认为："全球化涉及的是众多国家与社会之间多种多样的纵向横向联系，从这些联系中形成今日的世界体系。它描述了这样一种发展过程，在这个过程中，世界部分地区所发生的事件、所作出的决策以及所进行的活动，对于距离遥远的世界其他地区的个人和团体都能产生具有重大意义的后果。全球化由两种不同的现象构成：作用范围（或横向扩展范围）和作用强度（或纵向深化程度）。一方面，这个概念用定义诠释了一系列发展进程，这个进程席卷了这个星球的大部分地区，或者说在世界范围内发生影响，所以这个概念具有一种空间的内容；另一方面，它意味着形成世界共同体的众多国家与社会之间的相互作用关系、横向联系和相互依赖性都在不断加强，横向的扩大与纵向的深化同时进行。……因此全球化远远不仅仅是一个抽象概念，而是现代生活的一个众所周知的特征。"② 德国科隆大学社会学研究所所长于尔根·弗里德里希斯博士认为，全球化的过程首先不是别的，而是一种不断强化的网络化。他把这种不断强化的网络化概括为三个要点，而首要的是依赖性的设想：这种经济活动的网络化对于所有参与者都产生反作用。全球化的经济发展不仅调控各民族的发展，还调控各城市与城市地区的发展，这种发展又制约了每个家庭和个人的发展。这种区域性的影响甚至被一些作者看做全球化的核心（并看做全球化的一种定义特

① 〔澳〕罗·霍尔顿：《全球化与民族国家》，倪峰译，世界知识出版社，2006，第11、50页。
② 〔葡〕里斯本小组：《竞争的极限》，张世鹏译，中央编译出版社，2000，第39~41页。

征）。一个国家的发展，例如德国的发展，比以前任何时候都更加紧密地依赖于世界上其他国家的发展①。我国有一些学者持类似的观点。比如，丁志刚提出，全球化是全球范围内各地域、各民族、各国家日益紧密的联系，这种联系导致各地域、各民族、各国家间相互作用的加强，从而影响和改变着人类的运动方式，特别是生活方式和思维方式②。此外，蔡拓、谭君久等学者也持这种观点。

这种观点正确地看到了全球化条件下不同民族、国家和地区联系的加强，但忽略了不同民族、国家和地区在全球化进程中的地位和作用。

（5）趋同说。这种观点认为，全球化就是一体化、同质化，就是人类的一种"大同"境界。根据这种观点，全球化就是资本主义化、西方化或美国化，是资本主义的一种新的形式或新的发展阶段。换言之，全球化是资本主义发展的产物，是资本主义生产方式的普遍化，就是资本主义在全球战胜社会主义而持久胜利的局面。美国经济学家和历史学家罗伯特·海尔布隆纳在影响广泛的《纽约客》上宣称："资本主义与社会主义两种体制的竞争，在其正式开始不到75年的时间内已经结束，资本主义获得了最终胜利。"兰德公司主要成员福山在其《历史的终结和最后的人》一书中说："资本主义的自由民主制度是人类历史发展的终极状态。"法国学者雅克·阿达认为，论述全球化，就是回顾资本主义这种经济体制对世界空间的主宰。资本主义在空间进行的拓展已经遍及世界的各个角落，而全球化既是这一空间拓展的表现，也是并且首先是一个改变调整以至于最后消除各国之间自然的和人为的疆界的过程③。这虽然是一种来自右的方面的极端的资本主义主张，但在揭示全球化的资本主义性质方面无疑也是具有一定教

---

① 参见张世鹏等编译《全球化时代的资本主义》，中央编译出版社，1998，第2～4页。

② 丁志刚：《如何理解全球化——与金重远教授商榷》，《探索与争鸣》1998年第2期。

③ 〔法〕雅克·阿达：《经济全球化》，何竟译，中央编译出版社，2000，第3～4页。

益的。

在我国，有不少学者持这种观点，认为"全球化是西方的经济、政治、文化向全球渗透、蔓延的整体过程"，全球化的实质是资本主义生产方式或资本主义市场经济的全球化①。有学者提出，全球化历程虽然体现在社会生活中的每一个方面，但从其动力机制和现实基础来看，全球化进程的历史必然性应该从资本主义的生产方式中去寻找，从市场经济的秘密中去寻找②。还有学者提出，全球化实质上是资本主义发展所产生的一个重要的后果，全球化是一个持续不断的历史过程，是资本主义的特殊形式，当前的全球化是资本主义关系在广度和深度上的扩张③。根据这种逻辑，全球化就是资本主义的当前形式，是资本主义的一种别称。所以，它又被称为"后期资本主义、发达的资本主义、非组织的资本主义、跨国资本主义、全球化的资本主义、后福特主义等等"④。但是，中国学者的出发点与国外学者不同，他们更多的是从批判而不是赞赏的角度来讨论这一问题的。在他们看来，作为全球化始作俑者和主导者的西方发达国家，制定了全球化的基本游戏规则，并且始终操纵着全球化的进程。它们在控制经济全球化的同时，也力图将其自己国家和民族的政治和文化价值推向全球，成为全人类的普遍价值。一句话，全球化"是以资本主义为主导的、以实现全球少数人利益为目的的资本征服整个世界的现象和过程"⑤。

这种观点正确的一面是看到了资本主义的主导作用和实质，但是未能区分资本主义的全球化和全球化本身，同时忽略了其他主体在全球化中的地位和作用，因而是片面的。

（6）经济全球化说。这种观点认为，全球化本质上就是经济全球化。有学者提出，全球化指经济活动在全世界范围内的互相

①　转引自蔡拓《全球化认知的四大理论症结》，《教学与研究》2002 年第 3 期。

②　纪玉祥：《全球化与当代资本主义的新变化》，《马克思主义与现实》1998 年第 4 期。

③　任丙强：《全球化、国家主权与公共政策》，北京大学出版社、北京航空航天大学出版社，2007，第 38 页。

④　王宁等主编《全球化与后殖民主义批评》，中央编译出版社，1998，第 91 页。

⑤　李慎明：《全球化与第三世界》，《中国社会科学》2000 年第 3 期。

依存，特别是世界市场的形成，资本超越了民族国家的界限，在全球自由流动，资源在全世界范围内配置①。有的学者强调，全球化的实质在于全球的经济行为对世界政治体系产生根本性的影响，而后者又反过来对前者发生巨大作用。目前的全球化，就本质而言，就是全球经济行为的增长已跨越了政治上以民族国家为主体的国家和地区的边界②。也有学者提出，全球化是经济范畴，不涉及政治、军事领域③。全球化本质上应该是专指经济全球化这个特定的概念④。国外有学者提出，全球化最通常的意思是指贸易、资本移动自由化，企业活动以及因此产生的国民经济交易瞄准世界大市场，跨越国境，广域延展的行为，与企业活动无界化（borderless）意思相同⑤。这种经济全球化是自由派经济学家心目中经济发展最终的和最理想的状态，也是众多跨国公司希望的结果。从以上分析可以看出，不少学者将全球化严格局限于经济领域，并直接把全球化界定为经济的一体化或国际化，个别学者甚至反对使用一般的全球化概念，尤其反对政治和文化的全球化，认为政治和文化的全球化的实质是放弃中国目前的基本政治价值和政治制度。

这种观点正确地看到了全球化的主要内容和主要方面是经济的全球化，但是随着人类活动的发展，全球化不会也不可能仅仅局限于经济活动的全球化，而必然扩展到文化、政治和社会领域。

（7）多维说。这种观点认为，全球化不能从一个方面、角度去理解，必须从多方面、多角度、多层次进行理解和界定。有不少学者持这种观点。卡瓦基特·辛格提出，全球化是指经济、政治、社会和文化等诸多领域跨越国界而紧密地联系在一起。换句话说，在全球化的世界中，复杂的经济、政治、社会和文化活动

① 和平等：《全球化与国际政治》，中央编译出版社，2008，第1页。

② 叶江：《论经济全球化与国家的关系》，《世界经济研究》1998年第1期。

③ 沈强：《当代资本主义与世界经济全球化——当代资本主义问题研讨会纪要》，《当代世界》1998年第9期。

④ 王玉恒：《全球化与价值冲突的讨论综述》，《学术界》2000年第6期。

⑤ 中国现代国际关系研究所全球化研究中心编译《全球化：时代的标识——国外著名学者、政要论全球化》，时事出版社，2003，第59页。

不会因为国界和距离的存在而受到影响①。施密特认为，全球化是一个实践政治话题，也是一个社会经济话题，还是一个思想文化话题②。约瑟夫·奈（Joseph Naye）认为全球化有四层含义。第一层含义指经济领域，可称为经济全球化，指商品、服务、资金、信息远距离的流动；第二层含义指环境方面，指在空中或海洋里远距离的物质传送，影响全球环境，这包括艾滋病、酸雨等对全世界的影响；第三层含义指军事全球化，即使用武力的危险促进了全球军事上的联系，如冷战时期美苏之间的对抗与合作；第四层含义指社会与文化的交流，包括宗教的传播和科技知识的推广。奈指出，全球化还体现在其他领域，如政治、法律、娱乐等方面。当前，互联网的发展大大降低了成本，使人们之间的对话也全球化了③。戴维·赫尔德从广度、强度、速度和影响这几个维度来界定全球化，指出全球化能够被看做一个（或者一组）体现了社会关系和交易的空间组织变革的过程——可以根据它们的广度、强度、速度以及影响来加以衡量——产生了跨大陆或者区域的流动以及活动、交往和权力实施的网络④。

在国内，不少学者也持这种观点。蔡拓指出，全球化只能是全面的全球化，绝不可能仅仅停留于经济维度。他说，全球化的轴心、基础都是经济全球化，但这并不意味着可以否认伴随经济全球化而出现的政治、文化领域的全球化⑤。王永贵教授提出，全球化是一个多学科、多领域、多维度、多元化的集合概念，是多层面的复合命题。所以，我们只能从多角度来描述和解读全球化的内涵，即从动态（纵向进程）、静态（横向扩展）、时间（历

① 〔印度〕卡瓦基特·辛格：《不纯洁的全球化》，吴敏、刘寅龙译，中央编译出版社，2000，第1页。
② 〔德〕赫尔穆特·施密特：《全球化与道德重建》，柴方国译，社会科学文献出版社，2001，第3页。
③ 转引自吴迎春《经济全球化不是坏事》，《环球时报》2000年7月7日，第16版。
④ 〔英〕戴维·赫尔德等：《全球大变革——全球化时代的政治、经济与文化》，杨雪冬等译，社会科学文献出版社，2001，第22页。
⑤ 蔡拓：《全球化认知的四大理论症结》，《教学与研究》2002年第3期。

史）、空间（地域）、内容（领域）、表现形式、客观趋势和主观战略等方面来解读和分析全球化。因此，应把全球化看成一个可以涵盖社会各种因素和各个领域的具有多维性的系统整体，全球化就是各个领域的运动以及相互作用的发展过程①。

这种观点正确地看到了全球化的内容的丰富性和多样性，但是没有揭示出不同方面在全球化进程中的地位和作用。

从以上分析可以看出，学术界关于全球化的讨论可谓众说纷纭，见仁见智。这些讨论有助于加深人们对全球化的认识和理解。但是，上述观点都存在一个明显的问题，即都是从现象的层面描述全球化，没有揭示出全球化的本质内涵。

造成上述状况的主要原因，笔者认为，主要在于研究者未能区分全球化的物质内容和社会形式这两个方面。

2. 全球化的本质

如果撇开全球化过程的特定的社会形式（例如资本主义的统治，或者资本主义和社会主义的相互并存和竞争），单就社会的物质内容来说，全球化的深层次的本质就是人类社会生产方式和生活方式的全球化。而不论是人类社会的生产方式还是生活方式，又都是由生产力的发展状况和发展水平所决定的，受生产力的制约。从这个意义上说，全球化是人类社会生产力不断发展的结果。历史唯物主义告诉我们，生产力是社会发展的决定力量，是最活跃、最革命的力量。马克思深刻地指出："蒸汽、电力和自动走锭纺纱机甚至是比巴尔贝斯、拉斯拜尔和布朗基诸位公民更危险万分的革命家。"② 因此从这个方面说，全球化的形成与发展就是一个在生产力发展推动下的客观历史进程。因为只有生产力的巨大发展，才能为人们的普遍交往和相互依赖关系提供手段。马克思指出，大工业"首次开创了世界历史"③。"过去那种地方的和民族的自给自足和闭关自守状态，被各民族的各方面的互相往来和

---

① 王永贵：《经济全球化与中国特色社会主义》，黑龙江人民出版社，2003，第21页。
② 《马克思恩格斯文集》第 2 卷，人民出版社，2009，第 579 页。
③ 《马克思恩格斯文集》第 1 卷，人民出版社，2009，第 566 页。

各方面的互相依赖所代替了。物质的生产是如此，精神的生产也是如此。"① 因此从这个意义上说，全球化过程本身是一个不以人的意志为转移的客观进程，是人类社会发展的一种必然。

同时，全球化又总是在一定的社会形式下的全球化。事实上，迄今为止，全球化这一历史进程都是与资本主义生产方式的形成和发展相伴随的。只是到了 20 世纪十月社会主义革命开辟了人类历史的新纪元以后，这种情况才发生了部分的质变，不过还没有从根本上改变资本主义与社会主义相比较所占据的优势地位。然而尽管如此，这并不妨碍全球化的深层次的本质及其历史进步性。人类社会的历史正是在具有相同或不同利益的主体（在有阶级的情况下就是阶级、民族、国家等）的相互作用的推动下向前发展的。生产力总是人类社会的生产力。资本主义的巨大的历史功绩，它的历史进步性，从而它在人类社会发展的一定阶段上的历史的和暂时的存在权，也都在于此。从这个意义上说，社会主义国家积极融入全球化的进程，不仅不是在全球化背景下的一种消极和被动的"适应"或"应对"，而且本身就是对于人类全球化进程的巨大贡献。

生产力的发展推进了全球化进程，反过来全球化又促进生产力加快发展和社会进步。在任何情况下，全球化的发展都会促进人类社会生产力的发展和历史的进步，在资本主义占据统治地位的条件下如此，在社会主义和资本主义两种不同的社会形态并存的情况下也是如此。只不过，资本主义在推动全球化的进程中同时也给全世界造成了另外的祸害和灾难；而社会主义国家在参与全球化的过程中，则要在保留和积极利用资本主义时代的成就的基础上，努力消除或抵消资本主义的这些祸害，从而推动当代全球化向着更加符合全人类根本利益的方向发展。从这个意义上说，当代全球化为世界各国都提供了加快经济发展的历史机遇。尤其是对当今世界广大的发展中国家来说，尽管其生产力水平低下，经济落后，但是在全球化条件下，它们有可能通过对外开放，加

---

① 《马克思恩格斯文集》第 2 卷，人民出版社，2009，第 35 页。

强与他国的合作，扩大对外贸易，引进外国资本和先进技术，学习和借鉴他国的先进管理经验，从而有可能获得"后发""赶超"优势，加快其经济发展，以便更快地改变其落后面貌，促进现代化进程。

所以，全球化既是生产力发展的客观要求，又是生产力发展的结果，是不以人们主观意志为转移的发展趋势。

这里还要进一步指出的是：就社会形式来说，全球化进程虽然迄今为止仍然是由资本主义主导和推动的，并且从这个意义上说必然会体现为资本主义的对外扩张，然而全球化的最终趋势和前途，则是为全人类从资本主义走向社会主义、共产主义的过渡创造条件。全球化的最终形式仍将是社会主义、共产主义主导的全球化。根据马克思恩格斯的全球化思想，全球化在历史上首先是与资本主义的发生、发展联系在一起的，全球化的发端与西方资本主义的萌芽和发展具有同步性，是近代资本主义发展的伴生物，这就决定了资本主义在全球化中最初的主导地位。这一状况到现在还没有发生根本改变，因为到目前为止，在全球化过程中资本主义仍起主要的推动作用，发达资本主义国家占据着优势地位。这种优势地位既体现在发达资本主义国家是全球化规则的制定者，又体现在其所拥有的强大的经济和科技实力，还体现在其在全球化进程中获益最大。正如江泽民同志指出："在经济全球化的进程中，各国的地位和处境是很不相同的。在发达国家尽享全球化'红利'的同时，广大发展中国家却仍饱受贫穷落后之苦。发展资金匮乏、债务负担沉重、贸易条件恶化、金融风险增加以及技术水平的落后，使发展中国家总体上处于更为不利的地位。"① 实际上，关于资本主义在全球化中的主导地位，马克思恩格斯早就指出："正像它使农村从属于城市一样，它使未开化和半开化的国家从属于文明的国家，使农民的民族从属于资产阶级的民族，使东方从属于西方。"② 当代全球化是以发达资本主义国家为主导

---

① 江泽民：《关于经济全球化问题》，《人民日报》2000年9月8日。
② 《马克思恩格斯文集》第2卷，人民出版社，2009，第36页。

的，这是当代全球化的突出特征和鲜明特点。但是，从全球化发展的趋势来看，现实中资本主义主导的全球化必将为全新的全球化发展阶段即社会主义、共产主义全球化所取代。这是因为，资本主义主导的全球化正在为社会主义和共产主义的全球化准备物质基础和条件。正如马克思恩格斯在《德意志意识形态》中所指出的那样，共产主义的实现是"以生产力的普遍发展和与此相联系的世界交往为前提的"①。我们知道，全球化是以生产力的发展为基础的，同时全球化又反过来进一步推动生产力向前发展，由于生产力的发展，人们的交往必然扩大。而社会主义、共产主义则是世界历史性的事业，是全球性的事业。所以，从未来的视角来看，全球化的本质无疑是社会主义、共产主义全球化，这是对资本主义全球化的扬弃、超越和最终替代。

　　由以上所述可以看出，如果撇开全球化的社会形式，单从其社会物质内容的角度来说，全球化是人类社会生产力发展的必然结果，也反映了人类社会生产和生活的全球化发展的总趋势。但是，如果从社会形式角度来说，当代全球化却又是一个充满着矛盾和利益冲突的过程。当代全球化的进程既没有消除发达国家与发展中国家和地区的人民之间的利益对抗和冲突，也没有消除由于资本主义在全球范围的侵略和扩张而带来的各种灾难，更没有消除社会主义和资本主义之间的根本对立和斗争。因此，我们在认识全球化本质的时候，必须兼顾而不能顾此失彼，否则就很难把握全球化的本质。也就是说，既要看到全球化进程反映了现代生产力和生产社会化发展和趋向的一面，看到它的历史进步性和客观必然性，又要看到全球化过程中所包含的各种利益矛盾和冲突，尤其不能忘记当代全球化中发达资本主义国家仍占主导地位的一面。看到前者，我们可以利用全球化来发展和壮大我们的社会主义事业；看到后者，我们才能更好地认清当代全球化中由于发达资本主义国家暂时仍然保持的优势地位而仍然不可避免地保留着的各种弊端，从而经过努力克服这些弊端，促进人类社会朝

---

① 《马克思恩格斯文集》第 1 卷，人民出版社，2009，第 539 页。

着更加健康、合理的全球化方向发展。总之，一方面，全球化本身具有人类社会生产方式和生活方式全球化的内容；另一方面，迄今为止的全球化是由资本主义主导和推动的，从而仍然带有各种弊端。但是，从总体上看，全球化具有巨大的历史进步性，它的最终趋势和前途，将是社会主义、共产主义主导的全球化。

（二）全球化的进程

全球化始于何时？至今它的发展经历了哪些阶段？这也是学界讨论的重要问题。

关于全球化进程的开端可以说是众说纷纭，有人把全球化追溯到古希腊时代，理由是古希腊文明在当时产生了全球性影响；有人认为基督教的出现标志着全球化进程的开始，因为基督教构想的是一个整体性世界；还有人认为全球化开始于跨国公司的出现，因为它们推动了世界市场的整合和经济全球化①。尽管存在多种看法，然而，按照马克思主义的观点，全球化的过程事实上是从 15 ~ 16 世纪的地理大发现和世界市场的形成开始的。正如马克思恩格斯所说："美洲的发现、绕过非洲的航行，给新兴的资产阶级开辟了新天地。""大工业建立了由美洲的发现所准备好的世界市场。世界市场使商业、航海业和陆路交通得到了巨大的发展。这种发展又反过来促进了工业的扩展，同时，随着工业、商业、航海业和铁路的扩展，资产阶级也在同一程度上发展起来。"② 也正如马克思所说："世界贸易和世界市场在 16 世纪揭开了资本的现代生活史。"③ 这种观点认为，全球化进程发端于 15 世纪末的地理大发现。由于地理大发现，人类社会才真正进入了世界范围内联系和交往的时期，从而使分散发展的地区史逐步转变为整体发展的世界史。因此，斯塔夫里阿诺斯指出："实际上，严格的全球意义上的世界历史直到哥伦布、达·伽马和麦哲伦进行远航探险

---

① 胡元梓、薛晓源主编《全球化与中国》，中央编译出版社，1998，第 3 页。
② 《马克思恩格斯文集》第 2 卷，人民出版社，2009，第 32 页。
③ 《马克思恩格斯文集》第 5 卷，人民出版社，2009，第 171 页。

时才开始。在这以前，只有各民族的相对平行的历史，而没有一部统一的人类历史。"①

关于全球化进程的发展阶段，学界也存有分歧。主要有"二阶段说""三阶段（三次浪潮）说""四阶段说"等。"二阶段说"把全球化的发展进程划分为"历史上的全球化"和"当代全球化"。前者指 15 世纪地理大发现至 20 世纪 60～70 年代的全球化；后者指 20 世纪 60～70 年代至今的全球化②。关于"三阶段（三次浪潮）说"，有的人认为，第一阶段从 15 世纪全球化进程源起到 19 世纪 70 年代大英帝国霸权的确立；第二阶段从 1880 年一直到 1972 年美元本位的终止，经历了欧洲中心向美国中心的转变；第三阶段从 20 世纪 70 年代一直到现在，而且还会继续下去。有的人认为，全球化前后共有三次浪潮，第一次浪潮出现在 19 世纪后半期到 20 世纪初，并被第一次世界大战打断；第二次浪潮出现在 20 世纪 50～60 年代；从 20 世纪 70 年代后期起，开始有一些新的趋势渐渐涌动，80～90 年代终于汇成第三次经济全球化浪潮。还有的人认为，全球化的第一阶段从 19 世纪后半叶到 20 世纪初；第二阶段从第二次世界大战后到 50～60 年代；第三阶段从 70 年代至今。关于"四阶段说"，也存有分歧，戴维·赫尔德等学者把全球化分为"前现代的全球化"，开始于 9000～11000 年前；"现代早期的全球化"，为 1500～1850 年；"现代的全球化"，为 1850～1945 年；"当代的全球化"，为 1945 年以来。和平等学者提出，全球化经历了四次浪潮。第一次始于 16 世纪地理大发现，第二次从 19 世纪到 20 世纪初，第三次始于 20 世纪 50～60 年代，第四次始于 70 年代后期。此外，我国学者陈海燕等人也认为，全球化的进程经历了四次浪潮。

以上三种观点无疑突出了全球化的过程和持续性，这种研究固然有必要，为认识全球化的发展提供了重要参考和有益借鉴。

---

① 〔美〕斯塔夫里阿诺斯：《全球通史》，吴象婴、梁赤民译，上海社会科学院出版社，1999，第 3 页。

② 参见李惠斌主编《全球化：中国道路》，社会科学文献出版社，2003，第 255 页。

但是，笔者认为，对全球化进程阶段的划分，不能过于宽泛，也不宜过于狭隘，否则不利于准确地认识和把握全球化发展进程的特点。基于此，我们认为可以把全球化进程划分为早期全球化、中期全球化和当代全球化三个阶段。

（1）早期全球化。这是全球化进程的第一阶段，时间大体上从 15 世纪末开始，到 19 世纪中叶。

全球化进程起始于资本主义的对外扩张和世界性的发展，其发端可以追溯到 15 世纪的地理大发现。从 1492 年哥伦布发现美洲大陆到 1522 年麦哲伦完成环球航行，使世界各大洲之间的航路相继打通，为欧洲殖民者对外扩张和开拓市场创造了条件。地理大发现引发了欧洲的商业革命，促进了东西方的商品交流，使一般消费品开始进入世界市场，从而使人类的商业活动第一次具有了"世界性"。正如恩格斯在《反杜林论》中指出："伟大的地理发现以及随之而来的殖民地的开拓使销售市场扩大了许多倍，并且加速了手工业向工场手工业的转化。"① 18 世纪以后，西方主要资本主义国家先后发生了工业革命。这场革命不仅引起了生产技术的革命，而且引起了生产关系的变革，使资本主义生产方式得以确立。西方列强凭借其工业革命带来的强大经济和军事实力，开始在世界范围内大规模拓展殖民地，用武力摧毁了亚洲、非洲、南北美洲的古代文明中心，把这些一度繁荣昌盛的地区文明中心纳入西方势力的控制范围，并把西方的制度、文化强行施加于这些地区。因此，可以说，早期全球化是在欧洲列强的血腥掠夺中进行的。正如马克思所说："美洲金银产地的发现，土著居民的被剿灭、被奴役和被埋葬于矿井，对东印度开始进行的征服和掠夺，非洲变成商业性地猎获黑人的场所——这一切标志着资本主义生产时代的曙光。这些田园诗式的过程是原始积累的主要因素。"② 也正如马克思恩格斯所说："大工业建立了由美洲的发现所准备好的世界市场。世界市场使商业、航海业和陆路交通得到了巨大的

① 《马克思恩格斯文集》第 3 卷，人民出版社，2009，第 553 页。
② 《马克思恩格斯文集》第 5 卷，人民出版社，2009，第 860 页。

发展。这种发展又反过来促进了工业的扩展，同时，随着工业、商业、航海业和铁路的扩展，资产阶级也在同一程度上发展起来。"① 大体说来，这也就是相当于从全世界范围内的资本的原始积累到自由竞争的资本主义体系确立了统治地位的时期。

（2）中期全球化。这是全球化进程的第二阶段，时间大体上从 19 世纪 40~50 年代到 20 世纪 70 年代初。

中期全球化起始于 19 世纪 40~50 年代，直到 20 世纪 70 年代初。这一阶段的全球化进程可以说是跌宕起伏，几经周折。其间主要经历了在世界市场上由英国这个老牌的资本主义国家的一霸独强，到几个资本主义列强争夺霸主地位，再到列强把世界领土瓜分完毕。大体说来，这也就是相当于从自由竞争的资本主义向垄断的资本主义即帝国主义过渡的时期。从 19 世纪中叶到 1914 年第一次世界大战爆发，这个时期全球化的发展与第二次科技革命及西方列强的资本输出密切相关。一方面，西方资本主义国家变本加厉地对外扩张，不同于商品输出的资本输出有了特别的意义，彼此之间争夺世界市场的竞争日趋激烈，世界经济的发展出现了不平衡；另一方面，出现了以电力的广泛应用为主要内容的第二次技术革命。这次新技术革命最直接的社会经济后果就是推进了资本主义生产力的迅速发展，并使资本主义从自由竞争阶段进入垄断阶段，即帝国主义阶段，而且工业资本与银行资本开始密切结合，金融垄断资本越来越操纵着世界贸易的发展，出现了金融寡头，资本主义世界经济体系逐步形成。国际贸易的繁荣和国际资本、劳动力的大规模流动成为这个时代的特征②。与此同时，人类历史进入了帝国主义和无产阶级社会主义革命的时代。因此，到第一次世界大战前，全球化进程达到了一个新的阶段。

两次世界大战打断了全球化的发展进程。这两次世界大战都是由帝国主义瓜分世界和重新瓜分世界而引起的。由于战争的破

---

① 《马克思恩格斯文集》第 2 卷，人民出版社，2009，第 32 页。
② 王永贵：《经济全球化与中国特色社会主义》，黑龙江人民出版社，2003，第 30 页。

坏，在两次大战期间，国际货物贸易几乎处于停滞阶段，如1913～1938年的25年内，世界货物贸易量平均增长率仅为0.7%，世界货物贸易值也减少了32%。而1938～1948年，受第二次世界大战影响，全世界出口也几乎为零。战争使欧洲列强的元气大伤，尤其是英国，其在世界上的霸主地位开始衰落。取而代之的是美国，它由于远离欧洲战场而没有受到损伤，相反却发了战争财，经济实力大增。两次世界大战的一个重要政治结果就是社会主义由理论变为实践、由一国实践变为多国实践，同时出现了一系列民族独立国家。

战后，全球化又获得了新的发展。美国凭借其超群的经济实力主导制定了国际金融和国际贸易体制。布雷顿森林体系、国际货币基金组织、世界银行和关贸总协定都在美国的掌控之中。这些组织、协定使得世界经济的发展迈向体系化和制度化。20世纪50年代至70年代初，是西方经济发展的"黄金时代"。在这20多年中，世界经济高速增长，国际贸易规模迅速扩大，并超过了国际生产的增长速度。因此，可以说，战后在美国霸权维持的和平下，全球化进程取得了巨大的进展。这一方面体现在以跨国公司为代表的经济力量对世界市场整合的推动；另一方面体现为运输通信技术的革新，使物质与信息的流动可以跨越空间的障碍。由美国霸权主导的全球化进程使美国式的制度、文化价值观念等成为许多国家模仿的对象。

（3）当代全球化。这是全球化进程的第三阶段，大体上从20世纪70年代开始。

当代全球化被誉为有史以来规模最大、影响最深的一次全球化。西方国家经济政策的调整，新技术的创新和扩散，苏联解体、东欧剧变，发展中国家纷纷实行经济自由化和开放政策等因素促成了这次全球化进程的发展。由于20世纪70年代西方资本主义国家普遍受到经济"滞胀"的困扰，使西方国家长期奉行的凯恩斯主义显得无能为力。在这种背景下，西方国家纷纷对其经济政策进行调整，逐步放松对经济活动的管制，特别是对金融、交通运输和信息通信技术等服务业采取了自由化措施。这些措施一方面刺激了金融创新和信息革命，增强了企业的竞争力和经济体制的活力；另一方面又助长了经济、金融、政治等领域的过度投机、泡沫、腐败和丑闻。此外，战后随着国际货币体系的崩溃，美国宣布美元与黄金的比价脱钩，各国相继实行汇率自由浮动制度，放松了对资本的管制。这在一定程度上加速了国际资本的流动，助长了资本主义在全球推广的态势，推动了以当代资本主义为主导的当代全球化的发展。从生产力发展的角度看，从 70 年代后期开始，技术创新加速，尤其是由微电子技术带动的信息和通信技术发展十分迅猛，从而引发了影响广泛的信息革命。这些技术创新一方面仍然局限于资本主义全球化发展的需要，另一方面在客观上大大缩短了世界各民族、国家和地区之间的时空距离，为全球贸易、投资和金融业务的开展提供了十分便捷的条件。特别是 80 年代末 90 年代初，苏东发生剧变，这些国家纷纷放弃了以公有制和计划经济为特征的社会主义经济模式，而重新走上了资本主义市场经济的道路。与此同时，中国和越南等社会主义国家也分别采取了与资本主义市场经济更加容易"接轨"的社会主义市场经济体制。作为当代全球化的体制基础，"市场经济"重新又成为当今世界经济的主流，从而推动了全球化的发展。此外，从发展战略的角度看，广大发展中国家经过长期的探索后，对本国经济发展战略进行了重大调整。大多从原来的以进口为导向、以计划体制和保护主义为手段的经济发展战略，转向以出口为导向、以市场机制为手段的经济发展战略。由于该战略的推行，出现了一批新兴工业化国家。我国 70 年代末实行了改革开放政策，重返了国际经济舞台，不少其他发展中国家也逐步走向开放，这为全球化的发展注入了新的力量。

（三）全球化的影响

全球化的影响问题实际上就是全球化的利弊问题。关于这个问题，学者们有不同的看法。正如有学者所说："关于全球化进程的好处和信誉，意见严重分歧。很多人为它的好处和效益拍手叫好，有些人却有足够的理由声称自己处于不利地位。后者抱怨，当获得利益的时候，他们的所得少得可怜，也很不公平。"① 这就是说，有人把全球化当成福音，视之为人类的出路；有人则认为它是灾难，将它看做我们的陷阱。一般来说，人们把前者称为乐观主义者，而把后者称为悲观主义者。还有人认为，全球化利弊兼有，不能笼统地讲全球化是福音抑或灾难。这种观点我们把它称为综合论者。笔者赞同这种观点。"全球化对人类社会产生了深刻的影响，一方面增进了世界各国和地区在不同的领域和范围进行广泛而深入的联系和交流，另一方面也使国际环境变得愈加复杂和多变。"②

在乐观主义者看来，全球化不仅对以美国为首的西方发达国家，而且对全世界都是一件好事，将给世界各国带来普遍的利益和好处。"全球化并没有阻碍经济的发展和促使不平等，相反，它提高了南方国家的发展机会，有助于减少世界的不平等。""经济全球化是减少全球贫困的唯一有效的途径，而持久不平等的原因主要在于国家未能迅速或深入地与世界经济实行一体化。因此，毋宁说，全球化是根除全球贫困的主要拯救措施。"③

与之相反，在悲观主义者看来，全球化没有给所有人，尤其是发展中国家带来利益。在他们看来，全球化对美国这样的发达国家有利，而对发展中国家尤其是欠发达国家来说并没有带来好处，反而带来了更大的贫穷和灾难。他们说，全球化"为贫穷国家带来灾难"，使"南北矛盾和贫富差距扩大"，而且发达国家可以"利用贷款和巨额债务进行不合理的国际分工"。美国前国务卿基辛格承认："全球化对美国是好事，对其他国家是坏事……因为它加深了贫富之间的鸿沟。"联合国《人类发展报告》也承认："迄今为止的全球化是不平衡的，它加深了穷国和富国、穷人和富人的鸿沟。"④

---

① 〔美〕大卫·A. 施沃伦：《自觉全球主义——矛盾冲突与对策》，郑文园译，社会科学文献出版社，2005，第24页。
② 明栋才：《全球化语境与社会主义意识形态教育》，《求实》2007年第11期。
③ 〔英〕戴维·赫尔德、〔英〕安东尼·麦克格鲁：《全球化与反全球化》，陈志刚译，社会科学文献出版社，2004，第70～71页。
④ 俞可平主编《全球化：西方化还是中国化》，社会科学文献出版社，2002，第169页。

应该说，上述论者在对全球化影响的争论中所产生的各种观点，都有其各自片面的真理性和非真理性，然而总的说来都是与马克思主义的观点相反或者相违背的。乐观主义者看到了全球化给世界政治经济文化等方面的发展带来的积极变化，而忽视了全球化所仍然带有的资本主义性质，以及由此对世界政治经济文化带来的影响，表现出过分的乐观；悲观主义者更多地关注到当代全球化的资本主义性质及其带来的各种文明之间以及民族主义引起的冲突、南北经济差距扩大带来的关系恶化、国家在科技与经济竞争中的主导作用等问题，对国际政治经济文化等方面构成的新挑战，但其片面性则在于看不到全球化发展是人类社会历史发展的必然趋势，过分夸大了资本主义在当代全球化中的主导作用，从而过分夸大了国家、民族间的冲突和竞争。因此，乐观主义和悲观主义的观点均不能够解释全球化影响的全部，只有坚持辩证唯物主义和历史唯物主义的观点，才能对全球化的影响获得比较全面的认识。

辩证唯物主义和历史唯物主义告诉我们，对于任何事物的认识，都要善于分清事物的本质和现象、内容和形式、局部和整体，以及它的各个不同的侧面及其相互关系。认识事物要坚持全面的发展的观点，不能只见树木不见森林，同时还要进行历史的具体的分析。此外，正如马克思所说："所谓彻底，就是抓住事物的根本。"① 对全球化影响的认识也是如此。所谓全面，就是在谈全球化影响的时候，不能只强调一个方面而忽略了另一个方面。所谓具体，就是在谈全球化影响的时候，不能笼统地说全球化的利与弊，要看对象。因为对象不同，全球化对其所产生的影响也会不同。

就全球化的影响来说，首先应当分清它的物质内容和社会形式两个方面。就其作为人类社会历史发展的一般趋势而言，不论对哪一个国家、地区和民族来说，在总体上都是有利于促进该国、该地区、该民族的经济与社会的发展和历史的进步的；但是就其

---

① 《马克思恩格斯文集》第 1 卷，人民出版社，2009，第 11 页。

作为资本主义的全球化来说，则对于不同的国家、地区、民族和阶级来说，所带来的利益（或损失）则各不相同。

就当代全球化来说，美国学者罗伯特·塞缪尔逊的下述说法多少就是一种证明："全球化是一把双刃剑：它既是加快经济增长速度、传播新技术和提高富国和穷国生活水平的有效途径，但也是一个侵犯国家主权、侵蚀当地文化和传统、威胁经济和社会稳定的一个有很大争议的过程。"① 我国也有学者提出："从迄今为止的全球化历史经验看，全球化进程既不是挽歌，也不是田园牧歌，既不是一路呻吟、哀号，也不是一路凯歌高奏，而是喜忧参半、利弊兼得。"②

其错误或不足之处则在于：这两种说法固然都看到了当代全球化影响的两面性，但并不了解导致这种两面性的原因究竟何在。正因为如此，全球化的这种双重影响对不同的国家来说，其结果是不一样的。它不可能同时给予每个国家均衡的回报。因为每个国家的社会性质、发展阶段和实力是各不相同的，全球化"是一个巨大的浪潮，如果你没有冲浪的本领，你就会被淹没"。就目前的情况而言，全球化更青睐于西方发达资本主义国家。这是因为发达国家是全球化的主导力量，它们具有"冲浪的本领"，这不仅体现为它们具有雄厚的经济实力和科技实力，而且是全球化规则的主要制定者。

因此，一般说来，在正常情况下，发达国家在全球化过程中所获得的利益远远大于发展中国家，而且当国际经济发生波动时，往往受到的冲击更小。不过，也不尽然。这是因为，正是由于这些国家的资本主义发展程度更高，所以其自身内部所包含的各种矛盾也就越发深刻。例如，就最近这场金融危机而言，虽然相对来说，发展中国家所遭受的损失更为严重，但绝对地说，首当其冲的是作为这次金融和经济危机的策源地的美国和欧洲的一些发达资本主义国家。

---

① 转引自吴易风《全球化的性质和利弊》，《中国人民大学学报》2001 年第 4 期。
② 李智：《全球化时代的国际思潮》，新华出版社，2003，第 40～42 页。

　　就同属第三世界的不同发展中国家来说，全球化的影响也是不同的。这不仅取决于这些国家的不同的社会制度和国情，而且取决于各国在不同时期所采取的不同的发展战略。例如，对于同属第三世界的发展中的资本主义国家和地区而言，有些国家或地区由于在一定的时期内采取了正确的发展战略，抓住了发展机遇，加上自身原有的经济实力，当代全球化对它们就主要地表现为一种机遇。比如东南亚"四小龙"，自20世纪60年代开始，这些国家或地区面向世界市场，在充分发挥自身优势和潜力的基础上，利用国外资源和开拓国外市场，经济持续高速发展，在较短的时期内就发展成为新兴的资本主义工业化国家或地区，与发达国家的差距大大缩小。再就社会主义中国来说，尽管由于我国过去特殊的国情（人口多、底子薄、生产力落后且发展不平衡等），再加上在探索中国式的社会主义现代化建设的过程中多少也走了些弯路，耽误了一些宝贵的发展时间，但从70年代末实行改革开放以来，由于我们既坚持了社会主义初级阶段的基本制度和基本路线不动摇，又正确地采取了积极的对外开放的战略，积极参与世界经济全球化进程，其结果也取得了举世瞩目的历史成就。根据国际货币基金组织统计，我国2007年国内生产总值为32801亿美元。经济总量占世界经济的份额已从1978年的1.8%提高到2007年的6%。国内生产总值居世界的位次由1978年第10位上升到目前的第2位。按照世界银行的划分标准，我国已经由低收入国家跃升至世界中等偏下收入国家行列。中国人均国民总收入由1978年的190美元上升至2007年的2360美元。我国进出口贸易总额居世界位次已由1978年的第29位跃升到2007年的第3位，占世界贸易总额的比重也由0.8%提高到7.7%。1978~2007年，国家财政总收入增加了50倍。如果没有坚持社会主义的方向和道路，没有坚持改革开放，没有积极参与经济全球化进程，这一切都是不可想象的。

　　因此，无论对于发达国家或者发展中国家来说，还是对于资本主义国家或者社会主义国家来说，全球化都既不是只有利而无弊，也不是只有弊而无利，而是利弊兼有、机遇和挑战并存。

三 全球化与中国特色社会主义道路的关联，以及中国特色社会主义道路的内涵*

以上我们从几个不同的方面分别考察了"全球化"本身的内容、形式和影响。不过对于本书来说，主要还是将其作为"中国特色社会主义道路的选择"的背景来考察的。为了便于后面的论述，有必要在这里提前对"中国特色社会主义道路"的概念进行一些初步的界定和探讨。

中国特色社会主义道路，作为对改革开放以来中国独特的社会主义建设道路的指称，国内外学者对其内涵进行了不同的解读。在这些不同的解读中，有些观点多少接触到了事物的本质，有些则具有种种不同的偏颇。有的作者甚至是站在敌对的立场上，带着与我国人民不同的阶级立场或有色眼镜来看问题的，因而难免出现南辕北辙或者"雾里看花式"的说法。例如，就国外学者而言，他们主要的观点就有以下几种：第一种极端的看法是认为我们当下所走的是资本主义道路。持这种意见的人主要有两类：一类是希望我国改变社会主义的基本制度，走上资本主义道路的；另一类则是停留在传统的社会主义计划经济的模式上，用传统的社会主义的标准来衡量中国特色社会主义道路，因而也认为中国已经走上了资本主义的发展道路。第二种观点认为我们走的是社会主义道路，但是对于为什么这样说，也有不同的理解或解释。其中有的解释比较符合我国的实际，例如认为我们现在处于一个类似列宁提出的"新经济政策"阶段等；也有的则过犹不及，忘记了中国特色社会主义道路是在当代全球化的背景下和在中国社会主义社会的初级阶段的情况下所作出的某种选择，甚至把中国特色社会主义道路与科学社会主义的基本原理和原则对立起来，认为科学社会主义的基本原理已经过时。最后一种观点则认为我们正在走所谓的"第三条道路"或者实行"混合型制度"等。此外，也有人将

---

* 参见朱宗友《中国特色社会主义道路内涵解析》，《学术论坛》2009 年第 12 期。

中国特色社会主义道路概括为"北京共识"和"中国模式"等。

就国内学术界的提法而言，最权威的，当然是中国共产党的正式提法。正如胡锦涛在党的十七大报告中指出："中国特色社会主义道路，就是在中国共产党领导下，立足基本国情，以经济建设为中心，坚持四项基本原则，坚持改革开放，解放和发展社会生产力，巩固和完善社会主义制度，建设社会主义市场经济、社会主义民主政治、社会主义先进文化、社会主义和谐社会，建设富强民主文明和谐的社会主义现代化国家。"[①] "中国特色社会主义道路之所以完全正确、之所以能够引领中国发展进步，关键在于我们既坚持了科学社会主义的基本原则，又根据我国实际和时代特征赋予其鲜明的中国特色。"[②] 党的十七大报告中的这些提法，继承了马克思主义的科学社会主义的基本原理和马克思主义中国化的一系列成果，是中国共产党领导中国人民长期进行社会主义革命和社会主义建设，特别是改革开放以来社会主义现代化建设经验的宝贵总结，是马克思主义中国化的最新成果。因此，准确把握这一道路的科学内涵，并在实践的基础上不断加以丰富和发展，就成为中国马克思主义理论工作者的一项光荣的历史任务。

但是，对于这一点，也有不同的声音或解读。一是歪曲中国特色社会主义的道路，把它仅仅归结为"中国民主革命的继续"，特别是所谓"一百多年前由洋务运动肇始的民主革命的继续"[③]，从而在事实上否定这一道路的社会主义性质，把中国特色社会主义混同于资本主义和新民主主义。二是主张中国特色社会主义道路就是民主社会主义[④]。这在事实上是用资产阶级的"民主社会主义"来取代科学社会主义，把中国特色社会主义道路歪曲为"民主社会主义"。所有这一切，显然都是既不符合中国特色社会主义

---

① 中共中央文献研究室编《十七大以来重要文献选编》（上卷），中央文献出版社，2009，第 811 页。

② 中共中央文献研究室编《十七大以来重要文献选编》（上卷），中央文献出版社，2009，第 69 页。

③ 杜光：《普世价值：一个时代性的重大课题》，《炎黄春秋》2009 年第 1 期。

④ 谢韬：《民主社会主义模式与中国前途》，《炎黄春秋》2007 年第 2 期。

的理论，也不符合中国特色社会主义的实际的。

根据党的十七大的表述，借鉴理论界已有的研究成果，我们认为中国特色社会主义道路的内涵可以从以下几个方面进行理解和把握。

（一）中国特色社会主义道路是一条实现民族复兴和人民幸福的发展道路

实现中华民族伟大复兴和人民幸福，是中国共产党人的夙愿，也是中国共产党人所肩负的历史使命。中国共产党成立以来，为此进行了不懈努力和奋斗，取得了新民主主义革命和社会主义革命的伟大胜利，确立了社会主义基本制度，这"为当代中国一切发展进步奠定了根本政治前提和制度基础"[1]。由此，民族复兴和人民幸福有了可靠的政治前提和制度基础。在改革开放的新时期，中国共产党带领全党全国各族人民，在总结国内外社会主义建设历史经验的基础上，立足于基本国情，依据变化了的国际国内形势，开创了中国特色社会主义道路，找到了实现民族复兴和人民幸福的现实路径。

在中国特色社会主义道路上实现民族复兴和人民幸福，必须立足于中国国情。马克思曾指出："人们自己创造自己的历史，但是他们并不是随心所欲地创造，并不是在他们自己选定的条件下创造，而是在直接碰到的、既定的、从过去承继下来的条件下创造。"[2]众所周知，我国是在半殖民地半封建条件下进入社会主义社会的。我们就是在这种"条件"下建设社会主义的。这种条件使得我国的经济发展水平远远落后于资本主义发达国家。尽管在1956年社会主义基本制度建立后到改革开放前的二十几年间，我国的经济建设取得了巨大成就，建立了独立的比较完整的工业体系和国民经济体系，但并没有从根本上改变我国经济、文化、教

---

① 中共中央文献研究室编《十七大以来重要文献选编》（上卷），中央文献出版社，2009，第6页。

② 《马克思恩格斯文集》第2卷，人民出版社，2009，第470页。

育科技等比较落后的状况。总的来说，处于社会主义初级阶段是我国的基本国情。

这种特殊的国情决定了我国"必须在社会主义条件下经历一个相当长的初级阶段"① 去实现资本主义社会经几百年才完成的工业化和经济的社会化、市场化、现代化的任务。改革开放以来，我国各个方面的建设均取得了巨大成就，人民生活水平已经总体上达到小康水平。但是，目前我们所达到的依然是低水平、不全面、很不平衡的小康，我国社会的主要矛盾依然是人民群众日益增长的物质文化需要同落后的社会生产之间的矛盾。党的十七大报告对我国现阶段面临的阶段性特征进行了全面准确的概括。这些阶段性特征充分表明，我国仍处于并将长期处于社会主义初级阶段的基本国情没有变，我国社会的主要矛盾没有变。因此，我国的社会主义建设必须从这一实际出发，这是发展中国特色社会主义的前提和基础。只有这样，才能在中国特色社会主义道路上实现民族复兴和人民幸福。

在中国特色社会主义道路上实现民族复兴和人民幸福，必须大力发展社会生产力。马克思主义的基本观点认为，生产力与生产关系、经济基础与上层建筑的矛盾，构成了社会的基本矛盾，其中生产力是最活跃、最革命的因素，是社会发展的最终决定力量。社会主义优越于资本主义，归根结底还是表现在它能够创造出比资本主义更高的社会生产力和劳动生产率，因此，发展生产力是社会主义的根本任务。社会主义革命是为了解放和发展生产力，社会主义改革是为了进一步解放和发展生产力。早在《共产党宣言》中马克思恩格斯就提出，无产阶级夺取政权以后，要"利用自己的政治统治，一步一步地夺取资产阶级的全部资本，把一切生产工具集中在国家即组织成为统治阶级的无产阶级手里，并且尽可能快地增加生产力的总量"②。我们党在长期的革命和建设实践中，深刻地认识到，在我国经济文化比较落后的条件下建

---

① 《江泽民文选》第 2 卷，人民出版社，2006，第 14 页。
② 《马克思恩格斯文集》第 2 卷，人民出版社，2009，第 52 页。

设社会主义，必须把发展生产力作为根本的首要的任务。毛泽东指出："中国一切政党的政策及其实践在中国人民中所表现的作用的好坏、大小，归根到底，看它对于中国人民的生产力的发展是否有帮助及其帮助之大小，看它是束缚生产力的，还是解放生产力的。"① 邓小平指出："社会主义制度优越性的根本表现，就是能够允许社会生产力以旧社会所没有的速度迅速发展，使人民不断增长的物质文化生活需要能够逐步得到满足。"② 他还多次强调，贫穷不是社会主义，"社会主义的首要任务是发展生产力"③。邓小平还从社会主义本质的高度强调解放和发展生产力的地位和作用。党的十三届四中全会以来，我们党强调，要把发展作为党执政兴国的第一要务，大力发展生产力，始终代表先进生产力的发展要求。对此，江泽民指出："社会主义的根本任务是发展社会生产力。在社会主义初级阶段，尤其要把集中力量发展社会生产力摆在首要地位。"④ 胡锦涛强调，要牢牢扭住经济建设这个中心，聚精会神搞建设、一心一意谋发展，不断解放和发展社会生产力。为此，我们还制定了科教兴国、人才强国等战略，其目的在于促进社会生产力的发展。正如邓小平所说："我们搞的是有中国特色的社会主义，是不断发展社会生产力的社会主义。"⑤ 只有大力发展社会生产力，才能为实现民族复兴和人民幸福奠定坚实的物质基础。

改革开放以来，正是由于基于社会主义初级阶段的基本国情，大力发展社会生产力，我国的现代化建设才取得了举世瞩目的伟大成就：综合国力显著增强，国际地位大幅提升，人民生活水平实现了由温饱到总体小康的历史性跨越。综合国力的增强有目共睹：1978～2008 年，我国的国内生产总值从 3624.1 亿元增加到超过 30 万亿元，在世界各国国内生产总值中所占比重由 1.8% 上升

---

① 《毛泽东选集》第 3 卷，人民出版社，1991，第 1079 页。
② 《邓小平文选》第 2 卷，人民出版社，1994，第 128 页。
③ 《邓小平文选》第 3 卷，人民出版社，1993，第 116 页。
④ 《江泽民文选》第 2 卷，人民出版社，2006，第 15 页。
⑤ 《邓小平文选》第 3 卷，人民出版社，1993，第 328 页。

到 7.2% 以上，由名列世界第 11 位上升到第 3 位。我国的进出口总额由 206 亿美元增加到 2.56 万亿美元，对外贸易总额居世界第 3 位。到 2009 年 6 月末，我国外汇储备突破了 2 万亿美元，居世界第 1 位。随着综合国力的增强，我国的国际地位大幅提升。不论是在解决国际金融危机问题上，还是在应对全球气候变暖问题上，也不论是在解决朝核问题、伊朗核问题上，还是在应对国际恐怖主义问题上，中国都是以负责任的态度对待的。因此，中国在国际舞台上负责任的大国地位逐步得到了确立和巩固。国际社会普遍认识到，"世界繁荣稳定也离不开中国"①。人民生活显著改善，总体上达到小康水平。1978～2007 年，我国城镇居民人均可支配收入由 343 元增加到 13786 元，实际增长 6.5 倍。农民人均纯收入由 134 元提高到 4140 元，实际增长 6.3 倍。农村贫困人口从 2.5 亿人减少到 1400 多万人。城市人均住宅面积和农村人均住房面积成倍增加，群众家庭财产普遍增多，吃穿住行用的水平显著提高。

　　改革开放以来所有这些成绩都是在坚持中国特色社会主义道路的基础上取得的。正如党的十七大报告指出："改革开放以来我们取得一切成绩和进步的根本原因，归结起来就是：开辟了中国特色社会主义道路，形成了中国特色社会主义理论体系。"② 可以说，改革开放以来的历史时期，是不断推进中华民族伟大复兴的时期，是人民群众得实惠最多的时期。现在，中国还没有达到西方发达国家的水平，但从改革开放以来我国经济社会发展所取得的成绩来看，却可以说中国特色社会主义道路为实现民族复兴和人民富裕指明了方向。就此而言，中国特色社会主义道路是实现民族复兴和人民富裕的发展道路。中国特色社会主义道路的民族复兴和人民富裕的基本目标同马克思主义经典的共产主义社会理想存在内在的逻辑统一性。"它是共产主义社会理想在中国实践的一个重要环节，也是共产主义社会理想在全球实现的一种先行的

---

① 中共中央文献研究室编《十七大以来重要文献选编》（上卷），中央文献出版社，2009，第 37 页。
② 中共中央文献研究室编《十七大以来重要文献选编》（上卷），中央文献出版社，2009，第 45 页。

实践。"①

（二）中国特色社会主义道路是借鉴资本主义、建设社会主义市场经济的发展道路

长期以来，我们在对待资本主义问题上，往往只看到或更多看到的是社会主义同它对立和斗争的一面，而很少看到社会主义同它还有学习、借鉴、合作和利用的一面。只看到前一面，而在很多时候却往往忽视了问题的另一个方面，即社会主义是在继承和保存了资本主义时代已经取得的成就的基础上发展起来的。在当代全球化的新的历史条件下，已经建立起来的发展中的社会主义国家对于西方发达的资本主义国家，也还有学习、借鉴、合作和利用的一面。只看到其中的任何一个方面而忽视另一方面，就会陷入认识上的片面性，从而既不符合社会历史发展的辩证法，也不利于社会主义经济文化的进步和发展。我们知道，马克思恩格斯正是在深刻揭示发达资本主义国家基本矛盾的基础上，提出资本主义必将为社会主义所代替的科学论断的。但是，现实中的社会主义革命并不是在发达资本主义国家中首先爆发并且取得成功的。因此这些国家在建立社会主义制度之初，生产力尚未达到发达资本主义国家的水平，因此还必须在社会主义的条件下，努力去完成那些本应由资本主义完成的工业化和现代化发展的历史任务。在这一过程中，也就有必要在坚持社会主义的道路和方向的前提下，借鉴和吸收资本主义社会中一切对发展社会主义有用的东西。正如列宁指出："没有建筑在现代科学最新成就基础上的大资本主义技术，没有一个使千百万人在产品的生产和分配中严格遵守统一标准的有计划的国家组织，社会主义就无从设想。"②这就是说，资本主义国家的先进生产技术和管理形式与方法，都是值得苏俄学习和借鉴的。为此，他还提出了一个关于社会主义

---

① 周宏、董岗彪：《马克思主义经典与中国特色社会主义理论体系》，《马克思主义研究》2009 年第 1 期。
② 《列宁专题文集——论社会主义》，人民出版社，2009，第 123 页。

的公式："乐于吸取外国的好东西：苏维埃政权＋普鲁士的铁路秩序＋美国的技术和托拉斯组织＋美国的国民教育等等等等＋＋＝总和＝社会主义。"[①] 毛泽东也曾认识到资本主义对社会主义的意义，早在新民主主义革命时期，在讲到利用私人资本主义可以为社会主义准备条件时就曾经指出："在一定的条件下提倡它的发展。"[②] 进入社会主义时期以后，在谈到资本主义经济的存在对社会主义发展的意义时又指出："可以消灭了资本主义，又搞资本主义。当然要看条件，只要有原料，有销路，就可以搞。现在国营、合营企业不能满足社会需要，如果有原料，国家投资又有困难，社会有需要，私人可以开厂。"[③] 邓小平也提出："社会主义要赢得与资本主义相比较的优势，就必须大胆吸收和借鉴人类社会创造的一切文明成果，吸收和借鉴当今世界各国包括资本主义发达国家的一切反映现代社会化生产规律的先进经营方式、管理方法。"[④] "任何一个国家要发展，孤立起来，闭关自守是不可能的，不加强国际交往，不引进发达国家的先进经验、先进科学技术和资金，是不可能的。"[⑤] 党的十三届四中全会以来，我们党继续坚持利用资本主义建设社会主义这一战略思想。江泽民指出："社会主义作为一种崭新的社会制度，只有在继承和利用资本主义社会已经创造出来的全部社会生产力和全部优秀文化成果的基础上，并结合新的实际进行新的创造，才能顺利建设成功。"我们在对待资本主义问题上，"也要充分看到学习、借鉴、合作和利用的一面"[⑥]。

我们学习借鉴资本主义一个非常重大的成果，就是把市场作为社会主义建设资源配置的一种基本方式和手段。可以说，建设社会主义市场经济是中国特色社会主义道路的显著标志之一。然而，长期以来，人们往往都是把市场经济仅仅与资本主义相联系，

---

① 《列宁专题文集——论社会主义》，人民出版社，2009，第381页。

② 《毛泽东选集》第3卷，人民出版社，1991，第1060页。

③ 《毛泽东文集》第7卷，人民出版社，1999，第170页。

④ 《邓小平文选》第3卷，人民出版社，1993，第373页。

⑤ 《邓小平文选》第3卷，人民出版社，1993，第117页。

⑥ 中共中央文献研究室编《十三大以来重要文献选编》（下卷），人民出版社，1993，第2066页。

认为它与社会主义是不相容的。"但多年的实践证明，在某种意义上说，只搞计划经济会束缚生产力的发展。"① 在这种情况下，我们逐步破除了社会主义和市场经济不相容的信条。邓小平指出："计划多一点还是市场多一点，不是社会主义与资本主义的本质区别。计划经济不等于社会主义，资本主义也有计划；市场经济不等于资本主义，社会主义也有市场。计划和市场都是经济手段。"② 正是在邓小平这一思想的指导下，党的十四大确立了我国经济体制改革的目标模式是建立社会主义市场经济体制。正如江泽民指出："根据党的十一届三中全会以来进行经济体制改革的实践经验，根据邓小平同志关于计划和市场都是经济手段的重要思想，我们适时地提出了我国经济体制改革的目标是建立社会主义市场经济体制。"③ 胡锦涛也指出："把坚持社会主义基本制度同发展市场经济结合起来，强调我们在深刻而广泛的变革中始终坚持社会主义基本制度，同时又在社会主义条件下发展市场经济。"④ 可见，我国的市场经济是将社会主义基本制度和市场经济有机结合的结果。因此，中国特色社会主义道路是一条建设社会主义市场经济的发展道路。

（三）中国特色社会主义道路是当代中国在改革开放的进程中面对当代全球化浪潮而开辟的一条和平发展的道路

改革开放是我国新时期最鲜明的特点。它是我们党在对国际形势正确判断的基础上而作出的科学抉择。在前面第一、第二两节中我们已经指出，当代全球化并不是现在才开始的，而是 15 世纪以来已经开始了的资本主义全球化过程在新形势下的延续和发展。而资本主义的全球化性质和作用都是二重的。20 世纪 70～80

---

① 《邓小平文选》第 3 卷，人民出版社，1993，第 148 页。
② 《邓小平文选》第 3 卷，人民出版社，1993，第 373 页。
③ 《江泽民文选》第 2 卷，人民出版社，2006，第 528 页。
④ 中共中央文献研究室编《十七大以来重要文献选编》（上卷），中央文献出版社，2009，第 102 页。

年代以来的全球化的特点则在于：一方面，在生产力和科学技术等方面的全球化程度进一步加深；另一方面，这种新一轮的全球化浪潮又是在苏联解体、东欧剧变、国际社会主义运动遭受暂时挫折、世界经济政治力量的对比重新出现了有利于国际资本主义的情况下形成的。正是面对新的历史背景和我国社会主义社会初级阶段的实际，我们才毅然选择了中国特色社会主义道路。正如我国学者王永贵教授所言："事实上，改革开放的 30 年是我们真正开启中国特色社会主义道路的 30 年，也是中国真正参与全球化进程的 30 年。而中国特色社会主义道路从某种意义上说就是中国全面参与全球化进程的道路。"①

全球化进程中形成的中国特色社会主义道路是一条和平发展的道路。这条道路的形成是由我国的历史和现实所决定的。

首先，从历史的角度看。自第一次鸦片战争开始，中国社会逐步沦为半殖民地半封建社会。西方国家为实现自身的发展，通过武装侵略打开了中国的大门，对中国人民进行残酷的剥削和压迫，无理要求中国割地赔款，大肆掠夺资源、原材料，还控制中国的海关、税收等。西方国家的这种依靠发动侵略战争，进行对外掠夺和扩张的非和平发展道路给中国带来了难以忘却的痛苦。站起来的中国人民在现代化建设过程中将坚决摒弃以武力和战争实现发展的旧道路，走和平发展道路，以和平手段实现自身的发展。

其次，我国的社会主义性质和现实也决定了必须走和平发展道路。近代以来的历史表明，一个大国的崛起，往往导致国际格局和世界秩序的急剧变动，甚至引发战争。之所以出现这种状况，一个重要原因就是，它们走了一条依靠发动侵略战争打破原有国际体系，实行对外扩张以争夺霸权的道路。欧洲的发展与它的扩张同时并举，这一过程充满血腥味，表现为欧洲对其他地区的武力征服。我们是社会主义国家，这种国家性质决定了我国的发展

---

① 王永贵：《从全球化视角解读中国特色社会主义道路和理论体系》，《甘肃社会科学》2008 年第 2 期。

不可能也不允许走侵略、扩张的道路，只能走和平发展道路。正如邓小平所说："我们搞的是有中国特色的社会主义，是不断发展社会生产力的社会主义，是主张和平的社会主义。"[1]"主张和平的社会主义"这种论断，深刻揭示了和平与社会主义的内在联系，强调了和平是社会主义的核心价值之一。也就是说，中国选择了社会主义发展道路就是选择了和平发展的道路。

最后，从当代全球化的历史背景来看。前面也已经指出过，尽管20世纪70~80年代以来的当代全球化是在社会主义暂时遭受挫折、西强我弱的态势下展开的，但这与19世纪末20世纪初以前的资本主义一统天下的全球化时代相比，毕竟已经有了不同的特点。因为社会主义社会毕竟已经有了将近一个世纪的历史。西方发达资本主义国家尽管得势于一时，但毕竟改变不了从19世纪以来就已经开始了的全世界范围内的从资本主义向社会主义、共产主义过渡的历史潮流，也改变不了全球化的结果最终仍将是有利于世界社会主义而不利于资本主义的历史发展的总趋势。而在当代全球化的条件下，只要社会主义国家的战略决策和政策适当，就仍然可以在新一轮的全球化浪潮中继续求得更好的生存和发展。社会主义中国作为全球化的参与者，"完全可以通过全球范围内生产要素的市场化流动这样一种和平的方式，来获得自己所必需的国际资源，而根本没有必要再去重蹈当年德、日等国以对外扩张和海外殖民的方式去掠夺别国资源这样一种历史的覆辙"[2]。总之，中国特色社会主义道路是在同全球化相联系而不是相脱离的进程当中，中国共产党独立自主地探索在社会主义基础上实现现代化的发展道路。"这样一条道路，在世界近代以来后兴大国崛起的历史上是一条前所未有的全新战略道路，在世界现实社会主义的历史上是一条前所未有的全新战略道路，在马克思主义发展史上也是一条前所未有的全新战略道路。"[3]

---

① 《邓小平文选》第3卷，人民出版社，1993，第328页。
② 郑必坚：《思考的历程》，中共中央党校出版社，2006，第262页。
③ 郑必坚：《思考的历程》，中共中央党校出版社，2006，第98页。

四　把全球化与中国特色社会主义道路结合起来：
把握当代中国社会发展的正确方法

　　以上我们分别考察了马克思恩格斯的全球化理论，全球化的本质、内涵和影响，以及中国特色社会主义道路的内涵。现在让我们结合本书的题目，谈谈全球化与中国特色社会主义道路的关联，以及把两者结合起来进行研究的必要性和可能性。

　　从可能性方面来说，全球化与中国特色社会主义道路是当今世界上存在的两大客观现实，并且中国特色社会主义道路的产生、发展，是同全球化的历史进程有着内在联系的，即全球化与中国特色社会主义道路有着巨大的历史同步性与价值契合性，因此应当而且也可以把两者联系起来进行研究和考察。其中从全球化的角度看，正如前面已经提出，20世纪70年代以来的新一轮的全球化浪潮，尽管从本质上来说仍然不过是从15～16世纪以来就已经开始了的人类社会历史的全球化过程的必然继续，然而这一轮的新的全球化浪潮的特点之一，就是社会主义中国的中国特色社会主义道路的选择，以及中国人民在这条道路上所取得的举世瞩目的成就。从这个意义上说，中国特色社会主义已经成为当代全球化过程中的一大亮点。正如中国离不开世界一样，当今世界也离不开走上了中国特色社会主义道路的社会主义中国。中国特色社会主义事业的成就已经深刻地影响到当代全球化的进程、性质。这一点，从我国在20世纪90年代末的亚洲金融危机和这一次全球性的经济和金融危机中的表现，以及我国在应对全球气候变暖和环境保护过程中表现就可以很好地看出来。社会主义中国的中国特色社会主义道路的选择及其所取得的成就，同样也离不开当代的全球化。正是面对70～80年代新一轮的全球化浪潮，我国采取了积极的应对措施，从70年代末开始改革开放，进行社会主义的体制创新。对外积极吸收和利用资本主义的一切文明成果，大力引进外资、技术和人才，在平等、互利的基础上与世界各国、各地区广泛开展经济交往，积极参与国际分工和国际竞争。对内则不断进行体制改革，在经济运行机制上，突破了社会主义只能实行计划经济的框框，认为社会主义制度与市场经济完全可以有机地结合，逐步改变了过去纯而又纯的计划经济体制。通过一系列改革，我国实现了由传统体制到现代体制的跨越。可以说，体制改革使中国特色社会主义事业呈现出一派生机。在改革开放的进程中，中国特色社会主义道路逐渐形成。改革开放的进程就是我国不断融入全球化的进程。从这个意义上说，全球化与中国特色社会主义道路有着非常大的历史同步性。

如前所述，全球化本身一方面具有人类社会生产方式和生活方式全球化的内容；另一方面迄今为止的全球化是由资本主义主导和推动的，从而仍然带有各种不应有的弊端。但从总体上看，全球化具有巨大的历史进步性，它的最终趋势和前途，将是社会主义、共产主义主导的全球化。全球化的这种历史进步性和其最终趋势与前途，都是与中国特色社会主义道路的选择相一致的。大家知道，中国特色社会主义道路的选择基于中国特殊的国情，这个国情就是中国处于并将长期处于社会主义初级阶段。在这个阶段，我们的根本任务是发展生产力，而全球化在一定意义上就是生产力的全球扩张过程和结果。这样，我们可以利用全球化提供的这一机遇发展生产力，推进中国特色社会主义不断向前发展。所以，有学者指出："中国人拥护全球化是因为全球化符合中国人民的利益与价值。中国学者关心全球化是对中国人民利益与价值的自然深切关注。"[1] 众所周知，中国共产党人是最高纲领和最低纲领的统一论者。中国共产党的最高纲领是实现共产主义社会，最低纲领就是实现中国特色社会主义共同理想。我们现在走中国特色社会主义道路就是为了实现中国的繁荣富强，实现中国的社会主义现代化，实现中华民族的伟大复兴。一句话，就是实现中

---

① 庞中英：《全球化、反全球化与中国》，上海人民出版社，2002，第9页。

国特色社会主义共同理想。中国特色社会主义道路"以明确的民族意识，积极主动地参与全球化进程；它以本国经济发展为目标，以本土企业为主要依托，以强大的国家为后盾，运用恰当的产业政策和发展战略，与国际资本周旋；设法利用其资金设备和市场渠道，学习其科学技术和管理经验，来提升自身的产业等级，实现技术经济层面的现代化改造"[①]。可以说，这一切都为实现共产主义社会奠定了坚实的基础。而全球化的最终趋势和前途，将是社会主义、共产主义主导的全球化。可以看出，全球化与中国特色社会主义道路有着巨大的价值契合性。

　　从必要性来说，全球化是中国特色社会主义道路得以形成的背景和历史环境。如果离开了全球化，就很难说明中国特色社会主义道路的形成和发展。"全球化造成的最大影响是为我们提供了一种认识当代社会主义的全球视野和全球思考框架，也就是说，我们要深入地认识社会主义在当代的命运，就应该把社会主义放在全球化进程中加以考虑和理解。"[②] 因此，要深入认识中国特色社会主义道路的形成和发展，就不能离开全球化这个历史背景。也就是说，要把中国特色社会主义道路的形成和发展置于全球化进程当中加以考察和理解。只有这样，才能正确认识中国特色社会主义道路在当代的命运。同时，没有中国参与的全球化也不是完全意义上的全球化，因为中国特色社会主义是全球化进程的重要推动力量和全球化进程的一个重要组成部分。正因为如此，不论从全球化方面来说，还是从中国特色社会主义道路方面来讲，都必须把两者结合起来进行研究。唯有如此，我们才能更好地认识当代中国社会的现实和未来发展。

---

① 曹天予：《现代化、全球化与中国道路》，社会科学文献出版社，2003，第403页。
② 胡元梓、薛晓源主编《全球化与中国》，中央编译出版社，1998，第11页。

第二章

全球化背景下中国社会主义道路的选择

在上一章中，我们分别考察了"全球化"和"中国特色社会主义道路"的内涵，以及两者之间的相互关联。"中国特色社会主义道路"就是具有中国特色的"社会主义道路"。它既是进入社会主义时期以来中国人民在中国共产党的领导下已经走过的社会主义道路的必然延续和发展，又是中国人民适应全球化发展的新形势和新特点而作出的必然选择。因此，为了说明"中国特色社会主义道路的选择"，就必须首先说明"中国社会主义道路的选择"。正如中国人民选择中国特色社会主义道路是在当代全球化发展的新形势下的必然选择一样，中国社会主义道路本身，也是在全球化发展的历史进程中和在中国特殊的历史条件下，由中国共产党领导中国人民所作出的必然的和历史的选择。

一 "中国社会主义道路"的内涵

（一）马克思主义关于"社会主义"的概念的界定

1. 马克思恩格斯对于"社会主义"和"共产主义"这两个术语的用法

用社会主义和共产主义这两个术语作为未来取代资本主义的理想社会的名称，始于 19 世纪 20～30 年代英、法两国的空想社会主义者和空想共产主义者。马克思恩格斯是在 1842～1844 年由革命民主主义者转变为科学社会主义者、科学共产主义者的。因此，社会主义、共产主义这两个术语也是从这个时候起才开始出现在他们的著述中。

在马克思恩格斯的著作中，对于社会主义和共产主义这两个术语，有时加以区分，指明它们在未来社会中所处的不同阶段或在实现理想社会的过程中所起的不同作用；有时又不加区分，即两个术语表达同一个意思，指的都是代替资本主义社会的未来社会。

马克思最早提到社会主义和共产主义这两个术语是在 1842 年 10 月 15 日写的《共产主义和奥格斯堡〈总汇报〉》一文。《莱茵报》因讨论社会主义、共产主义问题而遭到极端反动的奥格斯堡《总汇报》的攻击。针对攻击，马克思尖锐地指出，《总汇报》的一个记者"竟异想天开，认为君主政体应当设法用自己的方式去掌握社会主义和共产主义思想。现在，你们该明白奥格斯堡女人的愤怒了吧；她之所以绝不宽恕我们，原来是因为我们向公众不加粉饰地介绍了共产主义"①。可以看出，马克思在这里将社会主义、共产主义作为同义语，并未把两者区别开来。

但是，在 1843 年 9 月马克思致卢格的书信中，看法就有所不同了，他认为社会主义思想和原则高于共产主义的思想和原则。他指出："卡贝、德萨米和魏特林等人所讲授的那种实际存在的共产主义。这种共产主义本身只不过是受自己的对立面即私有制度影响的人道主义原则的特殊表现。所以，私有制的消灭和共产主义决不是一回事；除了这种共产主义外，同时还出现了另一些如傅立叶、蒲鲁东等人的社会主义学说，这不是偶然的，而是必然的，因为这种共产主义本身只不过是社会主义原则的一种特殊的片面的实现。"②

在《1844 年经济学哲学手稿》中，马克思把社会主义作为理想的社会制度，而共产主义则是一种运动，是实现社会主义的一

---

① 《马克思恩格斯全集》第 1 卷，人民出版社，1995，第 292 页。
② 《马克思恩格斯文集》第 10 卷，人民出版社，2009，第 7 页。

个必经的环节。他指出："整个所谓世界历史不外是人通过人的劳动而诞生的过程，是自然界对人来说的生成过程，所以关于他通过自身而诞生、关于他的形成过程，他有直观的、无可辩驳的证明。因为人和自然界的实在性，即人对人来说作为自然界的存在以及自然界对人来说作为人的存在，已经成为实际的、可以通过感觉直观的，所以关于某种异己的存在物、关于凌驾于自然界和人之上的存在物的问题，即包含着对自然界的和人的非实在性的承认的问题，实际上已经成为不可能的了。无神论，作为对这种非实在性的否定，已不再有任何意义，因为无神论是对神的否定，并且正是通过这种否定而设定人的存在；但是，社会主义作为社会主义已经不再需要这样的中介；它是从把人和自然界看做本质这种理论上和实践上的感性意识开始的。社会主义是人的不再以宗教的扬弃为中介的积极的自我意识，正像现实生活是人的不再以私有财产的扬弃即共产主义为中介的积极的现实一样。共产主义是作为否定的否定的肯定，因此，它是人的解放和复原的一个现实的、对下一段历史发展来说是必然的环节。共产主义是最近将来的必然的形态和有效的原则，但是，这样的共产主义并不是人类发展的目标，并不是人类社会的形态。"①

1845～1846 年，马克思恩格斯合写了《德意志意识形态》一书。在这部著作中，他们第一次提出了社会经济形态的理论，把生产力与生产关系的矛盾作为人类社会历史一切冲突和社会形态不断更替的根源，同时提出实现共产主义要有两个绝对必需的前提，即生产力的巨大增长和高度发展以及在此基础上的世界性的普遍交往。马克思恩格斯认为，共产主义社会消灭了旧式分工和异化，实现了人的全面发展。尽管如此，他们并没有把共产主义社会而是把社会主义社会看做人类社会发展的目标。他们说："共产主义对我们来说不是应当确立的状况，不是现实应当与之相适应的理想。我们所称为共产主义的是那种消灭现存状况的现实的

---

① 《马克思恩格斯文集》第 1 卷，人民出版社，2009，第 196～197 页。

运动。这个运动的条件是由现有的前提产生的。"①

1848年1月，马克思恩格斯共同发表了《共产党宣言》。在《共产党宣言》中，马克思恩格斯把自己称为共产主义者而不称为社会主义者，把未来社会称为共产主义社会而不称为社会主义社会。对此，恩格斯在为《共产党宣言》写的《1888年英文版序言》和《1890年德文版序言》中作了说明。他指出，在1847年，社会主义意味着资产阶级的运动，共产主义则是工人阶级的运动。当时，社会主义，至少在欧洲大陆上，是上流社会的，而共产主义却恰恰相反。恩格斯说："既然我们当时已经十分坚决地认定'工人的解放应当是工人阶级自己的事情'，所以我们一刻也不怀疑究竟应该在这两个名称中间选定哪一个名称。而且后来我们也根本没有想到要把这个名称抛弃。"②

后来，马克思恩格斯又把自己的理论称为社会主义，把社会主义与共产主义看做同义语。即把代替资本主义的未来社会，既称为社会主义社会，又称为共产主义社会，社会主义社会和共产主义社会这两个术语所反映的社会发展阶段就没有区别了。也就是说，社会主义社会和共产主义社会指的是同一个代替资本主义社会的未来新社会。这主要是因为当时各种社会主义思潮在广大工人群众、人民群众中的影响越来越大。只有把两者作为同义语才有利于开展工作，争取广大群众。但是，为了把自己的社会主义同空想社会主义和各种形形色色的冒牌社会主义区别开来，从1873年起，马克思恩格斯把自己的理论称为"科学社会主义"。

1875年，马克思写了著名的《哥达纲领批判》。在这部著作中，马克思把代替资本主义社会的未来共产主义社会分为两大阶段，即"共产主义社会的第一阶段"和"共产主义社会高级阶段"，并且论述了这两个阶段各自的根本特征。他指出，在共产主义社会的第一阶段，由于"它不是在它自身基础上已经发展了的，恰好相反，是刚刚从资本主义社会中产生出来的，因此它在各方

---

① 《马克思恩格斯文集》第1卷，人民出版社，2009，第539页。
② 《马克思恩格斯文集》第2卷，人民出版社，2009，第21页。

面，在经济、道德和精神方面都还带着它脱胎出来的那个旧社会的痕迹"①。在这个阶段，消费资料的分配还存在事实上的不平等。到共产主义社会高级阶段，由于脑力劳动和体力劳动对立的消失，由于劳动成了生活的第一需要，由于生产力的增长而引起的集体财富的充分涌流，消费资料的分配才能实现真正的平等，才能实行按需分配。

2. 列宁对于社会主义社会的思考

如前所述，马克思在《哥达纲领批判》中，把未来共产主义社会分为两大阶段，即"共产主义社会的第一阶段"和"共产主义社会高级阶段"，但是没有把"共产主义社会的第一阶段"或"共产主义社会高级阶段"称为社会主义。列宁于 1917 年写的《国家与革命》一书的第五章，对上述马克思关于未来社会阶段划分的思想作了分析和发挥，丰富和发展了马克思的思想。在这里，列宁把共产主义社会的低级阶段或第一阶段称为社会主义社会。而把"共产主义社会高级阶段"称为完全的共产主义社会。在讲到社会主义同共产主义在科学上的差别时，列宁指出："通常所说的社会主义，马克思把它称做共产主义社会的'第一'阶段或低级阶段。既然生产资料已成为公有财产，那么'共产主义'这个名词在这里也是可以用的，只要不忘记这还不是完全的共产主义。"②

列宁把共产主义社会的第一阶段称为社会主义社会。那么，如何实现社会主义革命的胜利呢？1915～1916 年，列宁在深入研究帝国主义问题的过程中，发现了资本主义经济和政治发展不平衡的规律，深入分析了这一规律和社会主义革命之间的联系，提出了社会主义革命可以首先在一国或数国中取得胜利的论断。

我们知道，19 世纪中叶，马克思恩格斯认为，高度发达的生产力是社会主义革命胜利的物质前提，而且发达国家的无产阶级只有同时发动革命，才能抵抗资产阶级的联合镇压。因此，他们

① 《马克思恩格斯文集》第 3 卷，人民出版社，2009，第 434 页。
② 《列宁专题文集——论马克思主义》，人民出版社，2009，第 269 页。

预测社会主义革命将在一切文明国家同时发生。马克思恩格斯指出："共产主义革命将不是仅仅一个国家的革命，而是将在一切文明国家里，至少在英国、美国、法国、德国同时发生的革命。"①在《德意志意识形态》一书中马克思恩格斯也指出："共产主义只有作为占统治地位的各民族'一下子'同时发生的行动，在经验上才是可能的。"②

　　资本主义经济政治发展不平衡规律是资本主义的客观规律。20世纪初，资本主义进入帝国主义阶段后，它的这种不平衡性更强有力地表现出来，一些老牌资本主义国家发展较慢，甚至停滞不前；而一些走上资本主义道路较晚的国家则发展迅速，跳跃式前进。比如，德国实力的增强比英国、法国快三四倍，日本也比俄国快几十倍。列宁深刻揭示了资本主义经济政治发展不平衡的规律，在此基础上，作出了社会主义革命可能首先在少数甚至在单独一个资本主义国家内获得胜利的论断，从而改变了传统的观念，建立了社会主义革命的新理论。1915年8月，列宁在《论欧洲联邦口号》一文中指出："经济和政治发展的不平衡是资本主义的绝对规律。由此就应得出结论：社会主义可能首先在少数甚至在单独一个资本主义国家内获得胜利。"③ 1916年8月，列宁写了《无产阶级革命的军事纲领》，进一步明确指出："资本主义的发展在各个国家是极不平衡的。而且在商品生产下也只能是这样。由此得出一个必然的结论：社会主义不能在所有国家内同时获得胜利。它将首先在一个或者几个国家内获得胜利，而其余的国家在一段时间内将仍然是资产阶级的或资产阶级以前的国家。"④

　　正是在列宁的这一理论指导下，俄国十月革命取得了胜利。十月革命胜利后，苏俄又面临14个国家的武装干涉和国内战争。在苏俄国内战争时期，党和苏维埃政权迫于战争形势，实行了

---

① 《马克思恩格斯文集》第1卷，人民出版社，2009，第687页。
② 《马克思恩格斯文集》第1卷，人民出版社，2009，第538页。
③ 《列宁专题文集——论社会主义》，人民出版社，2009，第4页。
④ 《列宁专题文集——论社会主义》，人民出版社，2009，第8页。

"战时共产主义政策"①。实行这一政策,有力地支持革命战争,使苏俄粉碎了外国的武装干涉,战胜了国内的白匪叛乱。但是,这一政策对社会生产力,尤其是农业生产力的恢复和发展,对社会主义政治、经济和文化建设则产生了不可低估的负面影响。最终导致1921年春出现严重的政治危机和经济危机。在这种情况下,列宁和俄共提出有别于"战时共产主义政策"的"新经济政策"②。新经济政策的实施,改善了人民群众的生活,密切了苏维埃政权同人民的关系。有资料显示,1924年农民消费的粮食、肉类和油脂数量大大超过战前1913年的水平。1924年第四季度,工人的实际工资比1922年第一季度增长了3倍,工人的物质生活也大大优于战前的水平。列宁对社会主义的整个看法也发生了根本改变。他在《论合作社》中说:"我们对社会主义的整个看法根本改变了。"③ 列宁对社会主义看法的根本改变主要体现在两个方面:一是建设社会主义要重视物质利益原则,二是建设社会主义要同资本主义发生联系。

　　是否承认"个人利益"并实行"同个人利益相结合"的原则是"战时共产主义政策"与"新经济政策"的根本区别之所在。在"战时共产主义政策"时期,苏维埃政权几乎是完全否定这一原则的。那时经济任务是依靠"热情"来直接实现,产品的生产和分配按共产主义原则靠"国家直接下命令"的办法来进行。结果造成了严重的政治经济危机,威胁着苏维埃政权的生存。列宁后来承认这么做是"我们错了"。1921年实行"新经济政策",采取了一系列新政策和措施。比如,用粮食税代替余粮征集制、对工业企业重新实行非国有化、承认商品货币作用、实行租让制、同资本主义国家开展经济交往等等。这些政策措施之所以迅速有

---

①　即实行余粮收集制,实行国有化,消灭资本主义;实行计划调拨制和分配制,取消商品、货币和市场。

②　即改变了国家的粮食政策,由余粮收集制改为粮食税制,改变了禁止买卖粮食和其他农副产品的政策,允许自由贸易;改变了所有制的政策,允许私人资本主义工商企业发展,并且实行租让制,即把一部分国有企业租给外国资本家,让他们到俄国来经营;等等。

③　《列宁专题文集——论社会主义》,人民出版社,2009,第354页。

效，原因就在于它反映了人们的利益和要求，实行了"同个人利益相结合"的原则。列宁在《十月革命四周年》一文中说："不能直接凭热情，而要借助于伟大革命所产生的热情，靠个人利益，靠同个人利益的结合，靠经济核算，在这个小农国家里先建立起牢固的桥梁，通过国家资本主义走向社会主义；否则你们就不能到达共产主义，否则你们就不能把千百万人引导到共产主义。现实生活就是这样告诉我们的。革命发展的客观进程就是这样告诉我们的。"[①]

十月革命后，列宁是盼着世界革命高潮到来的。但是世界革命高潮并未如期到来，怎么办？列宁根据1920年初世界形势发生的重大变化，提出了新的战略思想。当时的形势变化主要体现为：一是一度高涨的西欧革命形势低落，世界革命迅速取胜的可能已不复存在；二是苏俄反对帝国主义武装干涉的战争取得了胜利，资本主义扼杀新生的社会主义苏俄的现实危险已不复存在。这样资本主义世界和苏维埃俄国之间就出现了相对均势。针对这种情况，列宁提出要同资本主义发生联系的战略思想。他说："社会主义共和国不同世界发生联系是不能生存下去的，在目前情况下应当把自己的生存同资本主义的关系联系起来。"[②] 同资本主义发生联系就可以利用资本主义国家的资金、技术和一切进步的东西来为社会主义服务。正如列宁指出："社会主义能否实现，就取决于我们把苏维埃政权和苏维埃管理组织同资本主义最新的进步的东西结合得好坏。"[③]

3. 斯大林关于"一国可以建成社会主义社会"的理论

在十月革命以后，人们普遍认为，俄国革命的胜利可以成为欧洲社会主义革命的序幕，只有欧洲革命的胜利才能保证俄国的社会主义事业坚持下去并取得最终胜利。然而，欧洲革命并没有像人们设想的那样出现革命高潮，相反，在1921～1924年西欧各

---

① 《列宁专题文集——论社会主义》，人民出版社，2009，第247页。
② 《列宁专题文集——论社会主义》，人民出版社，2009，第387页。
③ 《列宁专题文集——论社会主义》，人民出版社，2009，第98页。

国革命相继失败，国际社会主义革命转入低潮，西方资本主义进入相对稳定的时期。这说明在一个较长的时期内，苏联将是处于世界资本主义包围下的唯一的无产阶级专政的社会主义国家。同时，由于推行了"新经济政策"，1925年苏联国民经济大体恢复到战前水平，全面开展社会主义建设的任务提上了日程。

在这种国际国内形势下，苏联一国能否在帝国主义的包围中建成社会主义成为需要迫切回答的理论问题和实际问题。1924～1927年，苏共领导人围绕这一问题展开了激烈的争论。以托洛茨基、季诺维也夫和加米涅夫为首的反对派否认苏联一国凭借自身的力量可以建成社会主义。以斯大林为首的一方认为，苏联一国不仅有可能、有必要，而且不可避免地会建成社会主义。1925年5月，斯大林在向俄共（布）莫斯科组织的积极分子所作的报告中指出："被资本家包围的无产阶级专政国家不但能够用自身的力量解决内部矛盾即无产阶级和农民之间的矛盾，而且还能够、还必须建成社会主义。"① 在与反对派的争论中，斯大林提出了"一国建成社会主义"理论。斯大林指出，不能把"一国能否建成社会主义"和"社会主义能否在一个国家里获得最终胜利"这两个问题混为一谈。对前者的回答是肯定的，即"能用我国内部力量来解决无产阶级和农民间的矛盾，在其他国家无产者的同情和支援下，但无须其他国家无产阶级革命的预先胜利，无产阶级可能夺得政权并利用这个政权来在我国建成完全的社会主义社会"。而对后者的回答则是否定的，即"没有至少几个国家革命的胜利，就不可能有免除武装干涉，因而不可能免除资本主义制度复辟的完全保障"② 斯大林还分析了一国建成社会主义所必需的内部条件和国际支援问题。他认为，在无产阶级专政下，俄国有克服一切内部困难而建成完全的社会主义所必需的条件。在分析内部条件时，他强调，无产阶级专政的国家可能用国内力量来解决无产阶级和农民之间的矛盾，可能吸引农民群众参加社会主义建设。尽

---

① 《斯大林选集》（上卷），人民出版社，1979，第339页。
② 《斯大林选集》（上卷），人民出版社，1979，第438页。

管两者存在某些矛盾，但他们在发展社会主义根本问题上具有共同利益，这些共同利益超过了他们之间的矛盾，成为工农联盟的基础。关于国际支援问题，斯大林指出，西欧无产阶级对俄国革命的同情，他们破坏帝国主义者武装干涉计划的决心，就是对俄国革命的支援。

这场争论以斯大林的理论为苏联党和人民所接受而结束。斯大林的理论正确地解答了时代所提出的重大课题，符合人民群众要求建设社会主义的愿望。正如马克思曾经说过的那样："理论在一个国家的实现程度，总是取决于理论满足这个国家的需要的程度。"①

（二）毛泽东思想中关于中国社会主义道路选择的思想

1. 毛泽东《新民主主义论》中关于"共产主义"的经典论述

中国共产党一直把实现共产主义作为自己最终的奋斗目标。在《新民主主义论》中，毛泽东对共产主义作了经典性的阐述，他指出："共产主义是无产阶级的整个思想体系，同时又是一种新的社会制度。"② 在他看来，这种思想体系和社会制度，是区别于任何别的思想体系和任何别的社会制度的，是自有人类历史以来，最完全、最进步、最革命、最合理的。正因为如此，他指出，共产主义的思想体系和社会制度，"正以排山倒海之势，雷霆万钧之力，磅礴于全世界，而葆其美妙之青春"③。作为一种体系，共产主义对中国和世界都具有重大的意义。"现在的世界，依靠共产主义做救星；现在的中国，也正是这样。"④ 中国自有科学的共产主义以来，人们的眼界提高了，中国革命也改变了面目。中国的民主革命，没有共产主义去指导是绝不能成功的，更不必说革命的后一阶段了。没有共产主义指导，中国就会亡国。毛泽东将中国革命区分为民主革命和社会主义革命两大阶段，相应地制定了党

---

① 《马克思恩格斯文集》第 1 卷，人民出版社，2009，第 12 页。
② 《毛泽东选集》第 2 卷，人民出版社，1991，第 686 页。
③ 《毛泽东选集》第 2 卷，人民出版社，1991，第 686 页。
④ 《毛泽东选集》第 2 卷，人民出版社，1991，第 686 页。

的最低纲领和最高纲领，最低纲领是建立新民主主义社会，最高纲领是实现社会主义、共产主义社会。因为共产党的最低纲领和三民主义的政治原则基本上相同，所以资产阶级顽固派就指责中国共产党放弃共产主义，针对这种指责，毛泽东指出，这"岂非荒谬绝伦之至？"① 他认为没有人不知道，关于社会制度的主张，共产党是有现在的纲领和将来的纲领，或最低纲领和最高纲领两个部分的。在现在是新民主主义，在将来是社会主义，这是有机构成的两个部分，而为整个共产主义思想体系所指导的。

2.《中国革命和中国共产党》和《新民主主义论》关于中国革命"分两步走"的思想以及关于中国"新民主主义社会"的性质的思想

早在 19 世纪 50 年代，马克思恩格斯就提出了由资产阶级革命向社会主义革命转变的思想。毛泽东和中国共产党在对中国革命发展规律的探索中，坚持和发展了马克思主义的革命发展阶段论和不断革命论相统一的思想，系统地阐述了中国革命必须分两步走，以及新民主主义革命和社会主义革命既相区别又相联系的思想。

在《中国革命和中国共产党》和《新民主主义论》这两部著作中，毛泽东从半殖民地半封建社会这一国情出发，提出中国革命分两步走的思想：第一步是民主主义的革命；第二步是社会主义的革命，这是性质不同的两个革命过程。民主主义革命的客观要求是为资本主义的发展扫清道路。但是，这一革命已不是旧民主主义革命，而是新民主主义革命。"所谓新民主主义的革命，就是在无产阶级领导之下的人民大众的反帝反封建的革命。"② 因为，中国民主革命处于 20 世纪新的国际环境中，它已经不再是旧的、被资产阶级领导的、以建立资本主义的社会和资产阶级专政的国家为目的的革命，而是新的、被无产阶级领导的、以在第一阶段上建立新民主主义的社会和建立各个革命阶级联合专政的国家为

① 《毛泽东选集》第 2 卷，人民出版社，1991，第 686~687 页。
② 《毛泽东选集》第 2 卷，人民出版社，1991，第 647 页。

目的的革命。因此，这种革命又恰是为社会主义的发展扫清更广大的道路。毛泽东深刻地指出："中国现时社会的性质，既然是殖民地、半殖民地、半封建的性质，它就决定了中国革命必须分为两个步骤。第一步，改变这个殖民地、半殖民地、半封建的社会形态，使之变成一个独立的民主主义的社会。第二步，使革命向前发展，建立一个社会主义的社会。"①

两个革命阶段既相互区别，又相互联系。民主主义革命是社会主义革命的必要准备，社会主义革命是民主主义革命的必然趋势。正如毛泽东所说："中国共产党领导的整个中国革命运动，是包括民主主义革命和社会主义革命两个阶段在内的全部革命运动；这是两个性质不同的革命过程，只有完成了前一个革命过程才有可能去完成后一个革命过程。"②毛泽东既反对混淆两个革命阶段的界限，毕其功于一役的冒险主义，又否定在两个革命之间横插一个资产阶级专政的幻想。他认为："完成中国资产阶级民主主义的革命（新民主主义的革命），并准备在一切必要条件具备的时候把它转变到社会主义革命的阶段上去，这就是中国共产党光荣的伟大的全部革命任务。"③

在《新民主主义论》中，毛泽东勾画了新民主主义社会和国家的蓝图。他说，新民主主义的政治就是建立"在无产阶级领导下的一切反帝反封建的人们联合专政的民主共和国"。它"一方面和旧形式的、欧美式的、资产阶级专政的、资本主义的共和国相区别……另一方面，也和苏联式的、无产阶级专政的、社会主义的共和国相区别"④。对于新民主主义的经济，他提出，大银行、大工业、大商业，归共和国国家所有，是社会主义性质的经济，是整个国民经济的领导力量；国家不没收资本主义的私有财产，允许不操纵国计民生的资本主义生产的发展，同时允许农村富农经济的存在；没收地主的土地，分配给无地和少地的农民，成为

---

① 《毛泽东选集》第2卷，人民出版社，1991，第666页。
② 《毛泽东选集》第2卷，人民出版社，1991，第651页。
③ 《毛泽东选集》第2卷，人民出版社，1991，第651页。
④ 《毛泽东选集》第2卷，人民出版社，1991，第675页。

劳动者的个体经济；在"耕者有其田"的基础上发展各种合作经济，这种经济成分具有社会主义的因素。

新民主主义社会和国家具有过渡性的特点，但又是必要的形式。1939年12月毛泽东在《中国革命和中国共产党》中指出："中国现时的革命阶段，是为了终结殖民地、半殖民地、半封建社会和建立社会主义社会之间的一个过渡的阶段，是一个新民主主义的革命过程。……中国的社会必须经过这个革命，才能进一步发展到社会主义的社会去，否则是不可能的。"①可见，毛泽东明确地肯定了新民主主义社会具有过渡性。

3. 中华人民共和国成立以来关于中国社会主义革命和社会主义建设问题的提法

从1949年中华人民共和国成立到1966年，是我们党领导全国人民基本上完成社会主义改造的七年和开始全面建设社会主义的十年。以毛泽东为代表的中国共产党人在这十七年中，根据马克思列宁主义的基本原理，从中国的实际出发，对中国的社会主义革命和社会主义建设，提出了一系列正确理论和观点，丰富和发展了马克思列宁主义理论宝库。

关于社会主义革命，毛泽东提出了从新民主主义到社会主义转变的理论和社会主义改造的理论。在《新民主主义论》《中国革命和中国共产党》等著作中，毛泽东正确地指出了从新民主主义到社会主义转变的必然性以及方式方法。新民主主义社会并不是一个独立的社会形态，而是一个过渡性质的社会，属于社会主义社会体系和范畴。毛泽东在《中国革命和中国共产党》中就提出，新民主主义革命阶段"是为了终结殖民地、半殖民地、半封建社会和建立社会主义社会之间的一个过渡的阶段"②，其前途是社会主义。在《新民主主义论》中毛泽东又指出，新民主主义共和国的国家形式，"是一定历史时期的形式，因而是过渡的形式，但是

---

① 《毛泽东选集》第2卷，人民出版社，1991，第647页。
② 《毛泽东选集》第2卷，人民出版社，1991，第647页。

不可移易的必要的形式"①。从新民主主义向社会主义的转变，是通过国民经济的恢复和有计划的经济建设，通过对生产资料私有制的社会主义改造实现的。对于社会主义改造，他提出了社会主义建设和社会主义改造同时并举的方针。新中国成立后，党从一开始就把生产建设作为一切工作的中心，正确处理经济和政治的关系，把阶级斗争和社会改革同生产建设统一起来。正是在这一符合中国实际的马克思主义方针指引下，到 1956 年底，我们取得了生产资料私有制社会主义改造的重大胜利，第一个五年计划取得成功，社会主义工业化基础初步建立，这就为我国的社会主义奠定了牢固的基础。

关于社会主义建设，毛泽东提出了一系列正确主张。例如，在社会主义社会的发展阶段问题上，毛泽东认为社会主义建设是一个具有长期性和艰巨性的过程，这个过程要经历若干个发展阶段。他指出："社会主义这个阶段，又可能分为两个阶段，第一个阶段是不发达的社会主义，第二个阶段是比较发达的社会主义。后一阶段可能比前一阶段需要更长的时间。"② 关于建成社会主义，即达到比较发达的社会主义阶段所需要的时间，毛泽东认为还会更长。再如，在发展商品经济问题上，他提出不能把商品生产与资本主义混为一谈。毛泽东提出要利用商品生产、商品交换、价值法则来作为一种有用的工具，为社会主义服务。他指出："商品生产不能与资本主义混为一谈。""商品生产，要看它是同什么经济制度相联系，同资本主义制度相联系就是资本主义的商品生产，同社会主义制度相联系就是社会主义的商品生产。"③ 又如，对于社会主义经济建设，毛泽东认为，中国的经济建设，必须以农业为基础，正确处理农业、轻工业、重工业的关系，走适合我国国情的中国工业化道路；必须正确处理经济建设中的各种经济关系；要兼顾国家、集体和个人三者关系，处理好积累和消费的比例；等等。

---

① 《毛泽东选集》第 2 卷，人民出版社，1991，第 675 页。
② 《毛泽东文集》第 8 卷，人民出版社，1999，第 116 页。
③ 《毛泽东文集》第 7 卷，人民出版社，1999，第 439 页。

从以上分析可以看出：马克思主义、列宁主义和毛泽东思想关于"社会主义"和"共产主义"的理论，是一个一脉相承的理论体系。其中，毛泽东思想中关于中国社会主义道路的有关论述，是马克思列宁主义中的科学社会主义基本原理中国化的首要成果。所谓"中国社会主义道路"，首先就是指以毛泽东为代表的中国共产党人所开辟的并且包括了"中国特色社会主义道路"在内的"中国式的社会主义革命和社会主义建设的道路"。因此，研究"中国特色社会主义道路的选择"，就必须首先说明"中国社会主义道路"的选择。

二 19 世纪中叶到 20 世纪 40～50 年代的全球化特征与中国社会主义道路的历史背景

（一）19 世纪中叶到 20 世纪 40～50 年代的全球化特征

从 19 世纪中叶开始，全球化进入了一个新的发展阶段。因为这一时期在欧美国家爆发了第二次工业革命，资本主义的发展从自由竞争阶段发展到垄断阶段，正是这些因素影响着全球化的新发展，使之呈现出一些鲜明的特征。

1. 这一时期全球化的基础和背景：第二次工业革命和资本主义新阶段的形成

这一时期全球化是以第二次工业革命为基础的。我们知道，在世界近代历史上，英国是最早开始（18 世纪 60 年代）和最先完成（19 世纪 40 年代）工业革命的国家。这次工业革命被称为第一次工业革命。伴随工业革命的进展，不仅实现了技术变革，生产力大大提高，而且发生了社会变革，产生了工厂制度，改变了生产关系，形成了世界历史。大工业创造了交通工具和现代的世界市场，"它首次开创了世界历史，因为它使每个文明国家以及这些国家中的每一个人的需要的满足都依赖于整个世界，因为它消灭了各国以往自然形成的闭关自守的状态"①。第一次工业革命虽然

---

① 《马克思恩格斯文集》第 1 卷，人民出版社，2009，第 566 页。

意义重大，但在应用领域和社会影响方面毕竟存在相当大的局限性。从19世纪50年代开始，这种状况逐渐得到改变。随着电学、磁学、光学等领域的科技不断取得突破性进展，在19世纪60~70年代，爆发了以电力、电动机和内燃机的发明应用为主要内容的第二次工业革命。在第二次工业革命中，美国和德国成为两大发源地。1866年，德国科学家西门子发明了第一台发电机；1875年，在巴黎建成世界上第一座发电站，19世纪80年代，美、英等国相继出现第一批商业性电站，由此宣告人类文明由蒸汽时代进入了电力时代。由于电力的作用，钢铁产业和石油产业等都获得了很大的发展，由此使工业结构发生了重大变化，生产社会化程度、生产专业化和协作水平有了很大提高，它强烈地冲击着一切旧的经济关系格局，要求进一步冲破民族和国家的界限，使国际分工向更广和更深的方面扩展，从而加强和扩大了各国之间的经济联系。

这一时期的全球化是以资本主义新阶段为背景的。工业革命对欧洲的一个重要影响是改变了资本主义的性质。19世纪60~70年代，欧美国家陆续出现了一些规模巨大、明显带有垄断性质的大公司。1857年，德国最早出现的辛迪加是德意志钢铁厂。美国在石油、电力、钢铁、化学和汽车工业领域均出现了辛迪加，比如美孚石油公司、卡内基钢铁公司先后成立于1870年和1873年。资本主义从自由竞争阶段向垄断阶段发展，这一方面在某种程度上助长了贸易保护主义的发展，另一方面也更加促成了资本主义在全球范围内的自由运动与发展。

2. 由于以上因素的影响和作用，这一时期的全球化表现出了鲜明的特征

第一，世界联系更加紧密，国际贸易大幅增长。远距离的交往尤其是不同民族间跨越大洋的联系与沟通，需要发达的交通工具的支持。交通工具的改进既是全球化的内容之一，又为其他方面的全球化的成长提供了可能。交通工具的发展，大大方便和推动了世界不同国家和民族之间的经济联系与贸易往来。首先是整个世界贸易的水平获得大幅提升。1820~1850年，世界贸易额大约年均增长 2.3%，而 1850～1870 年的增长速度约为 5%。所以，西方国家在 19 世纪中期，出口占国内生产总值的比例大约为 5%，到 1880 年则达到 10% 左右①。1870 年国际贸易额为 106 亿美元，1913 年扩大为 404 亿美元②。其次是参加世界贸易的国家数量迅速上升。随着英、法、德、美几个国家初步工业化的实现和更多国家进入工业化进程，20 世纪初，一个更加广泛和深入的全球贸易秩序开始成为现实。1913 年，有 155 个国家或地区参加国际贸易活动，比 19 世纪早期多出 1 倍以上。

第二，对外投资显著增强，跨国金融往来范围更广程度更深。19 世纪上半叶，欧洲国家的对外投资，数额很小，对世界经济影响甚微。19 世纪 50 年代中期，国外投资约为 4.2 亿英镑；随后到 1870 年，投资总额增加了 3 倍以上。而在 1870～1900 年，发达国家的对外投资总额达到 47.5 亿英镑。1910 年，英国将国内生产总值的 7.4% 用于国外投资，法国是 3.6%，德国是 1.3%。表现这一时期金融全球化特征的，不仅在于对外投资量的急剧增长，还体现为资本输出、输入范围的扩大。在第一次世界大战之前，英国对外投资量始终占世界总量的主要比例。但是从 19 世纪 70 年代开始，德国、美国、瑞士、比利时等其他国家也逐渐成为对外投资国。19 世纪早期的对外投资主要在其他欧洲国家，后来比较多地转向美洲，而在 19 世纪后期，亚洲、非洲和大洋洲逐渐成为大量投资的集中地。1914 年，世界直接投资额的 60% 以上的存量分布于发展中国家。

第三，西欧、北美工业强国建立了国际垄断同盟，在经济上瓜分世界。国际垄断同盟大都是建立在国内垄断基础之上的，是主要工业强国垄断资本在互相竞争中结成的暂时性国际联合，其主要作用在于缓和世界范围内生产和消费的矛盾。所以，作为社会化大生产的结果，国际垄断同盟的产生和发展表明全球化新阶

---

① 〔英〕戴维·赫尔德等：《全球大变革——全球化时代的政治、经济与文化》，杨雪冬等译，社会科学文献出版社，2001，第 217 页。

② 宋则行等主编《世界经济史》（上卷），经济科学出版社，1993，第 351 页。

段的来临。国际托拉斯、国际辛迪加和国际卡特尔等是国际垄断同盟常见的形式，其中，国际托拉斯的程度最高。19 世纪末，国际垄断同盟有 30 多个，而到第一次世界大战前，各种国际卡特尔已经达到 114 个①。国际卡特尔的大量出现，表明随着工业化进程的推进，越来越多的国家加入工业列强。同时也意味着世界市场的争夺更加白热化。为了在竞争中免于两败俱伤，少数最大的垄断资本就市场范围、市场价格和商品数量等达成妥协，从而实现对世界的瓜分。因此，列宁指出："随着资本输出的增加，随着最大垄断同盟的国外联系、殖民地联系和'势力范围'的极力扩大，这些垄断同盟就'自然地'走向达成世界性的协议，形成国际卡特尔。……这是全世界资本和生产集中的一个新的、比过去高得多的阶段。"②

（二）马克思主义关于落后国家中社会主义革命问题的论述

1. 马克思恩格斯晚年关于东方落后国家革命道路和前途问题的论述及其意义

马克思恩格斯对于东方落后国家前途和命运的关注与思考，是紧密结合全球化的变化、发展的动向进行的。19 世纪中叶以来，全球化进程不断加快，东西方之间的联系日益紧密。当然，这种联系是不平等的，西方国家处于主导地位，东方国家处于被动地位。正是在这种情况下，马克思恩格斯关注东方社会的前途命运，思考东方落后国家的发展道路，这些思考有着重要的启迪意义。

马克思恩格斯关于东方社会发展道路的构想主要体现在以下文献中：马克思的五大人类学笔记、马克思 1877 年给俄国《祖国纪事》杂志编辑部的信、1881 年给俄国女革命家维·尹·查苏利奇的复信及其草稿、1882 年马克思恩格斯合写的《共产党宣言》俄文版第二版序言，还有恩格斯 1875 年的《论俄国的社会问题》、1894 年的《〈论俄国的社会问题〉跋》以及给伯恩斯坦、丹尼尔

---

① 宋则行等主编《世界经济史》（上卷），经济科学出版社，1993，第 371 页。
② 《列宁专题文集——论资本主义》，人民出版社，2009，第 155 页。

逊、普列汉诺夫等人的通信。在这些文献中，马克思恩格斯阐述了他们关于东方社会发展道路的构想。

第一，俄国"农村公社"可以跨越资本主义"卡夫丁峡谷"，这种跨越对其他前资本主义社会具有同样的意义。马克思恩格斯之所以认为俄国"农村公社"可以跨越资本主义"卡夫丁峡谷"，主要是基于俄国自身的特性和其所处的历史环境。就俄国自身的特性而言，它的一个基本特征即土地公有制，这是构成集体生产和集体占有的自然基础。同时，俄国是欧洲在全国范围内把"农业公社"保存到当时的唯一的国家。这就是说，俄国不是被殖民的国家，这使它有可能走一条非资本主义发展道路。就其所处的历史环境而言，它也不是脱离现代世界孤立生存的，而是和控制着世界市场的西方生产同时存在。"因此，从理论上说，俄国'农村公社'可以通过发展它的基础即土地公有制和消灭它也包含着的私有制原则来保存自己；它能够成为现代社会所趋向的那种经济制度的直接出发点，不必自杀就可以获得新的生命；它能够不经历资本主义制度（这个制度单纯从它可能延续的时间来看，在社会生活中是微不足道的）而占有资本主义生产使人类丰富起来的那些成果。"① 1894 年恩格斯认为，俄国农村公社向社会主义过渡意义重大。他指出："这不仅适用于俄国，而且适用于处在资本主义以前的阶段的一切国家。"②

第二，俄国农村公社的发展具有两种可能性和两种前途，而这"一切都取决于它所处的历史环境"③。马克思恩格斯认为，俄国农村公社的发展具有两种可能性和两种前途。马克思在给查苏利奇复信草稿第三稿中，分析了俄国公社的二重性。正是这种二重性，使得俄国农村公社的发展具有两种可能性。他指出："农业公社制度所固有的这种二重性能够赋予它强大的生命力。它摆脱了牢固然而狭窄的血缘亲属关系的束缚，并以土地公有制以及公

---

① 《马克思恩格斯文集》第 3 卷，人民出版社，2009，第 576 页。
② 《马克思恩格斯文集》第 4 卷，人民出版社，2009，第 459 页。
③ 《马克思恩格斯文集》第 3 卷，人民出版社，2009，第 586 页。

有制所造成的各种社会联系为自己的稳固基础；同时，各个家庭单独占有房屋和园地、小地块耕种和私人占有产品，促进了那种与较原始的公社机体不相容的个性的发展。"① 同时，马克思也强调："就是这种二重性也可能逐渐成为公社解体的萌芽。除了外来的各种破坏性影响，公社内部就有使自己毁灭的因素。土地私有制已经通过房屋及农作园地的私有渗入公社内部，这就可能变为从那里准备对公有土地进攻的堡垒。这是已经发生的事情。但是，最重要的还是私人占有的源泉——小地块劳动。它是牲畜、货币、有时甚至奴隶或农奴等动产积累的根源。……这就是破坏原始的经济平等和社会平等的因素。它把异质的因素带进来，引起公社内部各种利益和私欲的冲突，这种冲突首先触及作为公共财产的耕地，然后触及作为公共财产的森林、牧场、荒地等等；一旦这些东西变成了私有财产的公社附属物，也就会逐渐变成私有了。"② 但是，农业公社的历史道路是否必然导致这种结果呢？马克思认为："绝对不是的。农业公社固有的二重性使得它只能有两种选择：或者是它的私有制因素战胜集体因素，或者是后者战胜前者。一切都取决于它所处的历史环境。"③ 这就是说，农村公社本身具有的二重性，使它的历史发展道路呈现了两种可能性：一种是私有因素战胜公有因素，另一种是公有因素战胜私有因素。这些都取决于公社所处的历史环境。

第三，俄国农村公社实现跨越的条件。马克思恩格斯一再强调，俄国农业公社并不等于社会主义，也不会自发生长出社会主义，要想使它成为社会主义、共产主义的生长点或出发点，还必须具备一些条件。从马克思恩格斯的一系列论述中可以知道大致需要以下条件。一是肃清对农村公社的破坏性影响，保证它自由发展。马克思认为要使俄国农村公社成为"俄国社会新生的支点"，就"首先必须排除从各方面向它袭来的破坏性影响，然后保

---

① 《马克思恩格斯文集》第 3 卷，人民出版社，2009，第 586 页。
② 《马克思恩格斯文集》第 3 卷，人民出版社，2009，第 586 页。
③ 《马克思恩格斯文集》第 3 卷，人民出版社，2009，第 586 页。

证它具备自然发展的正常条件"①。二是俄国革命和西方无产阶级革命，以及后者对前者的支持和帮助。马克思恩格斯在 1882 年《共产党宣言》俄文版序言中指出："假如俄国革命将成为西方无产阶级革命的信号而双方互相补充的话，那么现今的俄国土地公有制便能成为共产主义发展的起点。"② 三是和西方发达国家紧密联系，吸收其一切肯定成果。

马克思恩格斯关于东方落后国家发展道路的构想，"虽不是一个肯定的结论，但包含着很深的理论价值"③。它"提供了落后国家社会发展的方法论"④。它"对于东方同俄国情况相同或大致相同的国家，均具有指导的意义"⑤。

就理论意义而言，主要体现为：这一构想丰富了马克思恩格斯的社会主义学说。众所周知，马克思恩格斯原来一直把社会主义革命的希望寄托在西方发达国家，后来通过对包括俄国在内的东方落后国家社会发展道路的探索，认识到这些国家有可能率先取得社会主义革命的胜利。也就是说，除了西方发达资本主义国家的社会主义道路外，东方落后国家只要条件具备，也可以选择社会主义道路。实践表明，尽管马克思恩格斯的设想未能完全实现，但其总的方向是正确的。俄国十月革命的胜利和东方一系列社会主义国家的出现说明，只要具备一定的条件，东方落后国家可以跨越"资本主义卡夫丁峡谷"，走上社会主义道路。

就方法论意义而言，主要体现为具体分析具体历史环境的方法论原则和从世界历史整体联系中把握特定国家和民族的发展道路的方法。马克思恩格斯分析俄国社会问题时留给我们的一个重要方法是具体分析具体历史环境的方法论原则。马克思在《给〈祖国纪事〉杂志编辑部的信》中强调了"极为相似的事情，但在

① 《马克思恩格斯文集》第 3 卷，人民出版社，2009，第 590 页。
② 《马克思恩格斯文集》第 4 卷，人民出版社，2009，第 460 页。
③ 吕世荣：《马克思社会发展理论研究》，中国社会科学出版社，2001，第 328 页。
④ 张骥：《经济全球化与当代社会主义的发展》，中央编译出版社，2002，第 44 页。
⑤ 俞良早：《马克思主义东方社会理论研究》，中共中央党校出版社，2006，第 65 页。

不同的历史环境中出现就引起了完全不同的结果"这一科学论断。在给查苏利奇的复信中,他们在强调俄国农村公社发展的两种可能时,认为无论哪一种可能"都必须有完全不同的历史环境。一切都取决于它所处的历史环境"①。马克思恩格斯分析俄国社会问题时留给我们的又一个重要方法是从世界历史整体联系中把握特定国家和民族的发展道路的方法。在马克思恩格斯晚年对俄国发展道路的设想中,深刻地蕴涵着这种"世界历史"观念。从世界历史观出发,马克思恩格斯还把俄国革命放在世界革命的整体格局中进行考察。他们指出:"假如俄国革命将成为西方无产阶级革命的信号而双方互相补充的话,那么现今的俄国土地公有制便能成为共产主义发展的起点。"②

2. 列宁关于社会主义革命可以首先在帝国主义统治最薄弱的环节爆发并取得胜利的理论及其意义

众所周知,在自由资本主义阶段,当资本主义政治经济发展不平衡规律尚未充分暴露的时候,马克思恩格斯根据他们对欧洲资本主义的研究认为,社会主义革命必须在发达资本主义国家同时进行方能取得胜利。这是因为社会主义革命是以生产力的普遍发展和世界交往的普遍发展为前提的。"共产主义……只有作为'世界历史性的'存在才有可能实现。"③

然而,资本主义发展到垄断阶段以后,情况发生了很大的变化。列宁看到,经济政治发展不平衡虽然是资本主义的绝对规律,但是,只有到帝国主义阶段它才特别突出、特别尖锐地表现出来。

资本主义各国由于垄断资本的统治,科学技术的发展和应用,加之各国情况的不同,所以,其发展呈现出巨大的差异,一些资本主义国家发展很快,而另一些资本主义国家则发展很慢。正如列宁所说:"一方面有年轻的进步非常快的资本主义国家(美、

---

① 《马克思恩格斯文集》第3卷,人民出版社,2009,第574页。
② 《马克思恩格斯文集》第4卷,人民出版社,2009,第460页。
③ 《马克思恩格斯文集》第1卷,人民出版社,2009,第539页。

德、日），另一方面有近来进步比前面几国慢得多的老的资本主义国家（法、英）。"① 这样，后起的资本主义国家就以超常的速度赶上了老牌的资本主义国家，经济实力有了明显增强。

资本主义各国经济发展的不平衡，必然引起政治发展的不平衡，就是说各国政治军事实力对比发生巨大变化。20世纪初，世界领土已被列强瓜分完毕，在这种情况下，后起的帝国主义要求按新的经济、政治实力重新瓜分世界领土。因此，帝国主义战争就成为不可避免的了。这样就给无产阶级革命造成了有利条件：一方面，帝国主义战争必然加剧国内政治危机，造成有利的革命形势；另一方面，帝国主义战争必然削弱这些国家的力量，而且使帝国主义各集团间的分裂加深，矛盾表面化了，从而在帝国主义阵线出现薄弱环节。这些就给无产阶级革命以可乘之机，无产阶级革命就可能从帝国主义统治最薄弱的环节突破，首先取得胜利。

列宁在全面深入研究帝国主义及无产阶级革命发展状况的基础上，根据帝国主义所显露出来的新特点、新矛盾、新趋势，及时地、明确地提出了社会主义革命将首先在少数国家甚至一个国家胜利的崭新理论。1916年8月，列宁写了《无产阶级革命的军事纲领》，进一步明确指出："资本主义的发展在各个国家是极不平衡的。而且在商品生产下也只能是这样。由此得出一个必然的结论：社会主义不能在所有国家内同时获得胜利。它将首先在一个或者几个国家内获得胜利，而其余的国家在一段时间内将仍然是资产阶级的或资产阶级以前的国家。"②

列宁的社会主义革命首先在一个或者几个国家内获得胜利的思想，是对马克思主义社会主义革命理论的重大发展和创新。马克思恩格斯认为，资本主义只有在它的故乡和在它达到"繁荣昌盛"的国家里才会走向灭亡，因而社会主义革命将首先在西方发达国家取得胜利，并且是同时取得革命的胜利。列宁根据变化了

---

① 《列宁专题文集——论资本主义》，人民出版社，2009，第169页。
② 《列宁专题文集——论社会主义》，人民出版社，2009，第8页。

的局势，适时提出了社会主义革命可以首先在一个或者几个国家内获得胜利的思想。列宁指出："现在的形势与马克思和恩格斯所预料的不同了，它把国际社会主义革命先锋队的光荣使命交给了我们——俄国的被剥削劳动阶级。"①

列宁的这一思想还具有重要的现实意义。正是在这一思想的指导下，俄国十月革命取得了胜利。在第二次世界大战结束之时，西方国家没有革命形势，但在亚洲和东欧的许多国家里，人民利用和发展了反法西斯战争胜利的大好形势，夺取了政权，建立了人民民主专政的国家，随后走上了社会主义革命的道路并取得了胜利。这些都证实了列宁思想的正确性。

（三）中国近现代史的开端和中国人民对于中国民主革命的历程

1. 从封建社会向半殖民地半封建社会的转变

半殖民地半封建的旧中国是 19 世纪中叶到 20 世纪 40 年代末全球化条件下的世界资本主义体系的一个有机的组成部分。如前所述，从 19 世纪中叶开始，全球化进入了一个新的发展阶段。这一时期在欧美国家爆发了第二次工业革命，由于这次工业革命的作用，一个无所不包的资本主义体系得以形成。到 1914 年，英、俄、德、法、美、日、比、荷等国占有的殖民地、半殖民地约占全世界面积的 2/3，世界差不多被瓜分完毕，世界上所有的国家和民族都被纳入了资本主义体系。因此，中国加入全球化进程的过程就是中国近代以来社会历史变迁的全部过程。也就是说，中国近代以来的历史就是中国进入全球化进程的历史。从 19 世纪 40 年代到 1949 年中华人民共和国成立，这是中国由一个古老的文明中心被帝国主义强行纳入由西方主导的全球化进程的过程。

众所周知，中国近代是半殖民地半封建社会。以 1840 年鸦片战争为标志，此前的中国是一个主权完全独立的封建国家，此后，中国则变成为一个半殖民地半封建社会的国家。正如毛泽东所说：

---

① 《列宁选集》第 3 卷，人民出版社，1995，第 416～417 页。

"自从一八四〇年的鸦片战争以后，中国一步一步地变成了一个半殖民地半封建的社会。"① 中国之所以从 1840 年开始变成一个半殖民地半封建社会的国家，是因为资本主义要"按照自己的面貌为自己创造出一个世界"② 而疯狂侵略的结果。中国近代的半殖民地半封建社会是随着资本主义侵略的一步步加深而逐渐形成的。其主要标志是资本主义列强发动的一系列侵略中国的战争和结束这些战争的一系列不平等条约。

鸦片战争之前的中国，是清王朝统治下的封建国家。它对内实行专制统治，对外则实行严格限制中西之间经济文化交流的闭关政策。而这时的西方国家早已进入资本主义时代，英国已经完成了工业革命，正在积极开拓海外市场。资本主义的本性是侵略。地大物博、人口众多的中国自然成为它们垂涎的对象。作为资本主义世界头号强国的英国则成为侵华的急先锋，于 1840 年发动了侵华鸦片战争，它用资本主义大工业生产出来的坚船利炮率先打开了中国封闭的国门，于 1842 年 8 月 29 日迫使清政府签订了中国近代史上第一个不平等条约——《南京条约》。美国和法国也趁机于 1849 年分别胁迫清政府与之签订了《望厦条约》和《黄埔条约》，它们以《南京条约》为蓝本，并将某些侵略权益扩大化和具体化。这些不平等条约的被迫签订标志着中国开始了半殖民地半封建化的行程。

以英国为首的资本主义列强，侵略中国的目的是想打开中国的市场，赚取高额的利润，但是由于中国自给自足的自然经济对外国的工业品有着顽强的抵抗力，它们的对华贸易并未增加。为了进一步打开中国的市场，在美国和俄国的支持下，英国和法国联合于 1856 年发动了第二次鸦片战争。这场战争前后进行了 4 年。又以清政府的失败而告终，被迫签订了中英、中法、中俄《北京条约》。这些不平等条约进一步加深了中国半殖民地半封建化的程度。

---

① 《毛泽东选集》第 2 卷，人民出版社，1991，第 626 页。
② 《马克思恩格斯文集》第 2 卷，人民出版社，2009，第 36 页。

1894 年，走上资本主义道路不久的日本发动了侵略中国的甲午战争，并于次年强迫清政府签订了《马关条约》。由此，中国半殖民地化程度大大加深。甲午战争后，中国先后发生了资产阶级维新变法运动与义和团运动。列强为了维护其在华的利益，在1900 年组成了八国联军又一次发动了侵华战争，并于次年同清政府签订了《辛丑条约》。《辛丑条约》使资本主义列强基本上控制了清政府的政治、经济、军事和外交。从此，清政府成为"洋人的朝廷"，中国的半殖民地半封建社会至此形成。

由以上叙述可以看出，中国是在列强的侵略下逐步进入由其主导的资本主义的全球化历程，这也是中国从封建社会向半殖民地半封建社会转变的过程。而帝国主义列强侵入中国的目的"是要把中国变成它们的半殖民地和殖民地"①。可见，中国沦为半殖民半封建社会，在西方的强势压力下是无法实现独立与自主的，只能在全球化进程中处于依附地位。

2. 从旧民主主义革命到新民主主义革命的转变及其历史必然性

一部中国近现代史既是帝国主义列强侵略中国的屈辱史，也是一部中华民族与之奋勇顽强斗争的革命史。由于中国社会的性质所决定，中国革命必须分为两个步骤。第一步，改变这个殖民地、半殖民地、半封建的社会形态，使之变成一个独立的民主主义的社会。第二步，使革命向前发展，建立一个社会主义的社会。中国革命的第一步、第一阶段就其性质来说，是资产阶级民主革命。这一革命分为两个阶段：资产阶级领导的旧民主主义革命和无产阶级领导的新民主主义革命。

旧民主主义革命，一般指 17 ~ 18 世纪发生在欧、美各国的资产阶级民主主义革命。在中国，旧民主主义革命从 1840 年就开始了。正如毛泽东所说："这个第一步的准备阶段，还是自从一八四〇年鸦片战争以来，即中国社会开始由封建社会改变为半殖民地半

---

① 《毛泽东选集》第 2 卷，人民出版社，1991，第 628 页。

封建社会以来，就开始了的。"① 从世界历史看，一般意义的资产阶级民主革命，是由资产阶级领导的。中国的资产阶级民主革命在其前期也曾由资产阶级领导，但由于中国民族资产阶级的软弱性和妥协性决定了其不可能领导革命取得胜利，因此，中国革命必须由旧民主主义革命转为新民主主义革命。而这种转变是以1919 年的五四运动为分界线的。五四运动在中国资产阶级民主主义革命史上是一个重大的历史事件。其对帝国主义、封建主义的认识、揭露和冲击，都要比辛亥革命彻底得多，坚决得多；就其卷入的阶级、阶层来说，也比辛亥革命更为广泛。新民主主义革命"这个过程是从第一次世界大战和俄国十月革命之后才发生的，在中国则是从一九一九年五四运动开始的"②。

中国资产阶级民主主义革命之所以发生这种转变，从实践上看，是因为辛亥革命后，资产阶级建国方案破产了，这说明中国革命必须走新的道路。历史地看，这条道路就是社会主义道路，而这又是以新民主主义革命的胜利为基础的。正如毛泽东所说，新民主主义革命"已经不是旧的、被资产阶级领导的、以建立资本主义的社会和资产阶级专政的国家为目的的革命，而是新的、被无产阶级领导的、以在第一阶段上建立新民主主义的社会和建立各个革命阶级联合专政的国家为目的的革命。因此，这种革命又恰是为社会主义的发展扫清更广大的道路"③。

中国资产阶级民主主义革命之所以发生这种转变，从国际上看，是"因为第一次帝国主义世界大战和第一次胜利的社会主义十月革命，改变了整个世界历史的方向，划分了整个世界历史的时代"④。

"在这以前，中国资产阶级民主主义革命，是属于旧的世界资产阶级民主主义革命的范畴之内的，是属于旧的世界资产阶级民主主义革命的一部分。在这以后，中国资产阶级民主主义革命，却改变为属于新的资产阶级民主主义革命的范畴，而在革命的阵

---

① 《毛泽东选集》第 2 卷，人民出版社，1991，第 666 页。
② 《毛泽东选集》第 2 卷，人民出版社，1991，第 647 页。
③ 《毛泽东选集》第 2 卷，人民出版社，1991，第 668 页。
④ 《毛泽东选集》第 2 卷，人民出版社，1991，第 667 页。

线上说来，则属于世界无产阶级社会主义革命的一部分了。"①

这种新民主主义革命，"是彻底打击帝国主义的，因此它不为帝国主义所容许，而为帝国主义所反对。但是它却为社会主义所容许，而为社会主义的国家和社会主义的国际无产阶级所援助"。"因此，这种革命，就不能不变成无产阶级社会主义世界革命的一部分。"②

三　中国社会主义道路的选择

列宁指出："一切民族都将走向社会主义，这是不可避免的，但是一切民族的走法却不会完全一样……每个民族都会有自己的特点。"③ 这就是说，每个民族走向社会主义的道路都会因多个方面的原因而表现出自己的特色。这已经为历史所证实。

然而，在全球化条件下，任何国家、任何民族都不可能在闭关自守的状态下得到发展。因为在社会化大生产的条件下，整个生产和消费都成为世界性的了。试图建立一种"区域性的、具有封闭性质的社会主义"是不可能的，只有同整个世界建立起"普遍的联系"，将社会主义置于世界发展的潮流之中，这样的社会主义才是现实的和可能的。

据此我们认为，中国社会主义道路的选择，既有源自社会内部矛盾的推动，也有来自外部环境即全球化的刺激和影响。在一定意义上，中国社会主义道路的选择是对全球化的一种回应。

（一）全球化背景下中国社会主义道路选择的可能性

1. 世界由资本主义历史时代转向无产阶级社会主义世界革命的时代

资本主义的大工业和世界市场，消除了以往历史形成的各民族、各国的孤立闭塞状态，日益把世界联结成一个整体，从而

---

① 《毛泽东选集》第 2 卷，人民出版社，1991，第 667 页。
② 《毛泽东选集》第 2 卷，人民出版社，1991，第 668 页。
③ 《列宁专题文集——论社会主义》，人民出版社，2009，第 398 页。

"首次开创了世界历史，因为它使每个文明国家以及这些国家中的每一个人的需要的满足都依赖于整个世界"①。那么，这种"世界历史"的开创主要是由于生产力的普遍发展以及在此基础上形成的各民族的普遍交往。正如马克思恩格斯所说："各民族的原始封闭状态由于日益完善的生产方式、交往以及因交往而自然形成的不同民族之间的分工消灭得越是彻底，历史也就越是成为世界历史。"② 15～16 世纪，资本主义在西欧萌芽滋长。由于地理大发现，资本主义的海外殖民扩张，以及世界市场的形成，过去长期存在的各国、各地区、各民族之间的闭关自守状态逐步被打破，整个世界在经济、政治、文化等诸多方面逐步形成联系紧密、互相依赖而又互相矛盾的统一体。到 18 世纪中叶，英国首先进行了产业革命。此后，法国和西欧其他国家也相继进行了产业革命。由此，资本主义历史时代得以确立。19 世纪是欧洲在经济和政治上统治世界的世纪。20 世纪初，资本主义发展到帝国主义阶段。在此阶段，欧洲仍保持优势地位，但很快就受到了挑战。这种挑战来自两个方面。一是美、日的挑战。它们迅速取得了世界大国的地位，从而改变了欧洲称霸世界的局面。二是来自十月革命的挑战。这一挑战更为重要也更为根本。因为十月革命改变了世界历史的方向，开辟了无产阶级社会主义世界革命的新时代。在全球化背景下，俄国十月革命就有可能给包括中国在内的被压迫人民和被压迫民族指出彻底解放的道路。

2. 对资本主义认识的不断深刻和全面

众所周知，近代以来由于西方资产阶级国家的侵略，中国被迫纳入了全球化进程。从此也就打破了中国原有的社会发展进程。中国人民在这次全球化进程中受尽了折磨，遭受帝国主义列强的蹂躏，民族生存受到威胁。在这种背景下，一些有识之士不断探索中华民族救亡图存之路。太平天国时期洪仁玕的《资政新篇》尽管没能付诸实施，但打开了中国人民学习西方的视野。19 世纪

---

① 《马克思恩格斯文集》第 1 卷，人民出版社，2009，第 566 页。
② 《马克思恩格斯文集》第 1 卷，人民出版社，2009，第 541 页。

60~90 年代，由清朝统治集团中的开明人士发起了洋务运动，主张学习西方资本主义技术，使国家获得富强。洋务运动涉及经济、军事、文化教育、政治、外交等许多领域，开启了中国向西方学习的道路。中国在甲午战争中的失败，标志着洋务运动走向破产。以康有为、梁启超为代表的维新派推动了戊戌新政，然而戊戌新政是短命的，仅仅持续了 103 天就失败了。以孙中山为代表的资产阶级革命派推翻了清王朝的封建专制制度，但并没有真正完成反帝反封建的资产阶级民主革命的任务，中国也没有进入资本主义的发展阶段。由于帝国主义国家之间经济上的竞争、对殖民地的争夺，在 1914~1918 年爆发了人类历史上第一次世界大战。这次大战充分暴露了资本主义对外进行侵略扩张、剥削压榨其他民族尤其是欠发达民族的本质。如果说此前中国人民还对资本主义抱有幻想的话，那么，第一次世界大战的爆发就使这种幻想破灭了。从而引起了中国人对资本主义和西方文化的反思。毛泽东认为，帝国主义的侵略打破了中国人学西方的迷梦。在他看来，中国人向西方学得很不少，但是行不通，理想总是不能实现。多次奋斗，包括辛亥革命那样全国规模的运动，都失败了。"就是这样，西方资产阶级的文明，资产阶级的民主主义，资产阶级共和国的方案，在中国人民的心目中，一齐破了产。"[1]《东方杂志》主编杜亚泉，在第一次世界大战爆发初期就连续发表了《大战争与中国》《大战争之所感》等文，认为西方文化在战争中已尽显弊端，因而要求国人重新评价西方文化和东方文化，绝不能全盘照搬西方。一向对西方文化抱有好感的梁启超，通过对欧洲参战各国的考察，写成了《欧游心影录》，也无奈地感叹西方文化已经破产。不仅中国人这样认为，西方人也有这种观点。1918 年，战争刚结束德国人斯宾格勒即推出《西方的没落》一书，断言西方文化正在走向没落。斯宾格勒的观点代表了相当一部分欧洲人对西方资本主义的悲观情绪[2]。

---

①　《毛泽东选集》第 4 卷，人民出版社，1991，第 1471 页。

②　王桧林：《中国现代史》，北京师范大学出版社，2004，第 13 页。

（二）全球化背景下中国社会主义道路选择的必然性

19 世纪后期开始的科技革命引起了第二次全球化浪潮。在全球化背景下，各国联系日益密切，各个阶级、各个民族，不仅生活在单个的国家中，而且生活在一定的国家体系中。因此，国际社会的各种经济和政治活动，就必然会给该体系中的成员以深刻影响。我们正是基于这样的考虑，来认识和阐述当时世界经济、政治变化对中国社会主义道路选择所产生的影响。中国社会主义道路的选择，必须以马克思主义为指导，在中国共产党的领导下，立足于半殖民地半封建的国情，历史业已证明了这一点。

1. 马克思主义在中国的传播：中国社会主义道路选择的思想保证

20 世纪初，世界发生了两件大事：第一次世界大战和俄国十月社会主义革命。这两件重大事件不仅改变了世界的历史进程，而且对中国产生了深远的影响。第一次世界大战使整个欧洲变成废墟，代之而起的是新的领袖、新的社会制度和新的意识形态①。第一次世界大战与俄国十月社会主义革命，引发了中国人民对中国命运新的思考、新的抉择。这为马克思主义在中国的传播创造了条件。在这两件重大事件的影响下，中国发生了五四运动。马克思主义是在 19 世纪 40 年代产生的无产阶级解放学说。应该说，在五四运动前，中国人对马克思及其学说已经有较多的介绍，但中国人自觉地接受马克思主义还是在五四运动以后的事。五四运动后，马克思主义在中国得到了广泛的传播。主要体现在以下方面。

一是各地出现了一批宣传马克思主义的刊物，翻译出版了不少马克思主义的著作。五四运动后，全国各地出现了一批宣传马克思主义、社会主义思想的刊物。据统计，1919～1920 年，在全国 400 多种报刊中，有 200 余种传播马克思主义。同时，国内还掀

---

① 〔美〕斯塔夫里阿诺斯：《全球通史》，吴象婴、梁赤民译，上海社会科学院出版社，1999，第 578 页。

起了翻译马克思、恩格斯、列宁著作的热潮。到 1920 年，国内翻译出版的马克思、恩格斯、列宁的著作近 20 种。

二是涌现出一批宣传和研究马克思主义的先进分子，成立了一批宣传和研究马克思主义的团体。五四运动后，在传播马克思主义的过程中，李大钊是一位最杰出的代表。他在《新青年》杂志发表文章，系统介绍了马克思主义的唯物史观、政治经济学和科学社会主义基本原理。陈独秀也是马克思主义的积极宣传者。他发表文章宣传马克思主义的剩余价值学说与阶级斗争、暴力革命理论和无产阶级专政理论。在李大钊、陈独秀等人的影响下，毛泽东、蔡和森、周恩来等人开始接受马克思主义，成为中国早期马克思主义宣传运动中的先进分子①。

三是马克思主义在传播的过程中和各种非马克思主义进行了论战，通过论战，进一步扩大了马克思主义的影响。1919～1922年，马克思主义与各种非马克思主义进行了三次论战。第一次是问题与主义的论战，争论的意义在于它揭示了中国社会改造的一个重要问题，即必须以马克思主义为指导，进行"根本解决"。第二次是关于社会主义的争论，争论的意义在于中国要走社会主义道路、要组织无产阶级政党、要用革命手段来改造中国社会。第三次是与无政府主义的论战，这场论战的实质是要不要无产阶级专政的问题。通过争论，使大批青年划清了马克思主义与无政府主义的界限，不少信仰无政府主义的人转向了信仰马克思主义②。

2. 中国共产党的成立：中国社会主义道路选择的组织保证

马克思主义建党学说认为，无产阶级政党是马克思主义与各国工人运动相结合的产物。中国共产党是中国无产阶级的政党，它的建立是马克思主义同中国工人运动相结合的产物。20 世纪 20 年代，马克思主义在中国得到了广泛传播，中国工人阶级队伍不断壮大。这说明中国共产党成立的条件已经具备。

在全球化条件下，各种思潮相互激荡、交流、碰撞。由上文

---

① 王桧林：《中国现代史》，北京师范大学出版社，2004，第 18～19 页。
② 王桧林：《中国现代史》，北京师范大学出版社，2004，第 22～25 页。

可以看出，20 世纪初的中国，各种思潮纷至沓来，竞相绽放，争夺思想舆论阵地。经过激烈的斗争，马克思主义战胜了其他思潮，中国人民选择了马克思主义，从而为中国共产党的成立奠定了坚实的思想理论基础。中国工人阶级是全球化的产物。众所周知，中国最早的工人产生于沿海地区由外国资本所办的工厂里。随着全球化的推进，中国工人阶级队伍逐渐壮大。20 世纪初，中国的民族工业获得了较大的发展，因为两大帝国主义集团为重新瓜分世界、争夺势力范围和霸权而进行着你死我活的厮杀，它们顾不上中国。这样，就为中国民族工业的发展提供了条件。由于民族工业的发展，工人阶级也随之成长壮大。在巴黎和会上外交的失败，导致中国爆发了五四运动。在五四运动中，中国工人阶级登上了政治舞台，显示了自身的力量。由于认识到工人阶级力量的伟大，一批具有初步共产主义思想的知识分子，积极投身到工人中间进行马克思主义的宣传工作和组织工作，从而为中国共产党的成立作了思想上、干部上的准备。

随着马克思主义的广泛传播及其同中国工人运动的日益结合，建党问题被提上了议事日程。李大钊和陈独秀在创建中国共产党的过程中作出了极其重要的贡献。李大钊和陈独秀分别负责北方和南方的建党活动。在中国共产党的创建过程中，列宁领导的共产国际给予了直接的帮助。经过积极的筹备工作，从 1920 年秋到 1921 年上半年，上海、北京、武汉、长沙、广州、济南、法国巴黎、日本东京等地纷纷成立了共产主义小组。各地共产主义小组为正式建立共产党积极开展活动。一是在开展对各种反马克思主义的斗争中，进行马克思主义的宣传教育活动。二是加强对工人的宣传和组织工作。三是加强对青年的团结、教育工作。四是加强各自的组织发展工作①。1921年 7 月 23 日，中国共产党第一次全国代表大会在上海召开。党的一大的召开，宣告了中国共产党的诞生。从此，我国的资产阶级民主革命进入了一个新阶段，即新民主主义革命的历史阶段，由

---

① 王桧林：《中国现代史》，北京师范大学出版社，2004，第 26 ~ 27 页。

此中国的面貌焕然一新。

3. 立足于半封建半殖民地的国情：中国社会主义道路选择的现实依据

在全球化背景下，各国相互依赖性加强，因此，在一个国家发生的事情，其影响不限于本国的范围。正如有学者所指出的那样："全球化概念首先意味着社会、政治以及经济活动跨越了边界，因此世界上一个地区的事件、决定和活动能够对距离遥远的地方的个人和共同体产生影响。""遥远地方发生的事件的影响被放大了，即使是最本土的发展都可能产生巨大的全球后果。在这个意义上，国内事件与全球事务之间的界限模糊了。"[1]

20 世纪初俄国十月革命的胜利，促进了中国人民的觉醒。一部分先进的中国人，从十月革命的胜利中看到了希望，他们开始抛弃西方资产阶级的政治理念，转向研究和宣传十月革命和马克思列宁主义，开始用无产阶级的宇宙观来观察中国的问题。这样，在中国出现了一批赞成俄国革命、主张走俄国人道路的具有初步共产主义思想的知识分子。李大钊、毛泽东等人就是其中的杰出代表。1919 年元旦，李大钊发表《新纪元》一文，明确表示中国人民应当走俄国革命的道路[2]。因为中国的问题本来是世界的问题，改造中国如果不从世界着眼，则是狭义的。关于改造的方法，毛泽东赞成采用"俄式"的新路。毛泽东指出："十月革命一声炮响，给我们送来了马克思列宁主义。"[3] 十月革命帮助了全世界的也帮助了中国的先进分子，用无产阶级的宇宙观作为观察国家命运的工具，重新考虑自己的问题。"走俄国人的路——这就是结论。"[4]

那么，照搬"俄式"的道路我国能否取得民主革命的胜利呢？历史已经作出了否定的回答。因此，我们认为，走"俄式"道路对我们来说最重要的是一个战略问题、方向问题，即要通过武力

---

[1] 〔英〕戴维·赫尔德等：《全球大变革——全球化时代的政治、经济与文化》，杨雪冬等译，社会科学文献出版社，2001，第 22 页。

[2] 王桧林：《中国现代史》，北京师范大学出版社，2004，第 14 页。

[3] 《毛泽东选集》第 4 卷，人民出版社，1991，第 1471 页。

[4] 《毛泽东选集》第 4 卷，人民出版社，1991，第 1471 页。

夺取政权，取得革命的胜利。但采取什么样的具体道路，这要"一切以条件、地点和时间为转移"①，也就是说要立足于我们的国情，采取正确的策略，这样才能取得革命的胜利。中国革命的成功也雄辩地证明了这一点。

然而，中国当时的国情是什么呢？半殖民地半封建是中国当时最大的国情。由于中国是半殖民地半封建的国家，从而使国家的政治、经济、文化各个方面的发展呈现出很大的不平衡。农村是反动统治的薄弱环节，党可以在广大农村创建革命根据地，领导武装斗争，开展土地革命斗争，积蓄力量，为夺取政权创造条件。但是，在遵义会议以前，由于共产国际和苏联领导人的错误指挥，仍坚持"城市中心论"，毛泽东的正确主张没有引起党中央的重视，致使党和红军遭受极大的损失。1935年的遵义会议确立了毛泽东在党中央和红军中的领导地位，从此，农村包围城市的革命道路理论逐渐为全党所认同。抗日战争爆发后，1938年中国革命又一次受到来自共产国际的扰乱。要求中国共产党在抗日统一战线中放弃独立自主的原则，由于党的日益成熟，克服了这种错误倾向的影响。正是因为有了对国情的正确把握，以毛泽东为代表的中国共产党人才找到了中国革命的道路。所以，毛泽东强调："中国革命斗争的胜利要靠中国同志了解中国情况。"② 邓小平说："中国革命就没有按照俄国十月革命的模式去进行，而是从中国的实际情况出发，农村包围城市，武装夺取政权。"③ 如果中国革命不是走这条符合中国国情的道路，是很难成功的。邓小平指出："毛主席最伟大的功绩是把马列主义的原理同中国革命的实际结合起来，指出了中国夺取革命胜利的道路。"④

（三）全球化背景下中国社会主义道路选择的路径

中国社会主义道路既是以毛泽东为代表的中国共产党人对世

---

① 《斯大林文集》，人民出版社，1985，第206页。
② 《毛泽东选集》第1卷，人民出版社，1991，第115页。
③ 《邓小平文选》第2卷，人民出版社，1994，第318页。
④ 《邓小平文选》第2卷，人民出版社，1994，第345页。

界历史发展趋势的准确把握，又是经济文化落后的中国在世界历史发展进程中对社会发展道路的科学选择。这种选择经历了相当长的曲折过程，经历了多次的挫折和失败，才明确了革命的两个阶段，即新民主主义革命和社会主义革命。毛泽东在《中国革命和中国共产党》中指出："中国共产党领导的整个中国革命运动，是包括民主主义革命和社会主义革命两个阶段在内的全部革命运动；这是两个性质不同的革命过程，只有完成了前一个革命过程才有可能去完成后一个革命过程。民主主义革命是社会主义革命的必要准备，社会主义革命是民主主义革命的必然趋势。……只有认清民主主义革命和社会主义革命的区别，同时又认清二者的联系，才能正确地领导中国革命。"①

1. 新民主主义革命道路

从 1921 年中国共产党诞生到 1949 年中华人民共和国成立，这 28 年党领导人民对新民主主义革命道路进行了卓有成效的探索。这种探索大体上经历了如下几个阶段。即经历了"城市中心—工农武装割据—以乡村为中心—农村包围城市，武装夺取政权"这样几个阶段。

第一个阶段，由以城市为中心转向工农武装割据。众所周知，俄国十月革命是以城市为中心展开的。这对中国共产党人探索中国革命道路产生了一定的影响。受此影响，中国共产党在成立之初，集中力量从事工人运动，将革命的基本立足点放在城市。但是，斗争的实践使党进一步认识到，工人阶级要领导民主革命取得胜利，孤军奋战是不行的，必须联合一切革命力量，进行武装斗争。这样，国共两党进行了第一次合作进行北伐。此时的革命斗争依然是以城市为中心的。由于陈独秀的右倾错误，放弃了无产阶级在统一战线中的领导权，致使大革命遭到失败。大革命失败后，中国共产党人对武装斗争的重要性有了进一步的认识。1927 年 8 月 7 日中共中央在汉口召开了紧急会议，确定了实行土地革命和武装反抗国民党反动派的总方针。毛泽东在这次会议上

---

① 《毛泽东选集》第 2 卷，人民出版社，1991，第 651 ~ 652 页。

强调了农民问题和军事问题，提出了"枪杆子里面出政权"的著名论断。瞿秋白在这次会议的报告中要求利用我们的军队，利用农民武装暴动的好机会来发展土地革命。这些主张为后来提出的"工农武装割据"思想作了初步的准备。但是，当时党还没有摆脱"城市中心论"的影响，党的工作重点仍然放在城市工人方面。在这种错误思想指导下先后发动了南昌起义、秋收起义、广州起义等上百次武装起义，均未成功。毛泽东在领导秋收起义攻打长沙失利后，毅然率领部队转入农村，在井冈山地区开始了创建农村革命根据地的斗争。1927年底，党中央根据各地暴动失败后相继退入农村的实际情况，提出了"农村割据"的问题。毛泽东吸收了"农村割据"思想的合理成分，总结一年多来井冈山斗争经验，在1928年10～11月写的《中国的红色政权为什么能够存在》和《井冈山的斗争》这两篇文章中，系统地阐述了"工农武装割据"的思想。毛泽东指出，所谓工农武装割据，即在共产党的领导下，以武装斗争为主要形式，以土地革命为基本内容，以农村革命根据地为战略基地，三者密切配合。

第二阶段，由工农武装割据转向以乡村为中心。尽管毛泽东在1928年就提出"工农武装割据"的思想，但是由于当时共产国际的错误指导，仍强调以城市为中心，受此影响，中共中央还没有确立以农村斗争为中心的思想。当时还只是把"工农武装割据"作为一个权宜之计，还未能完全认识"工农武装割据"的意义。由于根据地还只是闪耀在全国黑暗之中的"星星之火"，所以，不少人有悲观失望情绪，他们不相信革命高潮到来的可能性。针对这种情况，毛泽东于1930年1月写了《星星之火，可以燎原》，发展了"工农武装割据"思想，阐明了"以乡村为中心"的思想。毛泽东指出我们党内有一部分同志没有把中国是一个许多帝国主义国家互相争夺的半殖民地这件事认清楚。毛泽东又指出，认清了这一基本国情，就会明白中国统治阶级内部长期混战的原因，就会明白农民问题的重要性，就会明白红军、游击队和红色区域的建立和发展，是半殖民地中国在无产阶级领导之下的农民斗争的最高形式和半殖民地农民斗争发展的必然结果。

毛泽东还强调说："必须这样，才能树立全国革命群众的信仰，如苏联之于全世界然。必须这样，才能给反动统治阶级以甚大的困难，动摇其基础而促进其内部的分解。也必须这样，才能真正地创造红军，成为将来大革命的主要工具。总而言之，必须这样，才能促进革命的高潮。"① 可以看出，到 1930 年初，毛泽东对中国国情及由此而决定的中国革命战争的特点，有了较为深刻的认识，已经摆脱了城市中心论的束缚，形成了以乡村为中心的思想。这样，他在党内率先吹响了全党工作重心转移的号角，也在探索新民主主义革命道路上迈出了具有决定意义的一步②。

第三阶段，由以乡村为中心转向农村包围城市，武装夺取政权。20 世纪 30 年代初，虽然根据地和红军有了较大发展，但是，由于"左"倾教条主义在党内的发展，毛泽东提出的"以乡村为中心"的思想没有得到党中央的重视。这就给中国革命造成了更为严重的损失。第五次反"围剿"失败后，红军被迫进行战略大转移。在长征途中召开的遵义会议，解决了当时最紧迫的组织问题和军事问题，确立了毛泽东在红军和党中央的领导地位③。从此，农村包围城市的革命道路理论逐渐为全党所认同。但是，毛泽东对这一问题的理论思考，不仅没有停止，而且进一步深化。"九一八"事变后，中国共产党确立了抗日民族统一战线的政策。抗日战争爆发后，中国共产党高举抗日民族统一战线的旗帜，坚持独立自主的原则，正确处理民族斗争与阶级斗争的关系，发展壮大了共产党领导的抗日武装力量，建立了广泛的抗日民主根据地。从 1936 年 12 月到 1939 年 12 月，毛泽东先后撰写了《中国革命战争的战略问题》《战争和战略问题》《中国革命和中国共产党》等文章，系统总结了土地革命战争的历史经验和抗日战争的新鲜经验，科学地论证了中国革命为什么必须走农村包围城市的

① 《毛泽东选集》第 1 卷，人民出版社，1991，第 98～99 页。
② 鱼小强：《论新民主主义革命道路理论的形成——以毛泽东认识上的三次飞跃为主线》，《商洛学院学报》2008 年第 1 期。
③ 吴文华：《新民主主义革命理论是中国革命实践经验的概括和总结》，《思想理论教育导刊》2008 年第 1 期。

道路，而且能够走这条道路夺取革命的胜利，形成了完整的农村包围城市、武装夺取政权的新民主主义革命道路理论。这个理论在抗日战争的伟大实践中得到了多方面展开而走向成熟，在解放战争的伟大实践中得到了进一步的丰富和发展。中华人民共和国的建立，标志着中国共产党领导的新民主主义革命已经取得基本胜利。

2. 社会主义革命道路

从 1949 年中华人民共和国成立到 1956 年社会主义制度在我国确立的这个时期，又可以分为两个阶段。第一个阶段是新民主主义社会阶段，时间从 1949 年中华人民共和国成立到 1952 年底。第二个阶段是社会主义革命阶段即社会主义改造阶段，时间为 1953～1956 年。

新民主主义社会是一个过渡性的社会。就是说通过这样一个发展阶段，为社会主义制度的建立奠定坚实的经济、文化、政治等方面的基础。正如毛泽东所指出的那样："没有一个新民主主义的联合统一的国家，没有新民主主义的国家经济的发展，没有私人资本主义经济和合作社经济的发展，没有民族的科学的大众的文化即新民主主义文化的发展，没有几万万人民的个性的解放和个性的发展，一句话，没有一个由共产党领导的新式的资产阶级性质的彻底的民主革命，要想在殖民地半殖民地半封建的废墟上建立起社会主义社会来，那只是完全的空想。"① 这个阶段按照毛泽东的设想，要经历一段比较长的时间。关于这一点他有多次表述，先后大体上有 15 年之说、20 年之说、20～30 年之说、10～15 年之说这几种提法。实际上大家都知道，由于受国内外因素的影响，新民主主义社会所经历的时间和毛泽东所设想的相比，短了许多。

新中国成立后不久，经过土地改革和一段恢复时期，到 1953 年开始进行"一化三改"，即实现工业化，对资本主义工商业、农业、手工业进行社会主义改造。"一化"是目的，"三改"是手段。因为对现代化的追求是近代以来中国人民梦寐以求的理想和夙愿。

---

① 《毛泽东选集》第 3 卷，人民出版社，1991，第 1060 页。

而工业化又是现代化的标志与基础。要实现工业化，在当时的历史条件下我们只能进行"三改"，这样才能奠定工业化的基础。社会主义改造的基本内容包括三个方面，即逐步把农民和手工业者的个体私有制改造成为社会主义劳动群众的集体所有制，逐步把资本主义私有制改造成为社会主义全民所有制。中国共产党在社会主义改造过程中创造性地开辟了一条适合中国国情、具有中国特色的改造道路。对资本主义工商业，创造了委托加工、计划订货、统购统销、委托经销代销、公私合营、全行业公私合营等一系列由低级到高级的国家资本主义的过渡形式，最后实现了马克思和列宁曾设想过的对资产阶级的和平赎买。对个体农业，我们遵循自愿互利、典型示范和国家帮助的原则，创造了从临时互助组到常年互助组织，发展到半社会主义性质的初级农业生产合作社，再发展到社会主义性质的高级农业生产合作社的过渡形式，最后实现了农业合作化。对个体手工业的改造，也采取了与农业相似的办法。实践证明，这些经验都是成功的。

　　总之，到1956年社会主义改造基本完成，我们不但在政治方面，而且在经济方面建立起了社会主义基本制度。这个胜利的意义十分重大。正如江泽民所说："我们采取符合中国特点的步骤和措施，不失时机地创造性地实现了对个体农业、手工业和资本主义工商业的社会主义改造，消灭了剥削制度和剥削阶级，全面确立了社会主义制度。这是我国几千年来最深刻、最伟大的社会变革。""社会主义改造的胜利，为全面进行社会主义建设开辟了道路。"① 胡锦涛也指出："新民主主义革命的胜利，社会主义基本制度的建立，为当代中国一切发展进步奠定了根本政治前提和制度基础。"②

---

① 中共中央文献研究室编《十三大以来重要文献选编》（下卷），人民出版社，1993，第1630页。
② 中共中央文献研究室编《十七大以来重要文献选编》（上卷），中央文献出版社，2009，第6页。

第三章

从社会主义道路到中国特色
社会主义道路的选择

　　历史表明，社会主义道路的选择使中华民族获得了独立和解放，中国特色社会主义道路的选择将是实现中华民族伟大复兴的必由之路。20 世纪 50～60 年代形成了两极对立的全球化格局，国际关系处于非常紧张的状态。这种情况在 70 年代有所缓和，到 80 年代末 90 年代初发生了根本变化：两极格局终结，多极化趋势显现，全球化进程加快了步伐。在全球化背景下，中国共产党人通过对国内外社会主义建设经验教训进行深刻总结，在深刻把握当代全球化新特征的基础上，逐步探索出一条适合我国国情的社会主义现代化建设道路——中国特色社会主义道路。

一　中国特色社会主义道路选择的全球化背景

（一）20 世纪 50～60 年代：第二次世界大战后的两极对立的全球化格局

1. 斯大林的"两个对立的世界经济体系和两个平行的世界市场"论的形成

　　第二次世界大战结束后，世界政局在一段时期内呈现出美苏对抗的两极体系。1947 年，美国首先在欧洲发动了对苏联的强大攻势，相继抛出了"杜鲁门主义"和"马歇尔计划"。与此同时，以苏联为首的社会主义国家也于同年建立起由东欧 7 国和法国、意大利共产党组成的"欧洲共产党和工人党情报局"，共同对付美国。由此在世界的西方，形成了以美国政治军事力量为主，加上西欧和日本的一大阵营；而在世界的东方，则建立了以苏联政治军事力量为核心，包括东欧各国和若干亚洲国家的另一阵营。两大对立的政治阵营展开了全面"冷战"。

　　与政治上两极对抗相适应，战后东西方在经济上也分为彼此对立的两极体系。在西方，美国充当着包括西欧和日本在内的资本主义工业国的领导，它通过国际货币基金组织、世界银行、关税及贸易总协定控制着西方各国的经济贸易，组成了以它的利益为转移的统一的世界资本主义经济体系。这一体系对苏联等社会主义国家进行全面遏制和经济封锁，并以巴黎统筹委员会对苏联、东欧等国家实行战略物资的集体禁运。与之相抗衡，苏联则根据斯大林关于建立"两个平行市场"的理论，通过双边贸易协定加强同东欧等社会主义国家的经济互助，并进而在东方组成经济互助委员会协调彼此行动，从而形成了以它为指挥中心的世界社会主义经济体系。斯大林还进一步从理论上论证了这一点。他指出："第二次世界大战及其经济影响在经济方面的最重要的结果，应当认为是统一的无所不包的世界市场的瓦解。""中国和欧洲各人民民主国家却脱离了资本主义体系，和苏联一起形成了统一的和强大的社会主义阵营，而与资本主义阵营相对立。两个对立阵营的存在所造成的经济结果，就是统一的无所不包的世界市场瓦解了，因而现在就有了两个平行的也是互相对立的世界市场。"① 而且，由于各社会主义国家工业的迅速发展，"很快就会使得这些国家……不需要从资本主义国家输入商品"②。斯大林从其上述的论断出发，否定了以前他自己和列宁所提出的论点，即斯大林在第二次世界大战以前提出的"资本主义总危机时期市场相对稳定"的论点，以及列宁在1916年发表的"整个说来，资本主义却较以前发展得更迅速无比"的论点。斯大林认为："由于第二次世界大战所产生的新条件，这两个论点都应

---

① 《斯大林文集》，人民出版社，1985，第 620 页。
② 《斯大林文集》，人民出版社，1985，第 621 页。

该认为是已经失效了。"①斯大林提出的"两个平行市场"理论在克服由帝国主义封锁所造成的各种困难方面它也起过一定的积极作用。但是，它在实践中所起到的积极作用比之于它给社会主义国家所带来的消极后果来说要小得多。

第一，为了对抗"马歇尔计划"，苏联于1947年7～8月同保加利亚、捷克斯洛伐克、波兰、罗马尼亚、匈牙利、南斯拉夫等国签订双边贸易协定，被称为"莫洛托夫计划"。1949年1月，在此基础上成立了"经济互助委员会"。但是，实际上，经互会的内部结构并不是按照市场原则建立的，而是按照苏联的意志行事的，是苏联政策的工具。"苏联把东欧国家强行纳入苏联的经济分工之中，内部合作不平等、不协调的问题十分严重，最终被东欧国家所抛弃。"②

第二，两个平行世界市场理论，同世界经济国际化的趋势相违背，造成了世界市场的人为分裂，使现代社会化大生产的世界联系遭到破坏。随着工业革命的进行，世界上早已形成了统一的市场，斯大林的"两个平行市场"理论，否认了人类共同的文明成果，把资本主义社会创造的物质文明和精神文明全部归为资本主义性质的，一概加以否定，显然是错误的。"斯大林的这个结论，显然是不符合世界经济发展的客观趋势，造成了世界市场人为的分裂，现代社会化大生产的世界联系遭到破坏。加上帝国主义国家对社会主义国家进行封锁，使战后苏联经济长期与资本主义世界隔绝，处于封闭或半封闭状态，这种封闭政策自然使苏联经济和科技落后，同时，这种割裂统一的世界市场的状态，在某种程度上促进了高度集中的经济体制的僵化。"③

第三，由于斯大林和苏共在当时国际共运内的特殊地位，其

---

① 汪一鹤：《评斯大林关于两个平行的世界市场的理论——统一的无所不包的世界市场并未瓦解，两个平行的也是对立的世界市场并未形成》，《河北学刊》1985年第4期。
② 姜长斌、左凤荣：《读懂斯大林》，四川人民出版社，2001，第225页。
③ 张骥：《经济全球化与当代社会主义的发展》，中央编译出版社，2002，第74～75页。

他绝大多数社会主义国家包括中国在内，都积极"响应"，以这一理论作为自己在对西方经济关系中采用"闭关锁国"政策的理论依据。结果，束缚了这些国家同西方资本主义国家之间的经济贸易关系，妨碍了这些国家的经济建设。"按照斯大林的说法，与资本主义世界市场相平行的社会主义世界市场之所以能形成，是因为苏联经济强大，能对其他社会主义国家提供精湛技术的帮助，各社会主义国家通过高速发展工业，互相协作，互相调剂，完全可以不靠从资本主义国家输入商品就可以满足需要。但后来的实践证明，苏东国家在经互会范围内的经济合作远不能满足本国建设的需要，因为世界上大部分先进科技、资金、先进的经济管理方法，都掌握在发达资本主义国家手中。况且，苏联在发展与其他社会主义国家的经济合作中，明显出现了大国沙文主义倾向，以苏联的经济利益为主，其他国家的经济在一定程度上成了其依附经济。在特殊的政治气候下，苏东国家的经济合作明显处于一种不平等状态。"①

　　总之，第二次世界大战后，各国经济越来越紧密地联系在一起，经济全球化趋势迅猛发展，市场配置资源的作用超出了民族国家的范围。两个平行市场理论显然与这种世界经济的发展趋势是相悖的。20世纪80年代末90年代初发生苏联解体、东欧剧变，社会主义遇到重大挫折，一个主要的原因就在于苏联和东欧国家实行"两个平行市场"，脱离了经济全球化进程，结果导致它们在经济发展、科技进步、政治民主化等方面滞后。这也证明经济全球化是不可逆转的历史趋势，社会主义发展不能脱离经济全球化的历史进程。

2. 社会主义阵营的分裂与社会主义各国改革的开始

　　（1）社会主义阵营的分裂。苏联作为一个社会主义大国，在支持欧亚社会主义国家建设、推动各国革命运动的发展和维护世界和平等方面发挥了重要作用。但是，随着社会主义在各国家建

---

　　①　赵宏图:《斯大林"两个平行的世界市场"理论的再思考》,《俄罗斯研究》1995年第1期。

立以后，苏联大国、大党主义也逐步表现出来，主要表现为对其他社会主义国家的内政外交加以干涉，从而破坏了与这些国家的关系，并最终导致了社会主义阵营的分裂，如1948年的苏南冲突、1956年的波兹南事件和匈牙利事件，以及中苏关系的恶化、中苏两党关系中断，1968年苏联出兵捷克斯洛伐克，1969年苏联侵犯中国主权和领土引发中苏边界武装冲突，两国关系几乎中断等。

第一，苏南冲突。第二次世界大战以后，苏联为了在政治经济等各个方面控制南斯拉夫，企图在南斯拉夫的党、政、军及重要的经济部门安插苏联内务部情报人员。同时，将自己的社会主义模式强加于南斯拉夫，反对南共独立自主地探索适合本国实际的社会主义革命和建设的道路，并希望通过不平等的经济关系迫使南斯拉夫服从苏联的经济利益，从而引起南斯拉夫的不满。1948年2月，苏联冻结了同南斯拉夫的经济、军事关系，中断了苏南贸易谈判，接着又宣布撤走驻南斯拉夫的军事顾问、教官及一切文职专家。苏联领导人公开指责南共领导人背离了马列主义，并要求撤换南共领导人。南共据理反驳，批评了苏共以大党自居的蛮横态度，并表示自己仍忠于马列主义学说。1948年6月20～28日，共产党情报局在布加勒斯特召开第三次会议，在苏共的坚持下，会议最后通过了《关于南斯拉夫共产党情况的决议》，宣布南共背弃了马克思列宁主义，实际上把南共开除出情报局，并在次年11月情报局第四次会议上作出了《南斯拉夫共产党在杀人犯和间谍掌握中》的决议，给铁托等南共领导人加上了"杀人犯""间谍""法西斯和帝国主义的奴仆""人民公敌"等罪名，煽动南斯拉夫人民起来"战胜铁托集团"。苏南关系彻底破裂。

第二，波兹南事件。1956年，波兰波兹南的斯大林机车车辆制造厂的工人提出增加工资和减低赋税的要求，对此波兹南省无法作出决定，于是他们推选了一个30人代表团，前往华沙同机械工业部部长罗曼·费代尔斯基谈判，期望能满足他们的要求。在要求被拒绝后，工人们举行了游行示威。游行最终演变成为一场流血冲突。在冲突中，有53人死亡，300多人受伤，323人被捕。此后，波兰的局势一直动荡不安，全国各地工厂罢工和游行示威此起彼伏，许多工厂成立了工人委员会。

波兹南事件发生后，在对事件的看法和处理方法上，波苏两党发生了分歧，并由此发展成为波苏冲突的"十月事件"。波兰统一工人党认为波兹南事件是一个警告，它证明在党和人民各阶层之间关系存在问题，认为要采取措施，克服党和政府过去工作中的错误。而苏共却对此存有不同看法，认为波兹南的"反人民暴动"是美帝国主义策划的，目的是颠覆社会主义国家。这使苏共领导坐立不安，担心波兰失去控制，并在东欧引起连锁反应，因此决定直接出马干涉波兰的内部事务，阻止波兰的局势向背离苏联意志的方向发展。波兹南事件及其直接引发的"十月事件"显示了苏联模式的危机和波兰同苏联的矛盾，为波兰以后的改革创造了重要的前提条件①。

第三，匈牙利事件。匈牙利的体制是按照苏联模式建立起来的高度集权的经济政治体制，脱离实际的工农业发展战略和"勒紧裤带"的大众消费方式，近乎专制的管理方式和令人窒息的思想空气使人民群众的不满情绪增强，社会危机四伏。其中最著名的，是以匈牙利诗人裴多菲命名的"裴多菲俱乐部"。1956年10月22日，知识分子团体裴多菲俱乐部和布达佩斯大学生团分别向党中央提出10点要求，呼吁改变苏、匈不正常的关系，进行民主选举和政治、经济体制改革，提高人民生活水平等。局势的发展，使匈牙利政府不知所措。根据匈牙利政府的要求，10月24日，苏军坦克部队开进了布达佩斯。10月25日上午，议会大厦广场发生了流血事件，近300人伤亡。事件发生1小时后，在苏方的授意下，格罗被解除了职务，卡达尔被任命为党中央第一书记。10月31日，成立了以卡达尔为首的社会主义工人党。11月3日，卡达尔领导的匈牙利工农革命政府向苏联求援。苏军随即开始军事行动，事态渐趋平息。11月7日，卡达尔政府在布达佩斯宣誓就职。匈牙利事件至此遂告一段落。

第四，中苏关系的恶化。1956年的苏共二十大成为中苏两党

---

① 金重远、冯玮：《世界现当代史》，复旦大学出版社，2004，第201页。

理论分歧的一个始点。在苏共二十大上，赫鲁晓夫等苏共领导人不仅否定了斯大林时期的一系列思想路线和外交政策，提出了全新的"三和"路线，而且全盘否定和批判了斯大林。在毛泽东看来，"苏联过去把斯大林捧得一万丈高的人，现在一下子把他贬到地下九千丈"。这是中国共产党所不能认同的。"中央认为斯大林是三分错误，七分成绩，总起来还是一个伟大的马克思主义者。"因此，对斯大林的评价，应该是"三七开的评价比较合适"①。而中苏关系的恶化是从 1958 年苏共提出建立长波电台和共同舰队开始的，中国共产党认为苏联想控制中国，伤害了中国的民族感情。之后的一系列事件，如撤走援华专家、撕毁合同，使中苏关系进一步恶化。20 世纪 60 年代初，中苏两党开始了公开论战。60 年代末期，两国甚至兵戎相见，在边境地区发生严重的武装对抗和冲突。中苏关系的恶化，表明国际共产主义运动和社会主义阵营的进一步分裂，并对国际政治格局的走向产生了极大的影响。

（2）社会主义各国改革的开始。由于斯大林体制本身的弊端，更由于社会主义各国的国情与苏联相比差别很大，因而早在斯大林在世时，对斯大林模式的改革就已经开始了。综观战后社会主义国家的经济改革，大体上经历了四个阶段。

第一阶段：1950～1956 年，南斯拉夫率先进行了改革的探索。南斯拉夫是社会主义改革的先行者。1946 年，南斯拉夫人民民主政权建立后，原来曾经采用的是按照苏联模式建立的"国家集权式"社会主义经济体制。战后初期，这种模式对消除战争的严重后果和恢复重建，起过积极作用。但是，随着经济的恢复和发展，这种模式的弊端逐步显现出来。1948 年工人党情报局通过决议，指责南共背叛了马克思列宁主义和无产阶级国际主义。苏联和东欧社会主义国家对南斯拉夫实行经济封锁，南共的处境十分困难。就是在这种情况下，南共联盟顶住了巨大的国际压力，果断地抛弃了斯大林模式，并根据自己对社会主义建设理论的理解，开始探索自己的社会主义建设道路。他们提出探索一条在落后国家"鼓励和动员所有潜在力量来解决困难"的社会

---

① 《毛泽东文集》第 7 卷，人民出版社，1999，第 42 页。

主义建设道路，这就是"自治社会主义"。

第二阶段：20 世纪 60 年代初期苏联、东欧国家再次掀起改革，直到 1968 年的捷克斯洛伐克事件又使改革停滞下来。这一次改革的基本特点，主要是围绕经济管理的手段和方法，按照提高经济效益的要求展开。改革的基本方向大体是：一方面对过分集中的计划管理形式和排斥商品货币关系的做法加以批评，要求扩大商品生产的范围，使计划科学化；另一方面，给予企业和生产者个人以更多的注意和重视，程度不同地扩大了企业的生产经营自主权，加强了利润、奖金和物质刺激等手段的作用。但是这次改革仍然很少涉及体制构造本身的弊病，同时，经济改革缺少政治改革的推动①。例如，苏联的工业改革，重点在于解决集权与分权问题，此外对农业政策进行了较大调整。捷克斯洛伐克进行了计划和财政体制改革。同时，波兰和匈牙利也开始了经济改革。1956 年 6 月，波兰发生了波兹南事件，同年 11 月 17 日，波兰部长会议通过了扩大企业自主权的决议。1957 年 6 月，波兰经济委员会制定了《关于改变经济模式某些方针问题的提纲》。1958 年 4 月，又通过了《关于改革国营工业组织结构和活动原则》的决议。同年 12 月，匈牙利经济委员会提出了经济改革的若干措施，如以经济手段代替指令性计划指标，限制对企业的行政干预，扩大企业自主权，实行与市场机制相适应的价格和收入政策，鼓励计划体制下的竞争，等等②。

但是，这一次改革浪潮由于苏联出兵入侵捷克斯洛伐克而受到严重挫折。在 1968 年捷共中央一月全会上，亚历山大·杜布切克开始了领导捷克斯洛伐克改革的进程，人们称之为"布拉格之春"。杜布切克主张建设"具有人道面貌的社会主义"，推行经济改革、强调对全面性的问题自由发表意见和公开辩论，坚持民主和法制，改善党的领导。但是，这些设想是当时苏联领导人勃列日涅夫所不能容

---

① 参见高放《科学社会主义的理论与实践》，中国人民大学出版社，1990，第 183 页。

② 参见关梦觉、张维达《社会主义经济体制比较通论》，辽宁人民出版社，1989，第 14 页。

许的。在施加各种政治压力不成以后，苏联以捷克斯洛伐克出现脱离社会主义大家庭的危险为由，于1968年悍然派兵入侵捷克斯洛伐克。这一行动，不仅使捷克斯洛伐克原有的改革中断，而且使好多社会主义国家的改革都停滞了下来。

第三阶段：起于20世纪70年代末80年代初，这时社会主义国家出现了广泛的、全面的改革高潮。中国是第三次改革浪潮的先行者。1978年党的十一届三中全会后，中国开始进行改革。捷克斯洛伐克从1981年起全面推行了《完善国民经济计划管理体制的整套措施》和《关于提高工资制度效能的纲要》，就扩大企业权限，利用价值规律，利润留成、工资、奖金的分配等方面采取了新的措施。保加利亚1981年进一步提出了所有权和经营权分离的理论，并载入《经济机制章程》，对国有企业实行自主经营的改革进行了新的探索。波兰从1982年起取消了"指令加统配"的计划管理制度，实行"三自原则"：自主经营、职工自治、自负盈亏。民主德国也根据本国国情，采取了严格中央集中计划同提高地方和企业的积极性相结合的改革措施。匈牙利于1984年又通过了进一步改革经济体制的决议。南斯拉夫于1986年召开的南共联盟十三大也提出了进一步深化改革和克服国民经济困难的新措施。这一次改革浪潮的显著特点，一是广泛性，改革的范围由以往几国扩展到大多数社会主义国家；二是各国改革都具有'全方位'性质，既是经济体制改革，又是政治体制、文化体制的改革；三是深刻性，这一改革触及了旧的体制的弊端及其理论根源并且在构成新的理论体系；四是这次改革中出现了严重的阶级斗争。例如中国，一种是党中央和邓小平同志一贯主张的坚持四项基本原则的改革开放，即作为社会主义制度的自我完善和自我发展的改革开放；另一种是反对四项基本原则，坚持资产阶级自由化的立场，要使中国'全盘西化'，这种改革开放的实质是资本主义化。1989年以来，东欧一些原由共产主义政党领导的实行社会主义制度的国家，在内外各种因素的作用下，发生了剧烈的变化①。

---

① 参见高放《科学社会主义的理论与实践》，中国人民大学出版社，1990，第184页。

（二）20 世纪 70 年代以来的全球化的新特征

20 世纪 70 年代以来，由于国际格局的巨大变化、第三次产业革命的推动、新自由主义思潮的兴起以及市场经济体制的普遍推行，使这一时期的全球化发展进入了一个新阶段，呈现出了一些新的特点。

1. 20 世纪 70 年代以来的全球化发展的动因

第一，国际格局的巨大变化是 20 世纪 70 年代以来的全球化发展的动因之一。第二次世界大战以后形成了美苏两个超级大国主导世界事务的格局。70 年代以来，尤其是 80 年代以来，世界政治环境和国际格局发生了很大的变化，和平与发展成为当今世界的主题，整个世界格局呈现出"一超多强"的态势。

在当今国际政治经济舞台上，主要有美、日、欧、中、俄等几大力量。在这几大力量中，不论是从国内经济的发展状况还是从在国际上的影响力来看，美国都是首屈一指的，是名副其实的"一超"，其他几个力量和它相比都有很大的差距。正因为如此，美国主张建立"单极"世界，以谋求在国际事务中的领导地位。美国的这一主张和其他几支力量的主张发生了矛盾：欧、日主张建立三极世界，分享同美国的平等地位；而中国、俄罗斯则主张多极，要求平等参与国际事务。可以看出，这种"一超多强"的力量结构是不平衡的。根据世界力量发展的一般规律，不平衡的力量结构总要向平衡的方向发展，从不平衡到平衡，然后才能达到比较稳定的世界格局。随着各种力量的发展变化，未来力量的对比将从不平衡逐渐发展到平衡，这样世界格局将由现在的"一超多强"发展为多极化格局。

面对这种国际格局，世界各国人民都深刻地认识到和平与发展的重要性，要和平、求稳定、谋合作、促发展成了各国人民的共同愿望，集中力量发展经济成为各国特别是发展中国家所面临的迫切任务。而发展经济就必须参与到世界经济体系中去，因此越来越多的国家和地区纷纷实行对外开放政策，使本国经济日益融入世界经济体系。这样就增加了国家之间的相互依赖和相互依存关系，从而为全球化的发展提供了一个稳定的和平环境。

　　第二，第三次产业革命是 20 世纪 70 年代以来的全球化发展的又一动因。从 70 年代开始，世界经济迎来了第三次产业革命，这次产业革命是以信息技术、新材料技术、新能源技术、空间技术以及海洋开发和生物工程技术为标志的。特别是以信息技术为主导的高新技术的发展日益快速化和综合化，成为全球化的重要推动力量。信息技术的进步使经济活动在世界范围内连成网络，大大缩短了世界各国和各种市场之间的距离，给人们的生产和生活方式带来了深刻的影响。信息高速公路的建立，使分散在世界各地的电脑用户能够方便、快捷和及时地获取、处理和交换信息。信息网络大大提高了信息的即时性和开放性，减少了远距离交易的成本，使世界任何地方的即时交易成为可能，从而使传统的交往方式发生了根本性的变革，也使财富的转移和分配方式发生了革命。比如，通过电脑网络和电子商务人们可以在瞬间完成几万亿美元的交易、金融业务、投资，使金融市场保持 24 小时不间断运营。不难看出，信息技术的发展使全球化进入了一个新阶段：全球经济包括的范围更大，生产要素与产业的流动更为便利和快捷。一句话，现代科学技术尤其是信息技术是全球化最核心的动力。

　　第三，新自由主义思潮的兴起。20 世纪 70 年代，在石油危机的冲击下，西方国家的经济发展纷纷陷入"滞胀"状态，实行多年的凯恩斯主义失灵了。1979 年和 1980 年，英国的撒切尔夫人、美国的里根执政后，推行了包括减少政府干预、金融自由化、私有化等在内的一系列新自由主义政策。由此，新自由主义逐渐在西方占统治地位。新自由主义提倡自由市场经济，认为市场机制可以更好地满足人们的需要并能使资源得到合理的分配；主张国家应尽可能少地干预经济。新自由主义还认为，根据比较利益理论，任何国家都可以在国际市场上找到自己的位置，都能获得利益。同时认为外来直接投资可以带来资金和技术，因而必然对东道国产生有利的影响。因此，以美国为首的西方发达国家在国际上大力推行新自由主义政策。他们借助于国际货币基金组织、世界银行等组织向拉美等发展中国家推行这一政策。苏东国家发生剧变后，也纷纷采取了这一政策。从一定意义上讲，正是由于新自由主义思潮的推动，全球化进入了一个新的时期。

第四，市场经济体制的普遍推行。第二次世界大战结束后，世界并没有形成统一的大市场，这主要是因为世界市场的人为分割。这在一定程度上影响各国之间政治、经济、文化的交流与合作，不利于全球化的进一步发展。第二次世界大战后形成了以美苏为首的两大阵营的长期对立，西方国家对苏东国家实行封锁和禁运，苏联坚持"两个平行的世界市场"，东西方分别建立了相互隔绝的经济组织，整个世界市场的联系被打断。这种情况到20世纪80年代发生了变化，先是中国从70年代开始实行改革开放，90年代提出建立社会主义市场经济体制。苏联解体和东欧剧变后，中欧、东欧和新独立的国家纷纷选择了资本主义市场经济体制。许多发展中国家也进行了市场经济改革，再加上原有的战后选择了市场经济体制的国家，现在世界上95%以上的国家和人口卷入了市场经济。市场经济体制的普遍推行，成为一种国际性的经济体制，为全球化的发展奠定了体制上的基础。

2. 全球化进程的新特征

正是由于以上几个方面因素的影响，20世纪70年代以来的全球化进入了一个新的发展阶段，呈现出一些新的特征，主要表现在以下方面。

首先，跨国公司作为全球化的载体，其发展进入了一个新时期。19世纪中后期跨国公司就已经在欧洲出现，在第一次世界大战前有新的发展，但两次世界大战在总体上延缓了这一进程。第二次世界大战后的20世纪50～60年代开始了新一轮的扩张。这时的跨国公司扩张存在三个方面的特点：一是对外直接投资总额及比重有较大幅度增长；二是投资来源国从第一次世界大战前的以英国为主，变为美国第一，英国、德国和日本分别按序次之的格局；三是投资领域和对象国发生转移，以新兴工业部门和发达国家之间互相投资为主[①]。但是，跨国公司的大发展还是在70年代

① 参见杨宇光《经济全球化中的跨国公司》，上海远东出版社，1999，第230页。

以后。第一，体现在数量方面。联合国 1995 年发表的世界投资年度报告显示，当时世界跨国公司约为 4 万家，而到 90 年代末已经达到 6 万家左右，2000 年末则达到 6.3 万家。第二，体现在对国际经济关系的支配作用上。据统计，目前跨国公司的年市场总值已经占世界各国国内生产总值的 1/4，占工业国家总产值的 40% 以上；跨国公司内部及其相互间的贸易占世界贸易总额的 70%；全球 92% 以上的国际直接投资、90% 以上的民用科技研究与开发及科技发展转让，都是在跨国公司的控制下进行的①。第三，体现在跨国公司的强强联合。90 年代以来，为追求更高的利润，跨国公司的合并风起云涌。比如德国的宇航公司收购了荷兰的福克公司，法国雷诺公司则被瑞典的沃尔沃公司购买，德国的宝马公司买下了英国的罗弗汽车制造公司，等等。不同于以前的企业兼并，这次兼并多是强强联合。因此，跨国公司已经成为当今世界经济活动的主要力量，成为全球化得以进行和进一步发展的有效载体。

其次，收益的非均衡性更为突出。全球化似乎可以导致全球财富的增加，并普遍提高人们的福利水平。但是，当代全球化是由发达国家主导的，发达国家处于明显有利的地位。它们是全球化"游戏规则"的主要制定者，在国际货币基金组织、世界银行和世界贸易组织等机构中具有特殊的影响力，而且还具有经济和科技上的巨大优势。这样，在全球化进程中，财富越来越集中于少数发达国家，发达国家成为全球化的主要受益者。正如西方有学者指出："尽管存在全球化的乌托邦希望和信息社会的有利条件，但是这些利益并没有普遍化，并且世界的不平等已经增加了。从一定意义上说，全球化无情发展可能加剧了贫富差距（在国际层面、国家层面和个人层面）。"② 简言之，在全球化中存在明显的收益的不均衡性。

---

① 参见李琮《当代资本主义的新发展》，经济科学出版社，1998，第 224 页；中共南京市委宣传部课题组《正确认识当代资本主义的基本矛盾与发展趋势》，《江海学刊》2001 年第 2 期。

② Ryokichi Hirono, "Globalization in the 21st Century: Blessing or Threat to Developing Countries," *Asia-Pacific Review*, Nov. 2001, Vol. 8, Issue 2.

　　这种不均衡性既表现为发达国家与发展中国家之间的贫富差距继续拉大，又表现为发展中国家之间的贫富两极分化，特别是造成那些处于几乎被遗忘角落的发展中国家更加贫穷落后。从理论上说，任何一个发展中国家作为国际社会的成员，理应拥有分享全球财富和经济增长的权利。"事实上，现在的金融体系及其自由化仅使那些已经享有特权并且主宰世界经济的国家受益。代价却由发展中国家，特别是由它们当中最穷的国家承担。"[①] 这是全球化的一个严酷现实。目前，世界上共有48个最不发达国家，这些国家大都远离世界经济中心，它们参与全球化的程度远远低于经济较为发达的发展中国家。许多不发达国家甚至并未真正感受到全球化的任何好处。据世界银行统计，1983年人均GDP高收入发达国家是低收入发展中国家的43倍，到1994年变为62倍。1999年人均GDP最高的国家是最低的国家444倍[②]。另据世界银行网站上提供的数据：2002年，低收入国家的人口占世界人口的40.6%，这些国家的GDP仅占世界GDP的3.51%；高收入国家的人口仅占世界人口的14.9%，而这些国家的GDP却占世界GDP的80.59%[③]。由于这种收益的非均衡性的加剧，导致发达国家和第三世界发展中国家在全球化进程中的地位是不同的。正如萨米尔·阿明指出："发达国家是全球化的中心，拥有资本、生产技术、营销网络并攫取绝大部分利润，其他国家则只是充当全球化生产的劳动力。因而，全球化将资本主义逻辑无情地扩张到世界的每一个角落。第三世界国家追求工业化并不能阻止全球化的进程，只是加速自己被中心的金融、技术、文化和军事力量所统治。"[④]

---

①　〔德〕格拉德·博克斯贝格等：《全球化的十大谎言》，胡善君、许建东译，新华出版社，2000，第143页。

②　曾国安：《20世纪80、90年代世界各国居民收入差距的比较》，《经济评论》2002年第1期。

③　参见谢皓《经济全球化利益分配不均及其理论根源研究》，《经济问题探索》2004年第7期。

④　Samir Amin, *Capitalism in the Age of Globaliazation: The Mangement of Contemporary Society*, Zed Books, 1997.

　　最后，全球化呈现出加速发展的态势，所涉及的地理范围不断扩大。20世纪70年代特别是90年代以来，全球化以前所未有的速度迅速发展。这主要表现为：①国际贸易迅速发展。第二次世界大战以来，贸易自由化思潮逐渐占统治地位。特别是在关贸总协定和1995年成立的世界贸易组织的推动下，各国关税不断降低，有力地促进了贸易的自由化。在贸易自由化的推动下，国际贸易迅速发展。1989~2000年，国际贸易年均增长6.1%，比世界经济增速高出2.5%，国际贸易的增长已大大快于世界经济总量的增长。在贸易量扩大的同时，国际贸易的种类、范围也在不断扩大。它不仅包括商品贸易，而且包括服务贸易、技术贸易以及劳务贸易，尤其是服务贸易，发展极为迅速。1970年，世界服务贸易总额只有710亿美元，而到1999年，服务贸易总额为1.34万亿美元①。②国际直接投资增长速度加快。20世纪70年代以来，许多国家相继放松金融管制。在国际货币基金组织成员中，1970~1997年，取消金融管制的国家从35个增至137个。2000年底已有149个国家承诺实现货币自由兑换。金融管制的放松促进了对外投资的大发展。据联合国贸发会议统计，全球对外直接投资额1995年已经达到3150亿美元，到1999年进一步增至1.08万亿美元，2000年达到1.27万亿美元②。③区域经济一体化趋势加快。在全球化条件下，区域经济一体化迅猛发展。进入90年代，全球区域经济一体化组织达到100多个。这些组织层次不同、规模不同、内容各异。在这些区域经济组织中，最大也最有影响力的是欧盟、北美自由贸易区和亚太经合组织，他们拥有世界4/5的GDP和4/5以上的国际贸易量。区域经济一体化的发展有力地促进全球化的发展。

　　20世纪70年代以来特别是90年代以来，全球化所涉及的地理范围不断扩大。如前所述，由于第三次产业革命的发展、市场经济体制的普遍推行等原因，全球化获得了巨大发展，在这一过

---

① 　陈海燕等：《全球化与中国特色社会主义》，山东人民出版社，2004，第47页。
② 　参见鄂志寰《国际资本向何处转移》，《金融时报》2002年6月22日。

程中，其所涉及的地理范围不断扩大，参与全球化的国家和地区迅速增加。如果说冷战期间的全球化是"半全球化"的话，那么，冷战后的全球化则是真正意义上的全球化。可以说，参与当代全球化的国家和人口之多，参与程度之深，是人类历史上前所未有的。难怪联合国前秘书长加利1992年在纪念哥伦布发现美洲500周年的大会上宣称："第一个真正的全球化的时代已经到来。"阿里夫·德里克也指出："随着东欧社会主义的失败和中国这样的社会主义国家对资本主义的开放，除了几个微不足道的例外，今天的地球上几乎没有一个角落资本活动不曾渗透到。"①

二　新中国前30年社会主义建设的历程和中国社会主义建设道路的最初探索

1949～1956年，中国共产党领导全国人民，经过对农业、手工业和资本主义工商业的社会主义改造，实现了中国社会由新民主主义向社会主义的过渡和转变，在中国建立了社会主义制度。在我国社会主义改造基本完成，开始全面建设社会主义的时候，毛泽东就向全党提出，要探索马克思主义同中国实际的"第二次结合"，走出中国自己的社会主义建设道路。

（一）党对中国社会主义建设道路的初步探索

"三大改造"完成之后，在中国这样一个贫穷落后的农业大国建设社会主义的艰巨任务摆在了中国共产党人的面前，毛泽东在认真总结中国社会主义建设经验教训的基础上，深深认识到"一五"计划期间社会主义建设在许多方面照抄苏联的做法，已远远不适应我国大规模社会主义经济建设的需要，必须根据我国的实际，探索适合我国特点的社会主义建设的新路子，走自己的路。

---

① 〔美〕阿里夫·德里克：《世界体系分析和全球资本主义：对现代化理论的一种检讨》，《战略与管理》1993年第1期。

1956 年毛泽东在《论十大关系》中，反复阐明了一个基本方针或战略方针：调动一切积极因素，团结一切可能团结的人，并且尽可能地将消极因素转变为积极因素，为建设社会主义社会这个伟大的事业服务，要求从中国是一个农业国的实际出发，走出一条适合中国国情的工业化道路。1957 年 2 月，毛泽东作了《关于正确处理人民内部矛盾的问题》的讲话。他明确指出："在社会主义社会中，基本的矛盾仍然是生产关系和生产力之间的矛盾，上层建筑和经济基础之间的矛盾。"① 这就纠正了世界社会主义史上长时间认为，社会主义制度下生产关系同生产力状况完全适合、上层建筑与经济基础完全适合的形而上学的观点。同时提出了社会主义社会两类矛盾学说，强调要严格区分和正确处理两类不同性质矛盾，特别是要正确处理人民内部矛盾；提出了从全体人民出发，"统筹兼顾，适当安排"的方针；提出了工业发展必须同农业同时并举的方针。

1956 年毛泽东在党的八大上指出，国内的主要矛盾已经不再是工人阶级和资产阶级的矛盾，而是人民对于经济文化迅速发展的需要同当前经济文化不能满足需要的状况之间的矛盾。党和全国人民当前的主要任务，就是集中力量来解决这个矛盾，把我国尽快地从落后的农业国变成先进的工业国。这些论断，是社会主义社会制度在我国建立起来之后基本国情的科学概括，是党制定正确的政治路线的客观依据。"总之，党的八大前后，以毛泽东为核心的党中央领导集体探索我国社会主义建设道路取得了最初的成果，开始酝酿着全面建设社会主义的思路。尽管很不完善，也不成熟，但其方向是正确的，坚持了马克思主义同我国具体实际相结合的原则，因而也是难能可贵的。"②

但在 1957 年的反右斗争中，改变了党的八大对国内矛盾的分析判断，认为两个阶级、两条道路的斗争仍然是我国社会的主要

---

① 《毛泽东文集》第 7 卷，人民出版社，1999，第 214 页。
② 朱乔森、李玲玉：《中国共产党历史经验研究》，中共中央党校出版社，1997，第 97 页。

矛盾，认为我国还存在两个剥削阶级（一个是资产阶级右派、被打倒的地主买办阶级和其他反动派。另一个是正逐步接受改造的民族资产阶级和它的知识分子），进而提出了政治战线、思想战线上社会主义革命的命题，并以"大鸣""大放""大辩论""大字报"作为这场革命的形式。"反右"不仅伤害了大批知识分子，破坏了社会主义民主生活的进程，而且提出了从政治思想上划分阶级的新理论，这就为人为地制造阶级斗争并使之不断扩大化打开了方便之门。

1958 年发动的"大跃进"运动和"人民公社化"运动，虽然确实增加了一些基础设施，一定程度地提高了社会生产力，但严重脱离了中国的客观实际。在公社化过程中，搞了"大炼钢铁""大办工业""大办交通""大办水利""大办教育"等一个接一个运动，"高指标""瞎指挥""浮夸风"严重泛滥，大大加强了对农村人力、物力的无偿调拨，进一步助长了农村中的"共产风"。当时的"共产风"，再加上农业高估产带来 1958 年冬开始出现粮食、油料、猪肉的高征购，使全国市场供应出现严重不足的紧张状况。人民公社化运动的实践证明，在落后的生产力基础上，企图依靠不断提高和扩大公有制，实现迅速建成社会主义，从而很快过渡到共产主义的愿望，必然超越生产力的发展，造成对生产力的极大破坏。

以毛泽东为核心的共产党领导人对"左"倾错误有所觉察后，进行了若干反省和一些纠正。但是，由于认识上的局限性，纠"左"不得力、不彻底，尤其是 1959 年的庐山会议，它打断了第一次郑州会议以来纠正"左"倾错误的进程，使中国共产党内已有所克服的"左"倾思想得以抬头，随之，出现了历史罕见的三年困难时期。国民经济出现较为严重的困难，使党不得不谋求摆脱困境的措施，对国民经济进行"调整"。"从 1961 年到 1965 年，经过五年调整，工业和农业的关系、工业内部的关系、积累和消费的关系比较协调了，工业支援农业的能力有所增强，企业管理水平和经济效益有所提高。在这个基础上，工农业生产得到恢复和发展，市场供应得到改善，财政收支达到平衡，全国物价稳定，

市场繁荣。"① 当国民经济调整任务即将基本完成的时候，在 1964
年底到 1965 年初召开的第二届全国人民代表大会第一次会议上，
周恩来宣布：我国国民经济即将进入一个新的发展时期，1966 年
将开始执行第二个五年计划，全国人民要努力奋斗，把我国逐步
建设成为一个具有现代农业、现代工业、现代国防和现代科学技
术的社会主义强国。

　　总的看来，这一时期党对社会主义建设道路的探索存在两个
发展趋向。一个发展趋向是正确的和比较正确的趋向，这就是党
在探索中国自己的建设社会主义道路的过程中，形成的一些正确
的和比较正确的理论观点和方针政策，积累的一些正确的和比较
正确的实践经验。这主要是指 1956 年党的八大一次会议以后一年
多的探索、1959 年庐山会议以前八九个月的探索和 1960 年冬天以
后五年调整的探索中所取得的积极成果。另一个发展趋向是错误
的趋向，这就是党在探索中国自己的建设社会主义道路的过程中，
形成的一些错误的理论观点、政策思想和实践经验。这主要是指
经济建设上急于求成的"大跃进"和从反右派斗争扩大化到庐山
会议"反右倾"再到党的八届十中全会以后阶级斗争扩大化的
"左"倾错误。在这十年探索中，正确的发展趋向和错误的发展趋
向并不是截然分开的，许多时候都是相互渗透和交织的，不但共
存于全党的共同探索过程中，而且往往共存于同一个人的认识发
展过程中。在全党有时这种趋向比较占上风，有时那种趋向比较
占上风，或者不同趋向在不同领域同时并存②。最后，错误趋向占
据主流，导致了"文化大革命"的发生。

（二）党探索社会主义建设道路的挫折及其经验教训

　　1966 年，正当我国胜利完成调整经济的任务、克服国民经济
中的严重困难、开始执行发展国民经济第三个五年计划的时候，

---

① 中共中央党史研究室编《中国共产党的七十年》，中共党史出版社，1991，第
　　414 页。
② 中共中央党史研究室编《中国共产党的七十年》，中共党史出版社，1991，第
　　418～420 页。

"文化大革命"发生了。"文化大革命"是党的"左"倾错误理论和错误实践的集中全面的总爆发，使我国社会主义事业经受了最严重的挫折。毛泽东发动和领导这场政治运动，是为防止资本主义复辟，维护中国社会主义的纯洁性，探求中国自己的社会主义发展道路。但是，党和毛泽东在"反修防修"中陷入了阶级斗争严重扩大化的迷误，以致"左"倾错误发展到极端，形成了这场全国范围的大动乱，给国家和民族、党和人民带来了一场史无前例的浩劫。这是一段经验深刻、教训惨痛的历史。总结这段历史教训，对于我们认识过去长期"左"倾错误造成的危害，认识建设有中国特色的社会主义道路的正确性，都是极有意义的。

第一，社会主义要解放生产力，不断提高劳动生产率，满足人民物质和文化生活的需要。无产阶级取得了全国政权，特别是建立社会主义制度之后，必须坚定不移地把工作重点放在经济建设上，大力发展生产力，逐步改善人民的生活水平，唯有如此，才能发挥社会主义的优越性。

第二，对社会主义时期的阶级状况和阶级斗争形势，必须作出合乎客观实际的科学分析，采取正确的方针和方法。既要反对认为阶级斗争已经熄灭的观点，又要反对把阶级斗争扩大化的观点，更不能人为地制造所谓的阶级斗争。一定要严格区分两类不同性质的矛盾，绝不能把人民内部矛盾当成敌我矛盾，更不能用对敌斗争的方法来进行党内斗争。

第三，必须进一步健全党的纪律和社会主义法制，切实保障全体党员和全体公民的民主权利，使党内民主和社会主义法制制度化。我们党是在民主集中制基础上通过一定制度规范确立起来的组织，党内一系列制度是党存在和运作的基础。但是，我们党在相当长一段时间内由于没有正确处理好组织和制度的关系，导致党内民主制度遭到严重破坏。表现为党组织内部的高度集权，在这种集权下，一切权力集中于党委，党委的权力集中于几个书记，特别集中于第一书记。什么事都由第一书记挂帅、拍板。党的一元化领导往往因此变成了个人领导。在这种情况下，如果党的领导犯了错误，就会因为党内监督效力的有限性很难纠正决策的失误。对此，李锐在《庐山会议实录》一书的结束语中作了分析："庐山会议直接破坏了党内正常的民主生活，党和国家政治体制上的弊端更加突出地显示出来。庐山会议由前期纠'左'，转为后期反右，转折点是 7 月 23 日，毛泽东以突然袭击的方式，发动了对彭德怀的极其严厉的批判斗争。自此时起，没有人再讲'大跃进'、人民公社中的问题，'问题不少'的中心议题被搁置一边。原来表示赞成或基本赞成彭德怀信中的观点的同志，也不得不迅速转变态度，有的还违心地进行揭发批判。整个会议于是形成一边倒。根据毛泽东的提议，政治局扩大会议结束后，立即召开八届八中全会，进一步对彭德怀等人算历史旧账，作出政治结论和组织处理。本来，党内发生原则性意见分歧时，如果党内民主生活正常，党的领导人谦虚谨慎，大家能畅所欲言，一切不同意见尤其是少数人的意见得到尊重，即对党的最高领导的监督机制健全时，是非自容易辨明，错误就可能避免。但经过南宁会议，到庐山会议时，党内民主生活已很不正常，所谓民主集中制，剩下的只是集中，集中一个人的意志。"①

因此，我们要加强党内民主制度建设，使党内所有党员按照党内民主制度的规定，在党内开展正常而有序的活动。不允许任何违反党规党纪或超越党内民主制度的特殊人物存在。这样一方面使广大党员对党组织的认同感得以提高，党员自我意识和对党的责任感由此增强；另一方面，广大党员的民主权利也就由此得以保障。而通过党内民主制度建设，可以确保各级党组织和党员领导干部在党内民主制度规定的框架内活动，防止权力专断和权力滥用。

三　改革开放与社会主义现代化建设的新时期　　与中国特色社会主义道路的形成

20 世纪 70 年代各社会主义国家纷纷进行改革。众所周知，苏

---

① 林尚立：《党内民主——中国共产党的理论与实践》，上海社会科学院出版社，2002，第 55 页。

东国家的改革和中国的改革所产生的结果是不一样的，苏东国家的改革相继失败，而中国的改革却稳步发展，取得了巨大的成就。中国特色社会主义道路就是在全球化背景下改革开放的进程中形成和发展起来的。事实上，改革开放的历程是我们真正开启中国特色社会主义道路的历程，也是中国真正参与全球化进程的历程。而中国特色社会主义道路从某种意义上说就是中国全面参与全球化进程的道路。"与传统社会主义形成鲜明对照的是，中国特色社会主义是在传统社会主义模式的危机和全球化的挑战中兴起的。"①

"文化大革命"结束后，中国面临着怎样从困境中摆脱出来以及向何处去的重大问题。历史业已证明："老路"走不通，"邪路"不能走也走不通。在这种情况下，以邓小平为代表的第二代中央领导集体，综观世界风云，洞察世界发展变化的新特点，科学总结我国社会主义建设的经验和教训，明确作出了改革开放的历史性抉择。由此，中国开始了主动融入全球化的历史进程。在这一过程中我们选择了一条我国实现现代化的"新路"——中国特色社会主义道路。

中国特色社会主义道路的形成与发展大体经历了三个阶段。第一个阶段为中国特色社会主义道路的新探索阶段，时间跨度为从党的十一届三中全会到党的十三大；第二个阶段为中国特色社会主义道路的初步形成阶段，时间跨度为党的十三大后到党的十五大；第三个阶段为中国特色社会主义道路走向成熟的阶段，时间跨度为党的十五大后到党的十七大。

（一）中国特色社会主义道路的新探索与初步确立

把从党的十一届三中全会到党的十三大这个时期，党对中国特色社会主义道路的探索称为"新探索"，主要是相对于以毛泽东为代表的第一代中央领导集体对中国社会主义建设道路的探索而言的。

---

① 徐艳玲：《从传统社会主义到中国特色社会主义的历史流变——基于全球化视角的省察》，《理论探讨》2009年第2期。

在中国这样一个没有经过资本主义充分发展、经济文化十分落后的大国建设和发展社会主义，是一项全新的宏伟事业，没有现成的经验可循，需要我们在实践中不断探索和总结。20世纪50年代社会主义制度确立后，以毛泽东为代表的第一代中央领导集体在带领人民进行大规模社会主义建设的过程中，开始了对我国社会主义道路的艰辛探索。由于当时资本主义国家对我们进行封锁，因此，我国实行一边倒的对外政策。在这种情况下，我国最初是学习、照搬苏联的模式和经验。但是，随着"苏联模式"弊端的逐步暴露和我国社会主义建设实践中矛盾和问题的不断出现，以毛泽东为代表的第一代中央领导集体明确提出要"以苏为鉴"、走自己的道路。毛泽东在《论十大关系》中指出："特别值得注意的是，最近苏联方面暴露了他们在建设社会主义过程中的一些缺点和错误，他们走过的弯路，你还想走？过去我们就是鉴于他们的经验教训，少走了一些弯路，现在当然更要引以为戒。"[1] 这实际上提出了探索中国社会主义建设道路的任务。1956年9月的党的八大，分析了"三大改造"完成后国内形势和主要矛盾的变化，提出了党在今后的根本任务，又在经济建设、经济体制改革、民主政治建设、思想文化建设等方面进一步探索社会主义建设道路。1957年2月毛泽东发表了《关于正确处理人民内部矛盾的问题》的重要讲话，提出了社会主义社会矛盾的学说。另外，我们党在总结经验的基础上，对中国社会主义的建设道路进行了规划：提出坚持以农业为基础和以工业为主导，发展商品生产和商品交换，文化领域实行"双百"方针，以自力更生为主、争取外援为辅等正确思想。

众所周知，由于主、客观方面的种种原因，导致我们党在实践探索中往往没能很好地贯彻上述正确思想，相反，却把一些错误的政治观点进一步理论化。例如，提出"以阶级斗争为纲"、把"巩固无产阶级专政，防止资本主义复辟"作为社会主义建设的中心任务、把进行"无产阶级文化大革命"的"基本经验"当成

---

[1] 《毛泽东文集》第7卷，人民出版社，1999，第23页。

"普遍规律"加以肯定，使我国社会主义建设遭到重大挫折。党在探索社会主义建设道路过程中所形成的正确思想以及所出现的失误，对我们党来说都是一笔财富，它从正反两个方面对我们后来探索中国特色社会主义道路无疑有着深刻的启迪和重要的借鉴意义。正如邓小平所说："三中全会以后，我们就是恢复毛泽东同志的那些正确的东西嘛，就是准确地、完整地学习和运用毛泽东思想嘛。基本点还是那些。从许多方面来说，现在我们还是把毛泽东同志已经提出、但是没有做的事情做起来，把他反对错了的改正过来，把他没有做好的事情做好。今后相当长的时期，还是做这件事。当然，我们也有发展，而且还要继续发展。"① 党的十七大报告对第一代中央领导集体在社会主义建设方面的探索给予了充分的肯定："我们要永远铭记，改革开放伟大事业，是在以毛泽东同志为核心的党的第一代中央领导集体创立毛泽东思想，带领全党全国各族人民建立新中国、取得社会主义革命和建设伟大成就以及艰辛探索社会主义建设规律取得宝贵经验的基础上进行的。"②

正是在总结第一代党的领导集体建设社会主义经验教训的基础上，自党的十一届三中全会开始，以邓小平为核心的第二代中央领导集体，对中国特色社会主义道路进行了新的探索。从党的十一届三中全会到党的十三大这个时期，我们党对中国特色社会主义道路的探索主要围绕以下几个方面进行。

第一，启动了改革开放的伟大进程。在 1978 年的十一届三中全会上，中国共产党果断提出了改革开放的基本国策。中国迈出了走向世界的脚步，开始了主动参与全球化的进程。在全球化背景下，国内事务和国际事务已经不可分割地联系在一起，国内的改革离不开对外开放，甚至改革就是对内开放；对外开放也离不开改革，甚至开放就是对外改革。因而，在全球化背景下，对内改革与对外开放其实已经是一个问题的两个方面。对内改革，激

---

① 《邓小平文选》第 2 卷，人民出版社，1994，第 300 页。
② 中共中央文献研究室编《十七大以来重要文献选编》（上卷），中央文献出版社，2009，第 6 页。

活了社会主义发展的生长点。我国改革从农村开始，实行家庭联产承包责任制，就是在坚持社会主义土地公有制的前提下，改变过去农村人民公社过于集中的劳动生产方式，结合我国农民的传统习惯和农业生产力的实际发展水平，实行包产到组、包产到户，逐步发展到分户经营、自负盈亏。到 1983 年，全国农村实行包产到户、包干到户的生产队达 93%，其中绝大多数实行的是包干到户①。实行家庭联产承包责任制以后，农村的生产力得到了解放和飞速发展，为城市改革提供了经验，同时也为整个改革开放奠定了牢固的物质基础。适应改革从农村向城市发展的新形势，党的十二届三中全会通过了《中共中央关于经济体制改革的决定》。这个决定突破了把计划经济同商品经济对立起来的传统观念，确认了我国的社会主义经济是公有制基础上的有计划的商品经济。为进行全面经济体制改革提供了新的理论指导。接着，党相继决定对科技体制和教育体制进行改革，并进一步提出政治体制改革的目标和任务。从 1985 年起，我国经济体制改革的重点从农村转向了城市。

对内改革的同时，对外开放也启动了。兴办经济特区是对外开放的重大步骤，是利用国外资金、技术、管理经验来发展社会主义经济的崭新试验。1979 年我国决定在广东的深圳、珠海、汕头和福建的厦门设立 4 个经济特区，作为对外开放的窗口，带动整个国家的对外开放。在兴办经济特区之后，又相继开放天津、上海、大连、秦皇岛等 14 个沿海港口城市，在长江三角洲、珠江三角洲、闽东南地区、环渤海地区开辟经济开放区，批准海南建省并成为经济特区。由此，我国初步形成了"经济特区—沿海开放城市—沿海经济开放区—内地"这样一个多层次、有重点、点面结合的对外开放格局。随着对外开放的发展，利用引进外资和国外科学技术的规模也逐渐扩大。1987 年底，国家累计签订利用外资协议（合同）项目 1035 项，合同金额 625 亿美元，其中外商直接投资企业近 258 亿美元。14 个沿海开放城市，引进技术改造项目 5000 项，成交额近 35 亿

---

① 张希贤：《中国道路的四次飞跃——中国共产党历次代表大会分析》，中共中央党校出版社，2007，第 201 页。

美元①。对外开放不断扩大，2 亿人口的沿海地带迅速发展，有力地推动了全国的改革开放和经济建设。

第二，提出了中国特色社会主义道路的时代课题。党的十一届三中全会以后，以邓小平为核心的第二代中央领导集体，进行了拨乱反正，重新确立了解放思想、实事求是的思想路线，领导全党和全国人民实现了伟大的历史转折。开辟了有中国特色社会主义道路的历史新时期，提出了中国特色社会主义道路的时代课题。

1979 年 3 月 10 日，邓小平在讲话中指出："现在搞建设，也要适合中国情况，走出一条中国式的现代化道路。"② 同年 4 月，李先念在中央工作会议上的讲话也提出，我们一定要从自己国家的实际出发，走出一条在社会主义制度下实现现代化的中国式的道路。9 月叶剑英提出了同样的观点，我们要从中国的实际出发，认真研究经济规律和自然规律，努力走出一条适合我国情况和特点的实现现代化的道路。可以看出，以邓小平为核心的第二代中央领导集体，在 1979 年改革开放一开始就提出了走一条适合中国特点的现代化道路的问题。1981 年 6 月召开的党的十一届六中全会通过的《关于建国以来党的若干历史问题的决议》，彻底实现了拨乱反正，并依据新中国成立以来正反两个方面的经验，特别是"文化大革命"的教训，从"十个方面"③ 对党的十一届三中全会

---

① 中共中央党史研究室编《中国共产党的七十年》，中共党史出版社，1991，第498 页。

② 《邓小平文选》第 2 卷，人民出版社，1994，第 163 页。

③ 这十个方面是：在社会主义改造基本完成以后，我国所要解决的主要矛盾，是人民日益增长的物质文化需要同落后的社会生产之间的矛盾；社会主义经济建设必须从我国国情出发，量力而行，积极奋斗，有步骤分阶段地实现现代化的目标；社会主义生产关系的变革和完善必须适应生产力的状况，有利于生产力的发展；在剥削阶级作为阶级被消灭以后，阶级斗争已经不是主要矛盾；逐步建设高度民主的社会主义政治制度，是社会主义革命的根本任务之一；社会主义必须有高度的精神文明；改善和发展社会主义的民族关系，加强民族团结，这对于我们这个多民族的国家具有重要意义；在战争危险依然存在的国际条件下，必须加强现代化的国防建设；在对外关系上，必须继续坚持反对帝国主义、霸权主义、殖民主义和种族主义，维护世界和平；根据"文化大革命"的教训和党的现状，必须把我们党建设成为具有健全的民主集中制的党。参见中共中央文献研究室编《关于建国以来党的若干历史问题的决议注释本》，人民出版社，1983，第 63 ~ 68 页。

以来党初步确立的正确道路作出了总结。在此基础上，在 1982 年
9 月召开的党的十二大上，邓小平正式提出要走有中国特色的社会
主义道路。他说："我们的现代化建设，必须从中国的实际出发。
无论是革命还是建设，都要注意学习和借鉴外国经验。但是，照
抄照搬别国经验、别国模式，从来不能得到成功。这方面我们有
过不少教训。把马克思主义的普遍真理同我国的具体实际结合起
来，走自己的道路，建设有中国特色的社会主义，这就是我们总
结长期历史经验得出的基本结论。"① 党的十二大的最大贡献就是：
在我国建设社会主义要走中国特色社会主义道路。这条道路主要
包括以下几个方面的内容：一是大会确定了新时期中国共产党的
总任务，即团结全国各族人民，自力更生，艰苦奋斗，逐步实现
工业、农业、国防和科学技术的现代化，把我国建设成为高度文
明、高度民主的社会主义国家。二是确立了到 20 世纪末中国经济
建设的奋斗目标。三是提出了建设高度的社会主义精神文明和高
度的社会主义民主政治的目标。四是确立了国家经济建设的战略
重点、战略部署和原则。五是确定了要把中国共产党建设成为领
导中国社会主义现代化建设事业的坚强领导核心。六是明确地规
定了坚持独立自主的对外政策。党的十二大确立的中国特色社会
主义道路的六个方面的内容，体现了我国社会主义现代化建设的
全面性要求，表明我们对社会主义的理解更加全面和深刻。从而
在总结新中国成立以来正反两个方面经验的基础上，在研究和借
鉴国际经验的基础上，在改革开放的崭新实践中，开辟出了一条
中国特色社会主义道路，使当代中国的面貌发生了巨大的变化。

　　第三，提出改革开放必须坚持四项基本原则和进行精神文明
建设。1979 年 3 月，邓小平在党的理论工作务虚会上的讲话中提
出，改革开放必须坚持四项基本原则。他认为，实现四个现代化
必须坚持社会主义道路、必须坚持无产阶级专政、必须坚持共产
党的领导和必须坚持马列主义毛泽东思想。如果动摇了这四项基
本原则中的任何一项，那就动摇了整个社会主义事业、整个现代

① 《邓小平文选》第 3 卷，人民出版社，1993，第 2~3 页。

化事业。在改革开放初期，国内出现了歪曲和否定四项基本原则的倾向。一些人还没有从"左"的思想的束缚中解脱出来，他们歪曲四项基本原则，对党的十一届三中全会以来的路线、方针和政策持抵触态度，有的甚至阳奉阴违、公然违抗；一些人经不起历史挫折的考验和资本主义思想的侵蚀，他们怀疑和否定四项基本原则，背离党的十一届三中全会以来的路线、方针和政策，宣扬资产阶级自由化。资产阶级自由化思潮"实际上就是要把我们中国现行的政策引导到走资本主义道路"。反对资产阶级自由化"这个思潮不顶住，加上开放必然进来许多乌七八糟的东西，一结合起来，是一种不可忽视的、对我们社会主义四个现代化的冲击"①。因此，"要旗帜鲜明地坚持四项基本原则，否则就是放任了资产阶级自由化，问题就出在这里"②。邓小平的这一思想为改革开放指明了方向，提供了政治保证。

随着改革开放的进行，西方国家的文化进入了中国，这些文化既有健康向上的成分，也有腐朽落后的成分。西方的生活方式也不断地影响着中国人民。针对这个情况，党的十二大提出了努力建设高度的社会主义精神文明的问题，指出："如果忽视在共产主义思想指导下在全社会建设社会主义精神文明这个伟大的任务，人们对社会主义的理解就会陷入片面性，就会使人们的注意力仅仅限于物质文明的建设，甚至仅仅限于物质利益的追求。那样，我们的现代化建设就不能保证社会主义的方向，我们的社会主义社会就会失去理想和目标，失去精神的动力和战斗的意志，就不能抵制各种腐化因素的侵袭，甚至会走上畸形发展和变质的邪路。"③党的十二大提出的建设中国社会主义精神文明的战略任务，为新时期我国的文化建设确立了正确的发展方向。为加强社会主义精神文明建设，研究解决改革开放以来国家思想理论战线出现的新情况新问题，1986年9月，中国共产党召开了十二届六中全

① 《邓小平文选》第3卷，人民出版社，1993，第181~182页。
② 《邓小平文选》第3卷，人民出版社，1993，第194页。
③ 中共中央文献研究室编《十二大以来重要文献选编》（上卷），人民出版社，1986，第28页。

会，作出了《关于社会主义精神文明建设指导方针的决议》。该决议阐述了社会主义精神文明建设的战略地位和根本任务，要求用建设有中国特色社会主义的共同理想去动员和团结各族人民，树立和发扬社会主义的道德风尚，加强社会主义民主、法制和纪律的教育，普及和提高教育、科学和文化，坚持马克思主义在精神文明建设中的指导地位，要求各级党组织和广大党员带头搞好精神文明建设。党的十二届六中全会为我国社会主义精神文明建设和新时期文化建设，进一步把握了正确的航向。

第四，提出了我国所处的历史方位和基本目标。能否对中国国情和社会发展阶段进行全局性和总体性的准确判断，是决定改革过程中各项路线方针政策能否取得成功的根本基础。我国改革开放前社会主义建设的曲折充分说明了这一点。正是由于对我国所处的历史方位判断的失误，才导致出现了"大跃进""人民公社化运动"这样"跑步进入共产主义"的错误做法。1982～1987年，中国改革的实践不断深入、对外开放程度不断扩大，建设有中国特色社会主义的实践全面展开。通过这一个阶段的探索和实践，我们党对我国所处的历史方位进行了准确判断。1987年，党的十三大系统地提出并阐述了社会主义初级阶段理论。社会主义初级阶段包括两层含义：其一，我国社会已经是社会主义社会，我们必须坚持而不能离开社会主义；其二，我国的社会主义社会还处在初级阶段，我们必须从这个实际出发，而不能超越这个阶段。这是我国在生产力落后、商品经济不发达的条件下建设社会主义必然要经历的特定阶段，至少需要上百年时间，都属于这个阶段。这个阶段的主要矛盾是人民日益增长的物质文化需要同落后的社会生产之间的矛盾。因此，党和国家的主要任务是发展生产力，推进社会主义现代化建设。

党的十三大不仅对我国社会主义建设所处的历史方位进行了准确的定位，而且提出了党在社会主义初级阶段的基本路线和奋斗目标。党的十三大报告提出，在社会主义初级阶段，我们党的建设有中国特色社会主义的基本路线是，领导和团结全国各族人民，以经济建设为中心，坚持四项基本原则，坚持改革开放；自力更生，艰苦创业，为把我国建设成为富强、民主、文明的社会主义现代化国家而奋斗。人们常把基本路线简称为"一个中心，两个基本点"。在这里还提出了我国现代化建设的目标，即"把我国建设成为富强、民主、文明的社会主义现代化国家"。在实现现代化的发展模式上，制定了符合实际、循序渐进的"三步走"战略。可以看出，经过改革开放以来的新探索，我们对中国特色社会主义道路有了比较清醒的认识。至此，中国特色社会主义道路的轮廓大体上已经呈现出来。

（二）中国特色社会主义道路的基本形成

从党的十三大后到党的十五大这个时期，尤其是 20 世纪 80 年代末 90 年代初，国际国内形势发生巨大变化。国际上，苏联解体、东欧剧变，标志着冷战的结束。冷战的结束使资本的扩张真正突破了地理和国界的限制，为资本的扩张提供了名副其实的全球空间，新一轮全球化浪潮更加风起云涌，呈现出经济全球化趋势加快、政治多极化不可阻挡、文化多元化方兴未艾、现代科技革命突飞猛进的态势[①]。全球化步伐加快，中国的发展与世界的联系更为密切，世界的风吹草动都会给中国带来巨大的影响。在这种情况下，当今世界的竞争，不仅是不同社会制度性质的较量，而且是包括经济、政治、文化在内的综合国力的竞争与博弈。由于我国在经济、军事、科技等方面处于劣势，在全球竞争中将面临巨大挑战。因此，积极加入全球化的潮流，并争取在这个潮流中实现趋利避害，是我国改革开放面临的新课题。在国内，由于资产阶级自由化思潮的泛滥，导致出现了政治风波。同时，有关吸引外资、开放市场的争议也开始出现。可以说，国内改革开放和经济发展处在阶段性变化的关键时期，各种矛盾和问题叠加交织。在这重大历史关头，党的第三代中央领导集体经受了考验，稳住了局势，顶住了压力，在艰难中坚守阵地，沿着中国特色社会主

---

① 徐艳玲：《从传统社会主义到中国特色社会主义的历史流变——基于全球化视角的省察》，《理论探讨》2009 年第 2 期。

义道路不断开拓前进。在党的十三届四中全会上，江泽民代表新当选的中央领导集体郑重地声明：对于党在社会主义初级阶段的基本路线，"一句是坚定不移，毫不动摇；一句是全面执行，一以贯之"①。这实际上表明了以江泽民为核心的中央领导集体坚持走中国特色社会主义道路的决心。实践表明，以江泽民为核心的中央领导集体不仅坚持而且发展了中国特色社会主义。

邓小平南方谈话指出了我国市场经济的发展方向。针对国际共产主义运动出现的严重曲折和我国改革开放进程中面临的困惑，1992年春，中国改革开放的总设计师邓小平到南方一些省份视察工作，发表了著名的南方谈话，他紧扣"什么是社会主义，怎样建设社会主义"这两个核心问题，明确回答了许多长期束缚人们思想的重大认识问题。关于社会主义的命运，他指出，国际上一些国家出现严重曲折，不要惊慌失措。人民经受锻炼，吸取教训，将使社会主义向着更加健康的方向发展。"社会主义经历一个长过程发展后必然代替资本主义。这是社会历史发展不可逆转的总趋势。"②他深刻揭示了社会主义的本质；提出发展才是硬道理，要抓住时机发展自己，关键是发展经济；引导人们摆脱姓"社"、姓"资"的抽象争论，提出判断各方面工作是非得失的"三个有利于"标准；强调要"两手抓，两手都要硬"，要警惕右，但主要是防止"左"。他还着重论述了计划和市场的关系。"计划多一点还是市场多一点，不是社会主义与资本主义的本质区别。计划经济不等于社会主义，资本主义也有计划；市场经济不等于资本主义，社会主义也有市场。计划和市场都是经济手段。"③邓小平的南方讲话，"是在国际国内政治风波严峻考验的重大历史关头，坚持十一届三中全会以来的理论和路线，深刻回答长期束缚人们思想的许多重大认识问题，把改革开放和现代化建设推进到新阶段的又一个解放思想、实事求是的宣言书"④，指明了我国发展社会主义

---

① 《江泽民文选》第1卷，人民出版社，2006，第57页。
② 《邓小平文选》第3卷，人民出版社，1993，第382～383页。
③ 《邓小平文选》第3卷，人民出版社，1993，第373页。
④ 《江泽民文选》第2卷，人民出版社，2006，第10页。

市场经济的前进方向，促进了人们思想的又一次大解放。

党的十四大明确提出我国经济体制改革的目标是建立社会主义市场经济体制。这是改革开放新的发展阶段的第一个也是最主要的特征。党的十四大报告指出："我国经济体制改革确定什么样的目标模式，是关系整个社会主义现代化建设全局的一个重大问题。"① 这个问题的核心，是正确认识和处理计划与市场的关系。长期以来，社会主义国家的传统观念认为，市场经济是资本主义特有的东西，计划经济才是社会主义经济的基本特征。党的十一届三中全会以后，随着改革开放的深入，我们国家逐步摆脱了这种观念，不断形成新的认识，对推动改革开放和经济发展起了非常重要的作用。1981 年 6 月通过的中共中央《关于建国以来党的若干历史问题的决议》指出："必须在公有制基础上实行计划经济，同时发挥市场调节的辅助作用。要大力发展社会主义的商品生产和商品交换。"② 党的十二大提出了以计划经济为主，市场调节为辅的方针。1984 年 10 月，党的十二届三中全会《关于经济体制改革的决定》进一步提出："要突破把计划经济同商品经济对立起来的传统观念，明确认识社会主义计划经济必须自觉依据和运用价值规律，是在公有制基础上的有计划的商品经济。"③ 党的十三大报告针对在计划与市场结合的方式问题上存在的错误观点，明确提出："计划和市场的作用范围都是覆盖全社会的。新的经济运行机制，总体上来说应当是'国家调节市场，市场引导企业'的机制。"④ 这就在实际上提出了中国经济体制改革的目标是建立国家调控的市场经济。党的十三届四中全会后，提出了建立适应有计划商品经济发展的计划经济与市场调节相结合的经济体制和运行机制。邓小平的南方谈话从根本上解除了把计划经济和市场

① 《江泽民文选》第 2 卷，人民出版社，2006，第 225 页。
② 中共中央文献研究室编《十一届三中全会以来重要文献选读》（上卷），人民出版社，1987，第 347 页。
③ 中共中央文献研究室编《十二大以来重要文献选编》（中卷），人民出版社，1986，第 568 页。
④ 中共中央文献研究室编《十三大以来重要文献选编》（上卷），人民出版社，1991，第 27 页。

经济看成属于两种社会基本制度范畴的思想束缚，使我们在计划与市场关系问题上的认识有了新的重大突破。根据这个讲话精神，1992 年 10 月，党的十四大报告明确提出："我国经济体制改革的目标是建立社会主义市场经济体制。"①

与资本主义的市场经济不同，社会主义市场经济体制是和社会主义基本制度有机结合在一起的。体现在所有制结构上，是以公有制包括全民所有和集体所有制经济为主体，个体经济、私营经济、外资经济为补充，多种经济成分长期共同发展，不同经济成分还可以自愿实行多种形式的联合经营。在分配制度上，以按劳分配为主体，其他分配方式为补充，兼顾效率与公平。运用包括市场在内的各种调节手段，既鼓励先进，促进效率，合理拉开收入差距，又防止两极分化，逐步实现共同富裕。党的十四大报告从理论上系统总结了改革开放 14 年来的经验教训，从社会主义发展阶段，社会主义根本任务、发展动力，社会主义建设的外部条件、政治保证，社会主义建设的战略步骤、领导力量和依靠力量等方面，全面阐述了建设有中国特色社会主义理论的主要内容。这表明我们党对中国特色社会主义道路的认识达到了一个新的水平。

党的十四大以后，经济体制改革以前所未有的广度和深度推进。1993 年 11 月，党的十四届三中全会通过的《关于建立社会主义市场经济体制若干问题的决定》，构筑了社会主义市场经济体制的基本框架，"从转换国有企业经营机制、转变政府职能、培育和发展市场体系、健全个人收入分配和社会保障制度、深化农村经济体制改革、进一步扩大对外开放以及改革科技和教育体制、加强法律制度建设等方面"②，对经济体制改革作出了全面部署。从 1994 年开始，在计划、财税、金融、外汇、外贸、投资等方面推出了一系列重大改革措施，使社会主义市场经济体制的框架得以

---

① 《江泽民文选》第 2 卷，人民出版社，2006，第 5 页。
② 靳辉明、谷源洋主编《当代资本主义与世界社会主义》，海南出版社，2004，第 637 ~ 638 页。

初步建立。

1997 年，邓小平同志逝世，国内外普遍关注中国举什么旗、走什么路。在这种情况下，党的十五大紧紧把握社会主义初级阶段的基本特征，明确回答了关系改革开放和现代化建设继续发展的一系列重大问题，就社会主义初级阶段的所有制结构和公有制实现形式等问题提出了新的论断：公有制为主体、多种所有制经济共同发展，是我国社会主义初级阶段的基本经济制度。公有制的实现形式可以而且应当多样化，非公有制经济是我国社会主义市场经济的重要组成部分。同时提出了党在社会主义初级阶段的基本纲领，第一次比较系统地阐述了中国特色社会主义的经济、政治、文化的基本目标和基本政策。在经济方面，就是在社会主义条件下发展市场经济，不断解放和发展生产力。在政治方面，就是在中国共产党领导下，在人民当家作主的基础上，依法治国，发展社会主义民主政治。在文化方面，就是以马克思主义为指导，以培育有理想、有道德、有文化、有纪律的公民为目标，发展面向现代化、面向世界、面向未来的，民主的、科学的、大众的社会主义文化。建设有中国特色社会主义的经济、政治、文化这三个方面的基本目标和基本政策有机统一，不可分割，构成了党在社会主义初级阶段的基本纲领。基本纲领从经济、政治、文化三个维度构筑中国特色社会主义道路，从而初步形成了中国特色社会主义建设三位一体的总体布局。可见，经过近 20 年改革开放的探索，到党的十五大中国特色社会主义道路基本形成。

（三）中国特色社会主义道路走向成熟

党的十五大后到党的十七大这个时期中国特色社会主义道路逐步走向成熟。21 世纪之初，在全球化加速发展的历史背景下，我国加入了世界贸易组织，表明我国作为一个社会主义泱泱大国对全球化的主动参与。在这一过程中，中国共产党人以马克思主义政治家的视野关注世界风云变幻，把中国社会主义发展的目标和途径置于全球化发展的时空背景中加以审视，思考中国的命运，设计中国的未来，从而使中国特色社会主义道路走向成熟。

党的十五大之后，中国共产党带领人民继续推进中国特色社会主义道路的伟大实践。在这个过程中，先后产生了"三个代表"重要思想和科学发展观等重大战略思想。这些思想都是对中国特色社会主义道路认识的伟大理论创新成果。党的十六大和十七大分别对这些理论创新成果进行了阐述。关于"三个代表"重要思想，党的十六大报告指出："'三个代表'重要思想是对马克思列宁主义、毛泽东思想和邓小平理论的继承和发展，反映了当代世界和中国的发展变化对党和国家工作的新要求，是加强和改进党的建设、推进我国社会主义自我完善和发展的强大理论武器，是全党集体智慧的结晶，是党必须长期坚持的指导思想。"① 这就指出了"三个代表"重要思想在马克思主义发展中的历史地位以及对我国的社会主义建设和发展所起的指导作用，彰显了其世界眼光。胡锦涛指出："这一科学理论在建设中国特色社会主义的思想路线、发展道路、发展阶段和发展战略、根本任务、发展动力、依靠力量、国际战略、领导力量和根本目的等重大问题上取得了丰硕成果，用一系列紧密联系、相互贯通的新思想、新观点、新论断，进一步回答了什么是社会主义、怎样建设社会主义的问题，创造性地回答了建设什么样的党、怎样建设党的问题。"② "三个代表"重要思想进一步丰富和发展了邓小平理论，进一步深化了我党对中国特色社会主义道路的认识。党的十六大报告还特别提出了全面建设小康社会的奋斗目标。提出在 21 世纪头 20 年，要集中力量，全面建设惠及十几亿人口的更高水平的小康社会，"使经济更加发展、民主更加健全、科教更加进步、文化更加繁荣、社会更加和谐、人民生活更加殷实"③。全面建设小康社会目标的提出，表明我党对中国特色社会主义道路的认识更加明晰。

---

① 《江泽民文选》第 3 卷，人民出版社，2006，第 536 页。
② 中共中央文献研究室编《十六大以来重要文献选编》（上卷），中央文献出版社，2005，第 361 页。
③ 中共中央文献研究室编《十六大以来重要文献选编》（中卷），中央文献出版社，2006，第 226 页。

关于科学发展观，党的十七大报告指出："科学发展观，是对党的三代中央领导集体关于发展的重要思想的继承和发展，是马克思主义关于发展的世界观和方法论的集中体现，是同马克思列宁主义、毛泽东思想、邓小平理论和'三个代表'重要思想既一脉相承又与时俱进的科学理论，是我国经济社会发展的重要指导方针，是发展中国特色社会主义必须坚持和贯彻的重大战略思想。"① 这既指出了科学发展观对马克思主义的继承和发展的关系，又指出了科学发展观对中国特色社会主义道路建设的指导意义。党的十七大报告还对改革开放以来我国社会主义现代化建设实践经验进行了高度概括和深刻总结，将其概括为"十个结合"②。这"十个结合"是对中国特色社会主义道路建设规律的新认识。正因为如此，报告着重指出，改革开放以来我们取得一切成绩和进步的根本原因，归结起来就是：开辟了中国特色社会主义道路，形成了中国特色社会主义理论体系。高举中国特色社会主义伟大旗帜，最根本的就是要坚持这条道路和这个理论体系。报告高度概括了中国特色社会主义道路的科学内涵，指出："中国特色社会主义道路，就是在中国共产党领导下，立足基本国情，以经济建设为中心，坚持四项基本原则，坚持改革开放，解放和发展社会生产力，巩固和完善社会主义制度，建设社会主义市场经济、社会主义民主政治、社会主义先进文化、社会主义和谐社会，建设富强民主文明和谐的社会主义现代化国家。"③ 报告还指出："在当代

---

① 中共中央文献研究室编《十七大以来重要文献选编》（上卷），中央文献出版社，2009，第 554 页。

② 这"十个结合"是：把坚持马克思主义基本原理同推进马克思主义中国化结合起来，把坚持四项基本原则同坚持改革开放结合起来，把尊重人民首创精神同加强和改善党的领导结合起来，把坚持社会主义基本制度同发展市场经济结合起来，把推动经济基础变革同推动上层建筑改革结合起来，把发展社会生产力同提高全民族文明素质结合起来，把提高效率同促进社会公平结合起来，把坚持独立自主同参与经济全球化结合起来，把促进改革发展同保持社会稳定结合起来，把推进中国特色社会主义伟大事业同推进党的建设新的伟大工程结合起来。

③ 中共中央文献研究室编《十七大以来重要文献选编》（上卷），中央文献出版社，2009，第 811 页。

中国，坚持中国特色社会主义道路，就是真正坚持社会主义。"①
这些新论断的提出，标志着中国特色社会主义道路从 20 世纪 50 年代中后期开始探索，经过 50 多年的发展，已经走向成熟。

总之，经过 30 多年改革开放的实践，中国共产党人带领全国各族人民逐渐确立了一条发展中国、发展马克思主义、实现中国现代化、推进世界社会主义运动的中国特色社会主义道路。中国特色社会主义道路是世界文明发展模式中一种崭新的发展理论和文化样态，它以其严密深刻的科学内涵，系统回答了当代中国的领导力量、发展方向、发展道路、发展目标等问题，展示了一幅实现中华民族伟大复兴的时代图景②。

从以上论述可以看出，中国特色社会主义道路是伴随着我国改革开放的伟大进程而逐步形成的。改革开放的进程就是中国主动地、深入地加入全球化的进程。从这个意义上说，中国特色社会主义道路是在全球化进程中形成的，换句话说，全球化是中国特色社会主义道路形成的"历史环境"。就是在这种环境条件下，面临全球化带来的机遇和挑战，我们选择了中国特色社会主义道路——一条实现中华民族伟大复兴的道路。这是一方面。另一方面，中国特色社会主义道路对当代全球化的发展已经并将继续产生重大的影响。我们知道，迄今为止的全球化仍然是由资本主义所主导的，这就使得全球化进程中难免出现南北差距扩大、恐怖主义活动等诸多问题。中国特色社会主义道路有助于世界的和平与发展。在经济上，中国与其他国家在平等互利的基础上进行经贸往来，实现双赢。在政治上，主张国际关系民主化、平等化。在 20 世纪 90 年代的亚洲金融危机中，中国表现出了一个负责任的大国形象，在近两年的世界经济危机中以及全球气候变暖问题上，中国都表现出了良好的国际形象。可见，中国特色社会主义道路是在当代全球化进程中形成的，同时，中国特色社会主义道路又推动当代全球化向着公正公平的方向发展，以彰显社会主义的价值。

---

① 中共中央文献研究室编《十七大以来重要文献选编》（上卷），中央文献出版社，2009，第 69 页。
② 王广：《中国特色社会主义道路的理论探索与历史价值——纪念新中国成立 60 周年》，《南京大学学报》（哲学社会科学版）2009 年第 4 期。

第四章

全球化对中国特色社会主义道路选择的意义

全球化是一把"双刃剑",给中国特色社会主义的发展在经济、政治和文化等方面既带来挑战又带来机遇,对中国特色社会主义道路的选择具有重要意义和价值。

一 全球化给中国特色社会主义带来的挑战

在亚太经合组织领导人非正式会议上,江泽民曾指出:"经济全球化趋势是当今世界经济和科技发展的产物,给世界各国带来发展的机遇,同时也带来严峻的挑战和风险。"① 正确认识全球化给中国特色社会主义带来的挑战,是中国在全球化背景下趋利避害,制定有针对性发展战略的重要前提。可以说,全球化在经济、政治、文化等方面都给中国特色社会主义发展带来了严峻挑战。

(一)全球化在经济方面给中国特色社会主义发展带来严峻挑战

1. 经济安全面临挑战

国家安全是一个永恒的话题。传统意义上的国家安全,主要是指国防安全、军事安全。而在全球化背景下,国家安全的内容有了明显的扩展和延伸,国家经济安全的地位日益重要,而且成

---

① 江泽民:《在亚太经合组织第六次领导人非正式会议上的讲话》,《人民日报》1998 年 11 月 19 日。

为国家安全的重点领域。

一是我国外贸依存度不断提高，从而使我国经济面临的外部风险增大。外贸依存度是反映一个国家经济对外开放程度的重要指标，一般用年进出口总额和当年国内生产总值之比来表示。20世纪90年代以来，我国的进出口一直持续增长，进出口的增长速度高于国内生产总值的增长速度，引起中国经济对外依存度升高。根据国际经验，中国目前正常的贸易依存度应该为20%左右。但从表4-1可以看出，我国的外贸依存度远远高于这个水平。特别是2003年外贸依存度升到60.8%，2004年外贸依存度又上了一个新台阶，达到70.1%。

这种情况引起了不少学者和商界人士的关注。不过也有学者认为，这一外贸依存度指标并不一定能真正衡量中国经济的对外依赖程度，因为有许多因素影响和夸大了中国的外贸依存度。这些因素主要是：汇率因素、加工贸易比重大、外商投资企业的影响、中国第三产业占GDP的比重低①。尽管如此，我国外贸依存度上升已经是一个不争的事实。同参与全球化的程度相比，我国对外开放的结构和质量水平不高，整个经济的国际竞争能力不强，防御世界经济波动影响的能力也不强。一旦世界经济链条的某一环节发生问题，就可能使我国经济在较短的时间内蒙受重大损失。这次由美国"次贷危机"所引发的世界经济危机，对我国经济发展的负面影响就说明了这一点。

表4-1 20世纪90年代以来中国外贸依存度

单位:%

年 份	1990	1991	1992	1993	1994	1995	1996	1997
外贸依存度	30.1	35.7	34.0	32.5	43.6	40.2	35.6	36.2
年 份	1998	1999	2000	2001	2002	2003	2004	—
外贸依存度	34.3	36.4	43.9	43.3	49.0	60.8	70.1	—

资料来源：参见蒲国良、熊光清《全球化进程中社会主义与资本主义的关系》，中国人民大学出版社，2006，第195页。

---

① 参见尹翔硕《贸易结构更为重要——中国外贸依存度及进出口贸易的不平衡与不对称》，《国际贸易》2004年第3期。

美国作为中国第二大出口贸易国,"次贷危机"引发的经济衰退必然将影响中国的外贸。美国经济的衰退,尤其是美国消费的下滑,对我国出口影响很大,因为美国消费支出占到 GDP 的73%。数据显示,美国经济增长速度放缓1%,我国出口增速就要放缓6%①。因此,从理论上看,美国"次贷危机"将对我国出口商品产生不利影响。数据上也得到证实,海关总署公布的数据显示,由于出口额增幅降低,2008 年 2 月我国贸易顺差为85.6 亿美元,不到 1 月的贸易顺差(194.9 亿美元)的一半。2008 年 1 月,我国对美国出口额为191.6 亿美元,比 2007 年同期仅增长 5.4%,比 2007 年同期增幅大幅回落22.7%②。

我国外贸依存度高,一方面体现在过度依赖某些国家的市场,另一方面体现在某些产品过度依赖外部市场。我国对外贸易中存在严重的不平衡和不对称状况,主要表现为与个别国家,特别是美国贸易不平衡问题。我国对个别国家贸易存在大量顺差,很容易导致和进口国的贸易摩擦。同时,进口国对我国出口产品的限制将直接影响到我国相关产业的发展和就业问题。这样,既增加了我国经济对外部环境的敏感性和脆弱性,也缩小了我国在国际政治舞台上的回旋余地。比如,美国和日本两个市场占我国出口市场的近一半,这两个国家又经常同我国在国际政治舞台上发生摩擦,这样我国在国际政治斗争中就必须较多地考虑经济影响③。一旦同这些国家的关系紧张,肯定会对我国经济发展产生一定的负面影响。我国外贸依存度高,不仅体现在对某些国家市场的过分依赖上,还体现在某些具体产品上。我国出口的产品主要是劳动密集型产品,而进口主要是能源和资源性产品及机器设备等。我国外贸依存度提高潜存的风险和问题已经显现,表现为一些出

---

① 徐芸茜、公培佳:《次债冲击对美出口外贸政策偏松应对》,新浪财经,http://finance. sina. com. cn/g/20080201/21554484850. shtml,最后访问日期:2013 年 6 月18 日。

② 《次贷危机对中国的影响及警示》,http://www. dddxt. com/u88/post/4679. html,最后访问日期:2013 年 6 月18 日。

③ 参见张幼文《我国外贸依存度提高的影响与对策》,《国际贸易问题》2004 年第 8 期。

口产品依存度极高，部分大宗轻纺产品的市场占有率已经达到临界点。中国轻纺和家电等行业对外依存度普遍较高，比如，2003年我国各类服装产量251万件，出口177万件，出口依存度为70.5%；2002年鞋类产量60多亿双，出口43亿双，出口依存度近71%；DVD产量为8700万台，国内消费仅1400万台左右，出口依存度为84%；摩托车产量1430万辆，国内消费仅500万辆，出口依存度为63%；皮鞋、照相机、电冰箱、彩电和空调的出口依存度也分别为63%、56%、47%、46%和42%。另外，我国某些加工贸易"拳头产品"对某个特定市场也存在依存度过高的风险。比如2001年，我国出口的长毛绒玩具占美国该类产品进口总额的88%，鞋类占64%，软面箱包、手提包占51%，窗式空调占34%。一旦这类产品的出口受阻，国内相关企业将会受到严重打击①。随着我国现代化建设的不断前进，进口大量增加。这也加剧了我国相关产品的对外依赖性。能源、矿产资源、某些关键设备和零部件进口依存度大，容易使本国的经济命脉受制于人。我国能源和重要资源依赖进口的情况日趋严重。2003年，原油、铁矿石、氧化铝进口依赖度高达36%~48%。而这些产品的进口均存在一定的风险，比如运输风险、国际政治风险等。就运输风险而言，我国周边和国际大环境中的一些不稳定因素，可能在一定时期对我国的国际运输路线构成威胁。比如，我国进口石油的一半以上来自动荡不安的中东地区，并有大约4/5的海上石油运输要经过马六甲海峡，万一受阻，我国的石油安全就会受到严重威胁。就政治风险而言，主要在于有些国家出于战略考虑，设置种种障碍阻止我国进口关键设备、关键零部件以及能源和矿产资源这些产品。类似情况的出现，会对我国经济造成一定的冲击。

二是金融安全面临挑战和风险。金融在现代经济中具有非常重要的地位和作用。对此，邓小平指出："金融很重要，是现代经

---

① 参见蒲国良、熊光清《全球化进程中社会主义与资本主义的关系》，中国人民大学出版社，2006，第196页。

济的核心。金融搞好了，一着棋活，全盘皆活。"① 参与全球化，对我国经济安全最为直接的冲击来自金融领域。因为金融是现代经济的核心，金融市场是国家经济体系的动脉，金融体系是否安全、稳健地运行，对于经济的稳定和发展至关重要。由于金融业渗透到社会生活的各个领域，又是一个高风险的行业，一旦金融出现危机，就容易导致经济秩序的混乱，甚至引发严重的政治经济危机。改革开放以来，我国逐步融入世界金融体系。加入世界贸易组织以后，我国加快了金融市场的开放步伐，国际金融对我国金融的影响日益增强。因此，在全球化背景下，某个经济体的金融动荡一旦发生就会迅速传播开来，引发区域甚至全球金融危机，我国金融受到外来金融危机冲击的可能性增大。随着我国金融服务市场的逐步放开，国际金融资本进出的频率必然加快，从而使国内金融安全环境更容易受到来自国际经济、金融风险与危机的影响和国际投机资本的冲击。国际游资可能会大量流入我国，并在我国金融市场上兴风作浪。国际资本大量地流入或流出，很可能导致股市波动剧烈，物价暴涨暴跌，出现通货膨胀或通货紧缩，由此引起金融危机的产生。我国金融监管体系尚不健全，金融秩序还比较混乱，国有商业银行不良资产比重较大，同我国参与全球化的程度不相适应。"中国仍是一个发展中国家，伴随着社会的不稳定，而金融和工业的基础结构从最乐观的方面来看往往也是不稳固的。"② 面对客观存在的竞争压力以及不断扩大的金融服务业开放的压力，我国金融安全的内部和外部影响因素日益增加，1997 年东南亚金融危机已经为我国的金融安全敲响了警钟。

我国的金融政策也面临着外部的压力。金融全球化是经济全球化程度最高和发展最快的领域。随着国际游资进入我国金融市场，套汇、套利等投机活动大量增加，这在一定程度上必然削弱我国宏观货币政策的效力，冲击我国的金融市场，从而加大我国

① 《邓小平文选》第 3 卷，人民出版社，1993，第 366 页。
② 〔美〕德克斯特·罗伯茨：《牵中国一发而动世界全身——中国能否应对挑战?》，《国外社会科学文摘》2004 年第 2 期。

的金融风险。同时，我国的金融政策也会受到一些外来限制，如果处理不当，就可能对我国经济产生较大的负面影响。近年来，国际上一再对人民币汇率问题施加压力，从中我们就能深切地感受到这一点。

2. 我国面临西方发达国家经济和科技优势的强大压力

在全球化背景下，国家之间综合国力的竞争主要体现在经济和科技方面。而在这些方面，改革开放以来，尽管我国取得了很大的成就，但和西方发达国家尤其是美国相比，还有不小的差距。

在经济上，西方发达资本主义国家拥有强大的优势。2000 年，我国 GDP 突破 1 万亿美元，在世界排名跃至第 6 位，但与排名第 1 位的美国、第 2 位的日本相比差距仍然很大。只相当于美国 GDP 的 1/9，日本 GDP 的 1/4。我国人口占世界总人口的 22%，而我国的 GDP 却只占世界 GDP 的 3.4%。如果用人均国内生产总值进行比较，发达国家的优势将更加突出。根据世界银行《2002 年世界发展报告》统计，2000 年我国人均 GDP 为 856 美元，分别相当于日本人均 GDP（36828 美元）的 1/43；美国人均 GDP（35045 美元）的 1/40；德国人均 GDP（22806 美元）的 1/26；仅为世界人均 GDP（4960 美元）的 1/6。由此可以看出，我们与发达国家的差距是相当悬殊的。经济实力的悬殊，往往使我们处于被动的地位。值得关注的是，发达国家是高度发达的、高度集约型的经济，其劳动生产率和经济效益水平都比较高。而我国的经济仍属于发展中的、粗放型的经济，劳动生产率和经济效益水平比较低，人均收入自然也就比较低。可以看出，两者之间的差距不仅是数量上的，而且是发展阶段上的和质量上的。

在科技方面，特别是在对经济和社会发展起决定作用的高科技方面，西方发达国家占有巨大的优势。在当今世界经济竞争中，高新技术产业的竞争优势集中体现了一个国家的国际竞争力。高新技术产业的发展，对提高我国的综合国力和国际竞争力、维护国家经济安全具有极为重要的意义。而高新技术产业需要高科技的支撑。正因为如此，邓小平指出："过去也好，今天也好，将来也好，中国必须发展自己的高科技，在世界高科技领域占有一席之地。如果六十年代以来中国没有原子弹、氢弹，没有发射卫星，中国就不能叫有重要影响的大国，就没有现在这样的国际地位。这些东西反映一个民族的能力，也是一个民族、一个国家兴旺发达的标志。"① 改革开放以来，我国实施了"863""火炬""攀登""星火"等一系列高科技计划，从而在信息、生物、新材料、新能源等高科技领域取得了令人瞩目的成就。但是，我国高新技术的研究和开发能力与发达国家相比有很大差距。以研发为例，第二次世界大战以后，发达国家一直保持着较高的研发投入，而同期中国的研发投入严重不足。美国是当今世界上综合科技实力最强的国家。美国的研发经费占 GDP 的比例一直较高，除 20 世纪 70 年代曾下降到 2.2％外，一直保持在 2.5％以上。研发经费与 GDP 保持同步增长，巨额的研发投入为确保美国科研体系的良好运行提供了强大的资金支持。德国、法国研发经费占 GDP 的比重，进入 20 世纪 90 年代以后一直保持在 2.30％以上，日本更高，1991 年达到 2.92％，1994 年为 2.74％，1997 年为 2.80％。而我国研发经费的投入一直维持在很低的水平。1996 年以来，我国的研发投入开始不断增长，研发投入占 GDP 的比重不断上升：1996 年为 0.60％，1999 年上升到 0.83％，2000 年达 1.00％，2003 年达到 1.31％，连续 8 年保持增长。但是，我国的研发经费占 GDP 的比重仍低于 1.6％的世界平均水平，与发达国家 2.2％的平均水平相比，还存在十分明显的差距。

　　虽然由于我国经济发展迅速，在经济总量上与发达国家的差距逐步缩小，但在经济水平上的差距将在相当长的时间内持续存在。我国的科技研发也在不断发展和进步，在某些领域已经走在世界前列，但和发达国家在整体上的差距在未来较长时期内仍将继续存在。西方主要发达国家利用它们在经济上和科技上的巨大优势，力图维持历史上形成的不公正、不合理的国际经济秩序，保持在全球化进程中的主导权，企图保持发展中国家对发达国家

---

　　① 《邓小平文选》第 3 卷，人民出版社，1993，第 279 页。

的依附地位。这种状况，显然对广大发展中国家的发展是极为不利的。如何扭转这种局面，减少乃至消除这种压力，是包括中国在内的发展中国家面临的历史性挑战。

（二）全球化在政治方面给中国特色社会主义发展带来严峻挑战

全球化并非一种单纯的经济现象，也会对政治、文化、社会生活等各个领域产生重大影响，形成挑战。尤其是由于当代全球化仍然是由发达资本主义国家占优势和主导的，因此也不可避免地在政治上给我们带来严峻的挑战。在一定意义上甚至可以说，全球化对中国特色社会主义在政治上的挑战至少并不亚于经济上的挑战。这主要体现在以下几个方面。

1. 全球化条件下我们坚持中国特色社会主义发展道路面临挑战

"只有社会主义才能救中国，只有社会主义才能发展中国。……不走社会主义道路中国就没有前途。"① 这已为中国近代以来的历史所证实。但是，我们坚持中国特色社会主义发展道路却面临当代全球化所带来的挑战。在当代全球化条件下，社会主义与资本主义两种社会制度的对立，仍然是一个客观存在的事实。而当代全球化的最新发展，并没有改变发达资本主义国家对外侵略和扩张的本质。不仅如此，由于苏联解体、东欧剧变所引起的当代社会主义和共产主义运动暂时处于低潮，更加助长了西方发达国家内部的一些敌视社会主义的敌对势力的气焰。它们亡我之心不死，一直对社会主义国家存有敌意，并长期推行遏制、西化、分化与和平演变的战略，企图消灭社会主义以实现资本主义的一统天下。对此，邓小平曾明确指出："整个帝国主义西方世界企图使社会主义各国都放弃社会主义道路，最终纳入国际垄断资本的统治，纳入资本主义的轨道。"② 在我国加入世界贸易组织后不久，江泽民

---

① 《邓小平文选》第 3 卷，人民出版社，1993，第 311 页。
② 《邓小平文选》第 3 卷，人民出版社，1993，第 311 页。

同志也明确指出了西方的这一企图①。因此也可以说，当代全球化为西方资本主义国家推行和平演变战略提供了有利条件。具体说来，在从 20 世纪初到 80 年代以前的全球化过程中，先是在第一次世界大战以后出现了第一个社会主义国家苏联，从而打破了资本主义对世界进行统治的一统天下。紧接着，第二次世界大战以后，又出现了中国等一系列社会主义国家，形成了一个与资本主义阵营对立的强大的社会主义阵营，在全世界范围内一度形成了以苏联为首的社会主义阵营和以美国为首的资本主义阵营两大阵营对立的局面。进入 60 年代以来，随着社会主义阵营的分裂和"三个世界"格局的形成，世界经济和政治出现了美苏两极对立、主宰世界的冷战局面。那时，西方发达国家的斗争矛头主要指向苏联。相比之下我们国家面临的压力小一些。西方国家采取和平演变战略，在全球化进程中力图将自己的经济、政治制度通过传媒、人员往来等手段影响苏东社会主义国家。西方国家和平演变战略的实施，导致 80 年代末 90 年代初苏东社会主义国家的剧变和解体，从而实现了其"西化""分化"苏东社会主义的战略目的。

苏联解体、东欧剧变后，中国成为世界上最大的发展中的社会主义国家。在这种情况下，西方发达国家的"和平演变"战略发生了重大变化，其矛头集中指向社会主义的中国。西方敌对势力将社会主义的中国视为其眼中钉、肉中刺，它们不愿看到一个统一的强大的社会主义中国。总想设法将中国"分化""西化"掉。改革开放以来，中国取得了令人瞩目的成就，综合国力明显增强，国际地位显著提升。因此，西方国家尤其是美国更是把中国视为潜在的竞争对手，担心中国的强大会挑战其在国际社会中的领导地位。于是，它们千方百计地遏制中国的发展。当前，西方国家通过经济交往、文化交流以及外交活动等多个领域对我国实施"和平演变"战略。在经济方面，西方国家把发展对华经贸

① 江泽民 2002 年在中共中央党校省部级领导干部"国际形势与世界贸易组织"专题研究班上的讲话中指出，从本质上看，我国加入世贸组织，美国不会放弃遏制我国发展的政策，把我国作为其潜在的对手的策略不会改变。它是有自己的战略考虑的，我们还是不要天真。

关系作为促进中国发生变革的重要一着，利用其经济和科技优势，向中国进行渗透、传播其意识形态和价值观，扩大其对中国政治、社会生活的影响。美国的一些统治精英设想："美国利用高科技的有利地位，变全球化为美国化。"① 美国前总统克林顿就曾说过，贸易是美国"能够在全世界推广美国的核心价值观的工具"。美国把我国的改革开放视为其对华进行"和平演变"的良机，认为保持中国社会的对外开放是最终促进西方民主价值观念在中国社会发展的最可靠的途径。我国对外开放是为了吸引国外的资金和技术，以实现自身的发展。西方国家却利用我国对其资金和技术的需求，以经济和科技为载体宣扬所谓的"西方文明"，试图达到在政治方面影响中国的目的，即企图使中国按照西方的标准行事，向它们所希望的方向演变。可以说，随着中国经济的发展和融入全球化程度的加深，西方国家的这种西化攻势，利用经济手段来达到政治目的的倾向还会加强。在文化方面，西方国家利用各种宣传工具不断加强对中国思想和文化的渗透，要在中国大量传播所谓"自由的种子"，企图达到动摇、分裂、演变社会主义中国的目的。他们还利用现代传媒网络的优势和国际文化交流，通过舆论宣传和思想渗透来动摇中国人民对马克思主义的信仰和对社会主义的信念。在外交方面，西方国家尤其是美国不断利用所谓的"人权问题"干涉中国内政。20 世纪 80 年代以来，美国在对中国的外交中非常重视人权外交的作用，把人权问题作为促进中国"和平演变"的突破口。在每年一度的《国别人权报告》中，美国都要对中国进行攻击。美国还在联合国人权委员会纠集一些国家提出反华议案，但都以失败告终。西方国家"和平演变"战略的实质就是要使社会主义中国的政治制度发生根本性变化并向资本主义方向转变。应该说，这一战略对我国坚持走中国特色社会主义道路是一种很大的压力和挑战。

---

① 张慧君编《美刊文章认为经济全球化不能避免世界冲突》，《国外理论动态》1998 年第 3 期。

2. 全球化对我国的国家主权与安全构成威胁

在国际交往中，"国家的主权、国家的安全要始终放在第一位"①。然而，苏联解体、东欧剧变以后的当代全球化却对包括中国等社会主义国家在内的第三世界国家的主权产生了极大的冲击，使这些国家的主权面临前所未有的挑战。甚至连有的西方学者也指出："无论是支持全球化的人还是批评全球化的人都认为，各国的日益一体化导致了民族国家在经济、政治和文化上独立程度的降低或者国家主权的丧失。各种团体和个人都说全球化引起经济独立的结束、政治民主的消融和文化趋同的衰落。他们甚至指责说，各国经济一体化意味着本国团体，甚至整个社会，不再能把握自己的命运而要受制于外部强大的经济和技术力量。"② 当代全球化的发展往往与第三世界国家维护主权的努力产生摩擦甚至是冲突。因为这种全球化仍然是由发达资本主义国家主导的，全球化本身又具有开放性和渗透性，而国家主权具有排他性和专属性，显然这两者之间会发生矛盾。这就首先使得包括社会主义国家在内的发展中国家的主权受到挑战，尤其是使它们的国家主权的行使受到一定的制约和限制。此外，跨国公司和国际性经济组织的跨国活动甚至也对除美国以外的其他发达国家的主权产生冲击，特别是全球化加强了国际组织等非国家行为主体的协调功能，从而削弱了传统意义上的国家主权。还有，在某些特定的领域内，主权国家必须服从国际机构的协调，这势必在某种程度上对传统的国家主权形成挑战。典型的例子是联合国对伊拉克等国家进行大规模杀伤性武器的突击检查，以及关于东帝汶问题的一系列决议和一系列实际行动。可见，联合国和一些重要国际组织权力的扩大，以及联合国决议、国际公约和多边协定等国际规则约束力的增强，表明了传统的国家主权已经受到了严重的制约。

我国作为全球化进程中的后来者，为了在短时间内实现自身

---

① 《邓小平文选》第 3 卷，人民出版社，1993，第 348 页。

② 〔美〕罗伯特·吉尔平：《全球资本主义的挑战：21 世纪的世界经济》，杨宇光、杨炯译，上海人民出版社，2001，第 311 页。

的发展和强大，追赶曾经主导、现在依然控制全球化进程的西方发达国家，不得不接受主要由西方国家制定的、有利于实现其自身利益的国际制度、国际惯例和国际规则。所以，从这个意义上来说，参与全球化进程，可能会给国家带来更多的全球性制约。这在一定程度上限制了我国制定和执行政策的自主性，从而使国家的宏观控制力有所下降。同时，国际社会中依然盛行的强权政治和霸权主义也给我国政治主权带来不利影响。20世纪90年代以来，西方国家掀起的"中国威胁论""中国人权问题"等就明显地说明了这一点。如今，我国已经全面加入世界贸易组织，而诸如世界贸易组织这样的全球性经济组织的运行是以参与国给予一定的主权让渡和转移为条件的。这样，在与国际惯例和国际规则的进一步对接中，一定程度上我国完全处理经济的自主权无形中缩小了。可以说，在世界经济一体化的条件下，我国经济将会更明显地受到国际市场变化的影响。全球经济运行的周期同样也会在我国经济中呈现，这必然会在国内引起相应的政治影响。可见，全球化对我国国家主权和社会主义政治发展形成了挑战，这应引起我们的高度警惕。

当然，虽然全球化要求消除民族国家壁垒，逐步减少国家干预，甚至要交出部分经济决策权，各国的经济活动也越来越多地"遵守"国际条约、国际惯例以及国际干预和调节，跨国活动和跨国主体的急剧增多也超越了传统意义上国家的主权和边界，但是，全球化对国家主权的挑战绝不意味着主权过时和民族国家的终结，对于社会主义国家来说更是如此。随着全球化的深入发展，各国都面临更加激烈的竞争，国家的作用将会更加突出。就连推行霸权主义的西方大国在否认别国主权的时候，却丝毫未放弃自己的国家主权。可见，国家主权问题仍然是当今国际政治斗争的焦点问题。我国是一个发展中的社会主义大国，一方面，我们对于以西方发达资本主义国家为主导而制定的一系列国际惯例和"游戏规则"，尚需要一定的了解、适应和提高应变能力的过程；另一方面，我国又因为社会制度的不同而在发达资本主义国家主导的国际政治中处于不利地位。因此，我们在融入全球化过程中首先应该注意维护自己的国家主权和安全。正如有学者所强调的那样："融入全球化只是为了获取资本主义文明的一切成果，绝不能因此丝毫损害国家主权和国家安全。"①

3. 党的执政能力面临全球化的考验

中国共产党在国家政治生活中处于领导与核心地位。这种地位决定了其对我国的政治稳定与发展具有举足轻重的作用。而这种作用的有效发挥关键在于提高党的执政能力。"这是关系中国社会主义事业兴衰成败、关系中华民族前途命运、关系党的生死存亡和国家长治久安的重大战略课题。"② 正因为如此，党的十七届四中全会强调，要把执政能力建设作为执政党建设的根本任务之一。全球化对党的执政能力的考验，主要来自融入全球化进程中我国国内产生的新情况和新问题对民众政治认同的影响和冲击。一是全球化背景下的腐败问题严重威胁执政党的执政地位。我国腐败现象的产生，有国内的政治经济根源，也与对外开放中的消极因素直接相关。在对外开放的过程中，西方一些腐朽没落的思想也传入国内。"我们实行对外开放，借鉴和利用世界各国包括发达资本主义国家的一切现代文明成果，资本主义腐朽的东西也会趁机钻进来。"③ 有些人为人民服务的意识淡薄了，党纪国法的意识丧失了，拜金主义、享乐主义、利己主义思想滋生蔓延，结果导致各种腐败案件层出不穷。有资料显示，在已查处的腐败案件中，有相当多的犯案人员与涉外工作有关。一些触目惊心的腐败案件，极大地败坏了党和政府在人民群众中的形象，严重削弱了党的执政基础和执政能力。因此，"坚决反对腐败，是党必须始终抓好的重大政治任务"④。二是全球化引起我国社会结构的分化，增大了执政党对人民群众政治思想进行整合的难度。改革开放以

---

① 张战生、吴波主编《与时俱进——20世纪以来若干马克思主义重大问题探析》，安徽人民出版社，2002，第383页。

② 《中共中央关于加强党的执政能力建设的决定》，中国网，http://www1.china.com.cn/chinese/2004/Sep/668376.htm，最后访问日期：2013年6月18日。

③ 《江泽民文选》第1卷，人民出版社，2006，第324页。

④ 本书编写组编《中共中央关于加强和改进新形势下党的建设若干重大问题的决定》，人民出版社，2009，第34页。

来，我国的社会阶层构成发生了新的变化，出现了非公有制企业的创业人员和技术人员、受聘于外资企业的管理技术人员、个体户、私营企业主、中介组织的从业人员、自由职业人员等社会阶层。这些新的社会阶层按照我国现阶段的政策，也属于中国特色社会主义事业的建设者，但同时他们也拥有与执政党不同的利益和理念。这样，就增加了执政党整合民众思想的难度。因此，如何整合新形势下人们的政治思想，凝聚和团结全国各族人民继续在中国特色社会主义道路上胜利前进，将是中国共产党面临的一个十分紧迫的现实问题。

（三）全球化在文化方面给中国特色社会主义发展带来严峻挑战

党的十七大报告明确指出："当今时代，文化越来越成为民族凝聚力和创造力的重要源泉、越来越成为综合国力竞争的重要因素。"① 在当代全球化背景下，一方面世界不同文化之间会发生进一步的不断交往和融合，另一方面，由于西方发达国家的资本主义本性和主导地位，也必然会不断地对不同社会制度和意识形态的国家推行它们的意识形态和文化。因此，即使在当代全球化的条件下，也仍然会充满不同文化之间的矛盾和冲突。就连有的西方学者也指出，在全球化过程中，"文化成了一种舞台，上面有各种各样的政治和意识形态彼此交锋。文化绝非什么心平气和、彬彬有礼、息事宁人的所在；毋宁把文化看做战场，里面有多种力量崭露头角，针锋相对"②。作为当今的社会主义大国，中国受到全球化的影响会越来越深刻。这对中国特色社会主义文化发展带来深远影响，既带来了机遇，也带来了挑战。

1. 我国主导意识形态面临全球化的挑战

众所周知，马克思主义在指导中国共产党和中国人民进行伟

---

① 中共中央文献研究室编《十七大以来重要文献选编》（上卷），中央文献出版社，2009，第26页。
② 〔美〕爱德华·W. 萨义德：《文化与帝国主义》，李琨译，三联书店，2003，第16页。

大实践的进程中，已经深深地在中国社会扎根，成为指导全党和
全国各族人民思想的共同理论基础，在中国特色社会主义文化中
居于主导地位，成为我国的主导意识形态。但是，在全球化背景
下，随着西方各种文化的涌入，这种主导地位正面临挑战。由于
全球化程度的加深和文化交往的加大，全球化的意识形态性在文
化问题上暴露得更加突出①。西方发达国家在长期的发展过程中，
在经济上、科技上取得了在全球的优势。它们正是凭借这种优势
在全世界推广其文化产品，加强文化渗透，借口文化的多元化、
价值取向的多样化，竭力传播西方国家的价值观念、政治模式和
生活方式，严重冲击了我国以马克思主义为主导的意识形态。西
方国家的这种战略被学者称为"文化帝国主义"。所谓"文化帝国
主义"是指西方国家（尤其是美国）凭借其所掌握的强大文化传
媒，对第三世界国家所实施的隐形文化侵略和精神洗脑。这实际
上是文化霸权的一种表现形式。其负面影响是很深的。正如英国
学者保罗·哈里森指出："文化上的帝国主义不仅征服了受害者的
肉体，还征服了他们的心灵，使他们沦为唯命是从的帮凶。"②"输
出意识形态"成为文化霸权主义和文化帝国主义对外战略的重要
支柱。据统计，当今世界 80% ~ 90% 的新闻被美国和西方通讯社
垄断。美联社、路透社和法新社基本主宰了全球的国际新闻报道。
美国控制了全世界 75% 的电视节目的生产和制作，每年向国外发
行的电视节目超过 30 万个小时。如今好莱坞已经成为美国最重要
的出口部门，好莱坞国外市场的赢利占其总赢利的比例已经超过
80%，美国的影片产量占全球影片产量的 7% 左右，却占了全球总
放映时间的 50% 以上③。正如有学者所说："美国最大的出口产品
不再是地里的农作物，也不是工厂里的产品，而是批量生产的流

① 西方有学者指出："全球化正在跨越国家边界推动思想和观念的传播，并导致
世界上的许多地区出现更加积极的公民。"参见〔英〕安东尼·吉登斯《社会
学》（第四版），赵旭东等译，北京大学出版社，2003，第 542 页。
② 〔英〕保罗·哈里森：《第三世界——苦难、曲折、希望》，钟菲译，新华出版
社，1984，第 76 页。
③ 刘绵锦：《全球化背景下的中国特色社会主义文化建设》，《安庆师范学院学
报》（社会科学版）2008 年第 8 期。

行文化产品，包括电影、电视节目、音乐、书籍和电脑软件等。"①西方国家这样做的目的就是对第三世界国家尤其是社会主义国家进行文化渗透，以实现资本主义意识形态的一统天下。特别是被称为"第四媒体"的互联网的迅猛发展，为西方国家进行文化渗透提供了更为有利的条件。西方发达国家在这个方面具有优势，它们不断利用互联网进行政治宣传和政治输出，使我国的主流舆论引导和监管的难度加大，影响了我国社会主义舆论宣传的权威性，弱化了我国主导意识形态的辐射力和影响力。这就使我国以马克思主义为主导的意识形态受到了严峻的挑战。

2. 我国文化产业面临全球化的挑战

经济和科技上的优势使得西方发达国家在文化产业方面也大大领先，文化产业迅速崛起并成为其国民经济的重要组成部分。改革开放后，西方的文化产品向我国大量倾销，对我国文化产业的生存和发展构成了直接的冲击。尤其是美国的可口可乐、肯德基、麦当劳、皮尔·卡丹时装、好莱坞电影、流行音乐等消费性文化在中国流行，挤压了我国文化产业的生存和发展空间，对我国文化产业的发展构成了严重的威胁。也正如有的学者指出："资本主义卖的不仅仅是商品和货物，它还卖标识、声音、图像、软件。它不仅仅将房间塞满，而且还统治着思想领域，占据着交流空间。"②

具体说来，我国文化产业面临的冲击主要体现在以下两个方面：第一，我国的文化产业市场尚处于转型期，与西方国家相比仍处于初级阶段。特别是文化生产能力与人民群众的强烈需求形成巨大反差。在文化生产能力方面，资金匮乏，文化质量偏低，文化管理人才缺乏。在文化需求方面，随着全球化的深入发展，人民群众的消费需求日益提高，我国文化市场的潜力很大，有待拓宽的领域很多。有资料显示，北京人均文化消费为 5396 元，占其总收入的 15.6%，而英美等西方发达国家同期的文化消费则占

---

① 杨运忠：《"新帝国论"——21世纪美国全球称霸的理论范式》，《当代亚太》2003年第1期。

② 王列、杨雪冬编译《全球化与世界》，中央编译出版社，1998，第10页。

到其总收入的 30% 以上。第二，西方文化市场的主体多数是实力雄厚的跨国公司。它们技术先进、管理经验丰富，对文化市场化的运作规则了如指掌。相比较而言，我国文化市场主体远远没有形成规模，还处于散兵状态。不仅如此，在技术、管理以及文化市场化运行规律的把握上，都有待提高。"当今美国 400 家最富有的公司中文化公司就占了 72 家，英国的文化产业平均发展速度是经济增长的 2 倍，日本的娱乐业产值仅次于汽车工业。而有 13 亿人口的中国，2000 年实际文化消费总量只有 800 亿元，而潜在的消费能力在 3000 亿元以上。"[①] 和西方发达国家相比，我国文化产业还有很大的差距。这在一定程度上也反映了我国文化产业在全球化背景下面临的压力和挑战。

二　全球化给中国特色社会主义带来的机遇

在近现代史上，我国曾多次痛失发展的良机。从积极的方面看，当前全球化进程对我国经济发展、政治进步、文化繁荣而言，都是一次重要的历史机遇。党的十一届三中全会以后，我国实行了改革开放政策。由此，我国开始融入世界经济体系，逐步参与全球化进程。这为我国利用全球化机遇创造了条件。

（一）全球化在经济方面给中国特色社会主义发展带来的机遇

当代全球化虽然是由资本主义主导的，但是如果撇开这一点，那么就仍然反映了人类社会历史进一步向全球化方向发展的趋势。全球化的这些特点和运行机制，对中国经济的发展既提出了严峻的挑战，也提供了前所未有的新机遇。

1. 全球化实现了资源在世界范围内的优化配置，这为我国有效利用国内国际两种资源提供了更多的机会

江泽民曾经指出："经济全球化，是社会生产力发展的客观要

---

① 刘玉珠：《机遇与挑战："入世"与中国文化建设》，《求是》2000 年第 19 期。

求和必然结果，有利于生产要素在全球范围内的优化配置，带来了新的发展机遇。当今世界是开放的世界，任何一个国家都不可能完全脱离世界经济而孤立地发展。"① 全球化促进了各国之间的相互联系和普遍交往。不仅发达国家之间互相投资，都在对方有巨大的经济利益，就是发达国家也需要发展中国家所提供的资源和巨大的市场。对此，邓小平曾指出："欧美国家和日本是发达国家，继续发展下去，面临的是什么问题？你们的资本要找出路，贸易要找出路，市场要找出路，不解决这个问题，你们的发展总是要受到限制的。"② 在这种情况下，我们可以利用也必须利用全球化带来的发展机遇。"因为现在任何国家要发达起来，闭关自守都不可能。"③ 这已为现代经济的发展历史所证实。现代经济发展表明，任何国家单纯依靠本国的市场和资源发展经济，很难取得良好的效果，只有充分利用两种资源（国内资源和国外资源）和两个市场（国内市场和国外市场），才能更好地促进经济的发展。许多国家正是充分利用国内、国际两种资源和国内、国际两个市场，促进了本国经济的健康快速发展。近年来，以世界贸易组织为核心的全球多边贸易管理体制的形成，极大地促进了全球贸易自由化进程，从而使世界市场的贸易壁垒现象逐渐被削弱，为世界贸易的顺利发展提供了更为有利的环境。而世界上先进的科技、交通、通信等设施和手段则为各国发展贸易提供了技术基础和动力支持。我国是一个人力资源大国，占世界的1/4。我国现已成为世界贸易组织的正式成员，这为充分发挥我国人力资源优势，大力发展劳动密集型企业，不断扩大日用消费品在世界市场的份额及机电产品的出口，创造了有利条件。同时，我国又是一个资金、资源相对贫乏的国家。资金短缺，国内投资额仅占世界投资总额的6%左右；自然资源紧缺，人均耕地、石油、天然气储量远远低于世界人均水平。在这个方面，必须利用全球化所提供的有利条

---

① 《江泽民文选》第3卷，人民出版社，2006，第159页。
② 《邓小平文选》第3卷，人民出版社，1993，第105～106页。
③ 《邓小平文选》第3卷，人民出版社，1993，第90页。

件，加快中国特色社会主义建设。随着全球化的发展，生产要素加速在全球范围内流动，我国必然获得更多利用国外生产要素（包括资本、技术、管理经验、人才等）的机会。我国改革开放以来的实践对此作出了很好的诠释。对此，有西方学者指出，通过与劳动密集型产业的结合，外国直接投资使发展中的中国经济获得了快速增长。而与之伴随的是先进的技术、管理经验和技能以及其他相关技术，这些对各个经济部门增加产量和提高效率具有很大的促进作用。可见，在全球化进程中，我国可以直接利用国外的先进技术、管理经验和资金以促进劳动生产率的提高。同时，全球化也促使其他国家的市场更加开放，有利于我国利用国际市场，增加国际贸易，分享全球化带来的"红利"。

2. 积极参与全球化有利于我国社会主义市场经济体制的完善和发展

我国是发展中的社会主义大国。以这样的"身份"参与以发达资本主义国家为主导的全球化，就必须遵循全球化的一般规律，并且必须有条件地接受或采纳其中某些"通用规则"。然而，尽管资本主义生产方式的体制基础是市场经济，但市场经济本身并不等同于资本主义经济，而是可以从资本主义经济中剥离出来的一种经济形式。因此，我们所要融入的经济全球化，只能是从生产力、科技和管理这些层面来看待的全球化，以及在"市场经济"这个经济形式层面来看待的全球化。正如邓小平指出："计划经济不等于社会主义，资本主义也有计划；市场经济不等于资本主义，社会主义也有市场。"① 而市场经济究竟姓"社"还是姓"资"，就看它是与社会主义还是资本主义的基本制度相结合。也正如马克思在《资本论》中所说："产业资本循环过程从而资本主义生产的最明显的特征之一就是：一方面，生产资本的形成要素必须来自商品市场，并且不断从这个市场得到更新，作为商品买进来；另一方面，劳动过程的产品则作为商品从劳动过程产生出来，并且必须不断作为商品重新卖出去。""据此，人们把自然经济、货

---

① 《邓小平文选》第 3 卷，人民出版社，1993，第 373 页。

币经济和信用经济作为社会生产的三个具有特征的经济运动形式而互相对立起来。"① 然而，"货币经济是一切商品生产所共有的，产品在各种各样的社会生产机体中表现为商品"②。因此，如果把资本主义经济的特征仅仅看做"产品以怎样的规模作为交易品，作为商品来生产，从而，产品本身的形成要素以怎样的规模必须作为交易品，作为商品再进入产生它的经济中去"，是不符合马克思主义的基本原理的。也正如马克思所说："在资本家和雇佣工人的关系上，货币关系，买者和卖者的关系，成了生产本身所固有的关系。但是，这种关系的基础是生产的社会性质，而不是交易方式的社会性质；相反，后者是由前者产生的。"③

20 世纪 70 年代末以来，我国开始进行改革开放，在对内进行经济体制改革并且最终形成建立社会主义市场经济体制的目标模式的同时，积极实行对外开放，从而开启了积极参与全球化的进程。可以说，两者不仅在时间上是互相契合的，在内容上也是互相联系、互相适应和互相促进的。从这个意义上说，我国建立社会主义市场经济体制，不仅是为了在国内更好地解放和发展社会主义社会的生产力，而且在国际上也为我国积极应对和融入当代的经济全球化创造了在体制和机制方面的条件。然而，虽然经过多年的改革，我国已经初步建立起社会主义市场经济体制，但离它的进一步完善和发展还有相当大的距离。之所以如此，首先应该说是因为在社会主义条件下发展市场经济是一项伟大的创举，从而也是一项前无古人的事业。对此我们当然还缺乏经验。而资本主义经济是建立在市场经济的基础之上的，资本主义国家已经在资本主义的前提下搞了几百年的市场经济，从而也为发展市场经济本身积累了一定的经验。撇开它的资本主义的特殊规定之后，

① 《马克思恩格斯文集》第 6 卷，人民出版社，2009，第 132 页。对于这一点的解释，可参见笔者的导师许兴亚教授的文章《市场经济，还是社会主义市场经济体制？》，《探索与争鸣》2005 年第 11 期。

② 《马克思恩格斯文集》第 6 卷，人民出版社，2009，第 133 页。

③ 《马克思恩格斯文集》第 6 卷，人民出版社，2009，第 133 页。

其中的许多经验和做法，就可以为建立、发展和完善我国的社会主义市场经济提供借鉴。为此，就要通过对外开放，在同世界各国特别是当代资本主义国家的交往和接触中，向资本主义国家学习和借鉴有关市场经济的做法，为我所用。在这个方面，当代全球化正好为我们提供了巨大机遇。在参与全球化的进程中，可以通过对各国市场经济实践的考察和总结，使我们更全面、更深刻地认识世界各国市场经济体制的优点和缺点以及市场经济各种运行模式的利与弊，从而为我国经济体制改革的深化和社会主义市场经济的发展提供更多的可供借鉴和选择的经验和做法。特别是现代资本主义市场经济与马克思写作《资本论》时的资本主义市场经济相比，已经发生了许多重要的变化，在政府的作用、企业制度、市场规则、信用制度、贸易方式、国际协调等方面都在资本主义的基本性质没有发生根本改变的前提下发生了很大的变化。我们在全球化条件下发展社会主义市场经济，完全可以有分析、有鉴别地向资本主义学习，汲取成功经验，剔除其资本主义的糟粕，为我所用，为发展和完善我国的社会主义市场经济体制服务。为此，就必须积极参与国际分工，勇于投身国际市场竞争，关注世界经济发展动向，了解国际市场变化规律，及时抓住对自己有利的国际机遇，不失时机地加以利用。同时，通过开展一系列有理、有利、有节的斗争，积极维护我国社会主义市场经济的名誉和地位，为变资本主义市场经济一统天下的经济全球化为社会主义市场经济和资本主义市场经济公平竞争的全球化而作出不懈的努力。

3. 全球化有利于我国加快转变经济发展方式，推动产业结构优化升级

党的十七大报告指出："加快转变经济发展方式，推动产业结构优化升级，是关系国民经济全局紧迫而重大的战略任务。"[①] 综观世界资本主义发展的历史和当代全球化的进程，第二次世界大

---

① 中共中央文献研究室编《十七大以来重要文献选编》（上卷），中央文献出版社，2009，第920页。

战以来资本主义经济之所以尽管未能从根本上摆脱危机和矛盾，但仍然获得了一定程度的发展，其原因之一也在于：在竞争和超额利润规律的支配下，资本主义国家的政府和企业，仍然能够在生产过程内部的生产方式方面继续进行一系列变革。资本主义生产方式的历史使命和它的历史进步性，就是不顾一切地发展了生产力，在外延上不断扩大生产规模的同时，形成了一种内涵的即集约的经济增长方式。当然，从另一个侧面看，资本积累和资本主义的经济增长是以同时牺牲和破坏环境和资源，以及劳动者的生存条件为代价的。但是，正因为如此，也引起了包括发达国家和发展中国家在内的全世界各国人民对于资本主义生产方式的抗争，对于人类自身生存和发展的环境的忧虑，以及对于经济和社会的可持续发展的呼吁。在这种情况下，资本主义各国政府尽管很不情愿，但为了资产阶级自身的利益，也不得不采取了一系列有利于人类可持续发展的政策和措施。正是在这种背景下，可持续发展已经成为21世纪世界各国正确处理与协调人口、资源、环境和经济相互关系的共同面对的重大课题。中国作为一个发展中的社会主义大国，在融入当代全球化的过程中，应当更加自觉地承担起自己应当承担的环境保护、节能减排、维护人类自身可持续发展的责任。而要做到这一点，就必须实现经济发展方式从粗放型向集约型转变。我国由于原来的工业化和现代化发展程度比较低，经济增长和经济发展的方式比较粗放，主要是靠高投入、高消耗来实现的。随着我国现代化进程的推进，这种粗放型的发展方式带来的问题和压力日益严重。改革开放以来特别是20世纪90年代我国开始实施可持续发展战略以来，这种状况有所改观。但是，消耗高、污染大、效益低的粗放型经济发展方式还未得到根本性改变。这对我国经济社会的可持续发展是十分不利的。而在这个方面，发达国家的一些做法同样也为我们提供了一些可资借鉴的经验。这样，当代全球化的发展，就为实现我国经济发展方式的转变提供了机遇。

全球化不仅有利于我国加快经济发展方式的转变，而且有利于我国推动产业结构优化升级。资本主义生产方式之所以能够推动人类社会生产力的发展，其原因之一也在于：它在推广这种生产方式的同时，也在资本主义所能容纳的范围之内，不断推进了自身产业结构的升级和优化。这种情形在当代全球化的条件下得到了进一步的发展。其具体表现之一就是：发达国家中新能源、新科技的不断产生和高科技产业兴起，以及一些落后的产业部门向第三世界国家转移。而我国由于历史和体制等方面的原因，产业结构存在许多矛盾和问题，比如我国有些原有的工业部门已经成为夕阳产业，不但效益很低，而且资源配置很不合理。许多产业比较落后，尤其是第三产业和服务业在机制与管理上更为落后，有的甚至达不到发展中国家的水平。更为突出的是，虽然经过30多年来的改革开放，并实施了国家创新体系等措施，但我国高新技术产业在整个国民经济中所占的比例仍然较低。因此，我国产业结构的调整不仅要向发达国家学习，加快高新技术产业的发展，更要加快服务业的发展和对传统产业的改造，以完成工业化向信息化、现代化的跨越。这是一个十分艰巨的双重任务。而在这个方面，参与全球化进程特别是加入世贸组织为我国进行产业结构的战略性调整带来了新契机。我国可以利用这个契机，根据国内和国际市场的需要，不断调整和优化产业结构，大力加快高新技术产业的发展，实现技术发展的跨越，努力实现党的十七大提出的推动我国产业结构优化升级的目标："发展现代产业体系，大力推进信息化与工业化融合，促进工业由大变强，振兴装备制造业，淘汰落后生产能力；提升高新技术产业，发展信息、生物、新材料、航空航天、海洋等产业；发展现代服务业，提高服务业比重和水平；加强基础产业基础设施建设，加快发展现代能源产业和综合运输体系。"①

（二）全球化在政治方面给中国特色社会主义发展带来的机遇

迅猛发展的全球化潮流不仅带来各国经济领域的深刻变化，

---

① 中共中央文献研究室编《十七大以来重要文献选编》（上卷），中央文献出版社，2009，第18页。

也在一定程度上影响到政治领域。"全球化不仅增强了经济、贸易和金融往来，也增强了政治、文化等方面的关系与交往。"① 因此从这个方面说，全球化在一定程度上给中国特色社会主义政治发展和政治体制的改革提供了某些机遇。

1. 全球化对我国社会主义民主政治的建设提供的机遇

党的十七大报告指出："人民民主是社会主义的生命。发展社会主义民主政治是我们党始终不渝的奋斗目标。"② 这足以说明民主对社会主义的重要意义。众所周知，社会主义民主与资本主义民主有本质区别。正如毛泽东指出："我们的民主不是资产阶级的民主，而是人民民主。"③ 但是，两者又有一定的联系。这是因为，"民主"本身作为一个历史的和政治的范畴，首先也是在资本主义的历史条件下产生和发展起来的。资本主义的"民主"政治虽然按其阶级实质来说，在任何条件下都是为了维护资产阶级自身的共同的阶级利益，但在这一过程中，在实行"民主政治"的形式上，毕竟也积累了数百年的经验。而我国的社会主义社会还处在初级阶段。由于历史的原因，我国没有单独地经历一个资本主义经济和政治都十分发达的历史阶段。而在这个方面，即在进行社会主义民主政治建设的过程中，在坚持我们中国特色社会主义的"国体"性质的前提下，发达资本主义国家在"民主政治"建设的"政体"方面的某些形式和经验，仍然可以值得我们去借鉴。而在当代全球化进程日益发展的情况下，各国之间的政治交往日益扩大与频繁，加强了各国政治生活中的对话与交流。这就为我国社会主义民主政治的建设提供了可资借鉴的经验和学习的机遇。正如邓小平指出："社会主义要赢得与资本主义相比较的优势，就必须大胆吸收和借鉴人类社会创造的一切文明成果。"④ 这其中就包

---

① See Mikhail Titarenko, "China and Globalization", *Far Eastern Affairs*, 2003, Vol. 31 Issue 4.

② 中共中央文献研究室编《十七大以来重要文献选编》（上卷），中央文献出版社，2009，第22页。

③ 《毛泽东文集》第6卷，人民出版社，1999，第326页。

④ 《邓小平文选》第3卷，人民出版社，1993，第373页。

括要学习西方资本主义国家民主建设的经验，发展社会主义民主。资产阶级民主的某些具体形式和做法，比如普选制度、代议制度、政党制度、监督制度、人权的保障制度、退休制度等，资本主义国家政治上的某些调节"机制"，比如参与机制、竞争机制、制衡机制、监督机制等，经过改造可以为我们所借鉴和参考。因此从这个意义上也可以说，全球化为加快我国社会主义民主化进程提供了机遇。

　　而从实践的角度看，我国融入全球化的过程，就是我国不断推进社会主义民主化的进程。正如邓小平指出："党的十一届三中全会提出一系列新的政策。就国内政策而言，最重大的有两条，一条是政治上发展民主，一条是经济上进行改革，同时相应地进行社会其他领域的改革。"① 经过改革开放以来的发展，我国不论在民主的理论方面，还是在民主的实践方面，都取得了显著进步。在新的历史时期，我国在民主理论方面的贡献表现为把民主作为社会主义的本质要求。也正如党的十四大报告指出："人民民主是社会主义的本质要求和内在属性……没有民主和法制就没有社会主义，就没有社会主义的现代化。"② 从实践来看，我国民主政治建设主要是积极努力地促进党内民主以及党和国家领导制度的改革和完善。在党内民主方面，主要是规定必须按期召开党的代表大会，其次是改革党内选举制度，最后是强调党内正确的权力授受关系。在党的领导体制方面，提出和实施了依法治国方略，强调要改革和完善党的领导方式和执政方式，确立实践"总揽全局、协调各方"的原则等。当然，除了在党内民主和党的领导体制改革方面的进展外，我国在改革和完善人民代表大会制度、改革和完善多党合作和政治协商制度、行政管理制度、干部人事制度、司法体制改革、民主监督体系、基层民主和村民自治等方面，也取得了重大的进步。

　　① 《邓小平文选》第 3 卷，人民出版社，1993，第 116 页。
　　② 中共中央文献研究室编《十四大以来重要文献选编》（上卷），人民出版社，1996，第 28 页。

2. 全球化对我国政治体制改革起着推动作用

政治体制改革，是我国社会主义政治制度自我发展和不断完善的内在要求，也是社会主义政治发展的必由之路。我国原有的政治体制是在长期的革命斗争和社会主义建设的过程中逐步形成的。我国的工人阶级领导的、以工农联盟为基础的人民民主专政的政治制度，从根本上来说与我国现阶段的社会主义基本经济制度是相适应的。但是，随着我国经济体制的改革和现代化建设的发展，也出现了许多新情况和新问题。原有的政治体制，在"政体"这个层面上，也暴露出许多弊端。马克思主义认为，经济与政治的关系是非常密切的。经济是政治的基础，政治是经济的集中体现。众所周知，我国的改革是从经济领域开始的。我国经济体制改革和现代化建设所取得的成就，一方面为政治体制改革提供了必要的物质基础和社会支持；另一方面，经济体制改革的不断深化和发展对政治体制改革也提出了更高的要求。只有政治体制改革与经济体制改革相互协调，相互促进，配套进行，才能进一步解放和发展生产力，充分发挥人民群众的聪明才智、积极性和创造性，促进经济社会的全面发展，才能保证改革大业的成功。正如邓小平所说："我们提出改革时，就包括政治体制改革。现在经济体制改革每前进一步，都深深感到政治体制改革的必要性。不改革政治体制，就不能保障经济体制改革的成果，不能使经济体制改革继续前进，就会阻碍生产力的发展，阻碍四个现代化的实现。"① 因此，党的十一届三中全会以来，我们在坚持四项基本原则，特别是在坚持人民代表大会制度、共产党领导的多党合作和政治协商制度、民族区域自治制度等政治优势的同时，吸收和借鉴人类社会创造的一切政治文明成果，在政治体制方面也进行了一系列改革，推进了我国政治体制改革和民主政治的发展与进步。

同时，全球化也推进了我国的行政体制和政府管理改革。由全球化而引发的世界各国行政体制改革，为我国的行政体制改革

---

① 《邓小平文选》第 3 卷，人民出版社，1993，第 176 页。

提供了机遇和值得借鉴的经验。我们可以借鉴西方一些发达国家的行政改革的好经验、好做法，来推进和深化我的行政体制改革，从而改变我国政府机关机构庞大、政企不分、官僚主义和形式主义严重等弊端。要引进竞争和激励机制，完善国家公务员制度，努力建设一支高素质、专业化的国家行政管理干部队伍，从而提高各级政府的办事效率。

3. 全球化对我国的法治进程起着推动作用

马克思主义认为，法的关系也像政治关系一样，同属上层建筑的范畴，并且都是历史的范畴。在近代资本主义社会的历史上，一般说来，资产阶级的"法治"，是相对于前资本主义社会的人身依附关系，亦即"人治"而言的。也就是把资产阶级社会中所通行的一些资产阶级之间相互关系的原则，用"法"的形式固定下来，强调在法律面前人人平等。用这种方式来调节资本主义社会中的人与人之间的社会关系，维持这个社会的秩序和稳定。从这个意义上来说，它与封建社会的"人治"相比，无疑是一种历史的进步。

但在当代全球化的条件下，法治和民主一样，也都具有自己的阶级性。资本主义社会也有人治，社会主义社会也有法治。而在社会主义社会的条件下，从本质上来说，无论是法治还是人治，其"治"和"被治"的主体和对象都是联合起来的劳动者自己。从这个意义上来说，无论是法治还是人治，本身并无绝对的优劣之分。但是，由于我国在成立前是一个半封建半殖民地的社会，并没有单独经历一个充分发展的资本主义社会，由封建社会遗留下来的"权大于法"的"人治"观念的残余还相当严重，所以还有必要在无产阶级专政的社会主义基本制度的条件下，继续完成社会主义民主和法治建设的任务。同时，这也是我国融入全球化的过程，在人权和法治等领域内开展国际对话和交流的需要。尤其是改革开放以来，随着我国不断融入全球化进程，特别是由于加入了世界贸易组织，情况发生了进一步变化。因为全球化提出了国际商贸、市场准入、证券期货、商务税收、信息交换、环境保护、人口和移民、国际犯罪等许多超国家的全球性的政治法律问题。要在这些方面进行国际合作，我国就必须加快在各相关领域的法律法规上与国际"接轨"。当然，这种"接轨"不是完全照搬照抄，而是在坚持社会主义原则和结合我国国情的基础上的扬弃和创新运用。

在这个方面，当前比较突出地表现在以下几个方面：一是在制定有关市场经济立法时，参考借鉴了国外的有关经验。经过十多年的努力，目前我国已经初步建立了社会主义市场经济法律体系。二是树立社会主义的民主和人权的观念。马克思主义和科学社会主义的核心就在于消除由于私有制和资本主义生产方式所造成人类社会的阶级对立的不和谐状态，消除形形色色的剥削制度所造成的对于人类自身发展的各种限制和障碍，建立以人为本的、人类自由全面发展的新社会，并且实现人与自然界之间的协调发展。因此，从这个意义上说，强调"人权"问题绝不是资产阶级和资本主义国家的"专利"。只是在人权问题上，社会主义和资本主义有着不同的标准和解释。并且，社会主义国家应该代表人类社会的更高的人权，更加应该抢占人权问题的制高点。20世纪90年代以后，人权价值被引入中国的立法领域。我国《未成年人保护法》《残疾人保护法》《妇女权益保护法》以及《刑法》《刑事诉讼法》等法律的制定和修改，都体现了立法的人权观念。三是国内立法与国际立法接轨的观念。按照马克思主义的观点，社会主义社会的立法与资本主义社会的立法在本质上本来应当具有根本不同的甚至对立的性质。但是，这并不排斥在立法的形式上对资本主义社会立法的借鉴。特别是在我国社会主义初级阶段条件下和全球化的背景下，更是如此。改革开放以来，我国不仅在经济立法，而且在有关政治立法方面也注意到与国际对接。比如代议制民主、选举制、权力分工、保障基本权利和自由等方面的立法，都在一定程度上吸收了国外的经验。

可见，在全球化背景下，更多地学习、借鉴和吸收国外立法的经验，提高我国立法体制的民主化、立法行为的程序化、立法技术的规范化等法制建设水平，对于进一步加强我国民主和法治的建设，提高我们应对当代全球化发展的能力和水平，是十分必要的。党的十五大以来，依法治国就被确定为我国治理国家的基本方略。这表明，我国国家权力结构和运行程序向规范化、公共化方向转变。也就是说，我国确立了依法执政、依法行政的目标。

（三）全球化在文化方面给中国特色社会主义发展带来的机遇

文化是人类文明进步的结晶，渗透在社会生活的各个领域。一方面，代表先进阶级和先进生产力的先进文化，不仅对于人们树立正确的世界观、人生观、价值观具有十分重要的作用，而且越来越成为全球化背景下社会主义国家综合国力的重要组成部分。另一方面，近年来，在全球化进程中出现的一个引人注目的景观就是，尽管当今世界各国在经济、政治、意识形态和社会制度方面各不相同，但在全球各地仍然不断兴起了"文化热"潮流。这就是说，撇开文化现象中的意识形态因素不说，作为一个客观历史进程，全球化同时也为不同国家、不同地区、不同民族文化的交流、交融提供了强大的动力和历史机遇，对我国文化发展也会起到一定的推动作用。这就是说，考察中国特色社会主义文化离不开全球化这个大背景。当代全球化给中国特色社会主义文化带来的机遇主要体现在以下几个方面。

1. 全球化促进了我国文化事业的繁荣与发展

随着全球化的发展、经济体制改革以及文化体制改革的不断深入，我国文化事业出现了繁荣发展的局面。2008 年末全国共有艺术表演团体 2575 个，文化馆 3171 个，公共图书馆 2825 个，博物馆 1798 个，广播电台 257 座，电视台 277 座，广播电视台 2069 座，教育台 45 个，有线电视用户 16342 万户，有线数字电视用户 4503 万户。2008 年末广播节目综合人口覆盖率为 96.0%，电视节目综合人口覆盖率为 97.0%。2008 年全年生产故事影片 406 部，科教、纪录、动画和特种影片 73 部，出版各类报纸 445 亿份，各类期刊 30 亿册，图书 69 亿册。2008 年末全国共有档案馆 3987

个，已开放各类档案 7267 万卷（件）①。具有重要意义的是，一个同社会主义市场经济与现代物质文明相适应、具有多样性和包容性的现代文化正在形成和发展。

2. 全球化有助于丰富我国的文化生活，增强我国文化的生机与活力

一方面，在全球化条件下，商品和生产要素在全球范围内流动。尽管这是一种经济现象，但也蕴涵着许多文化因素。它们不仅反映一定的消费观念和生活方式，从深层来看，还代表着一定的文化底蕴。由于国外商品和生产要素的流入，使得我国人民不仅可以获得广泛的消费选择，而且可以由此领略世界各国的风情和文化。在这些不同的风情和文化中，如果剔除了其中可能包含的各种不同的文化糟粕，无疑也会成为繁荣和丰富我国社会主义文化生活的营养。另一方面，同样如果撇开生产的社会形式和各种不同文化中的糟粕，不同文化的交流与交融也是促进人类文化发展的强大动力。全球化带来的全球范围内的文化交流，为各民族文化的发展提供了更为广阔的空间。不同文化之间的碰撞、交流和交融，可以使这些文化在发展过程中，不断地吸取其他文化的先进因素，从而焕发出新的生命力。在全球化背景下，通过对外文化交流活动，从中借鉴和吸收有利于我国文化发展的因素，必将给我国文化增添生机与活力。而我们对其他国家文化的借鉴和吸收并非简单的"移植"，而是在创造与时代发展相适应的更加辉煌的中国新文化。正因为如此，我们的文化不会因为学习吸收国外优秀文化而失去自己的个性。对此，毛泽东曾以音乐为例深刻地指出了学习外国优秀文化与发展本民族文化的关系。他指出："演些外国音乐，不要害怕。隋朝、唐朝的九部乐、十部乐，多数是西域音乐，还有高丽、印度来的外国音乐。演外国音乐并没有使我们自己的音乐消亡了，我们的音乐继续在发展。外国音乐我

---

① 国家统计局：《中华人民共和国 2008 年国民经济和社会发展统计公报》，中国网，http://www.china.com.cn/news/txt/2009－02/26/content＿17341247＿8.htm，最后访问日期：2013 年 6 月 18 日。

们能消化它，吸收它的长处，就对我们有益。""我们接受外国的长处，会使我们自己的东西有一个跃进。"① 列宁早在十月革命以后就指出："共产主义是从人类知识的总和中产生出来的，马克思主义就是这方面的典范。"② 邓小平坚持和发展了列宁的思想，认为吸收人类文明成果对社会主义有着十分重要的意义。他指出："社会主义要赢得与资本主义相比较的优势，就必须大胆吸收和借鉴人类社会创造的一切文明成果。"③ 吸收和借鉴人类社会创造的"一切文明成果"当然包括吸收和借鉴人类社会创造的优秀文化成果。实际上，一个民族、国家文化的发展和繁荣离不开对其他文化的学习和借鉴，这是人类文化发展的基本规律。社会主义文化是人类历史上崭新的文化，它是人类创造的各种文化广泛交融的结果。在全球化背景下，我们要建设面向现代化、面向世界、面向未来的，民族的、科学的、大众的社会主义文化，也离不开对其他文化的学习和借鉴。

3. 全球化有助于扩大中国优秀文化的传播

中华民族历经五千年的发展，文化积淀极为深厚，形成了许多优秀的文化成果。尤其是在中国特色社会主义的条件下，这些文化成果经过在社会主义主流意识指导下的批判继承、发展和创新，得到了进一步的发扬，这些文化成果不仅影响着当代中国人民的生活，也对世界文化的发展产生着一定的影响。全球化为扩大中国优秀文化的传播提供了条件。可以通过全球化这个平台，利用各种传播手段，宣传我们国家的经济成果、政治成果，特别是文化成果，以扩大中国文化的影响力，彰显出自身价值及全球意义。比如，中国传统文化中的关于人与自然和谐相处的思想，以及中国共产党关于"以人为本、人与自然和谐相处"的科学发展观和"构建社会主义和谐社会"的理念等，不仅对于解决工业化进程中的许多全球性问题颇有启发作用，而且随着时代的发展，必将会得到世界上越来越多国家的人民的认可与重视。

---

① 《毛泽东文集》第 7 卷，中央文献出版社，1999，第 82 页。
② 《列宁专题文集——论马克思主义》，人民出版社，2009，第 296 页。
③ 《邓小平文选》第 3 卷，人民出版社，1993，第 373 页。

第五章

全球化背景下发展中国特色
社会主义的策略选择

中国特色社会主义道路是在全球化进程中形成和发展起来的。在这一过程中，我们面临着许多矛盾和问题，而要解决这些矛盾和问题首先必须解放思想。可以说，没有解放思想就没有中国特色社会主义道路的成功探索。改革开放的进程就是我国逐步融入全球化的进程。在这一过程中，我们成功开辟了中国特色社会主义发展道路。在新的历史条件下，只有坚定不移地推进改革开放，才能使中国特色社会主义道路越走越宽广。社会主义市场经济是发展中国特色社会主义的根本要求。在全球化进程中形成的中国特色社会主义道路，必将受到全球化的影响。党中央提出贯彻落实科学发展观和构建社会主义和谐社会的重大战略思想，可以说是对此进行的积极回应，由此推动了中国特色社会主义事业的新发展。

一 解放思想与中国特色社会主义发展道路的选择

中国特色社会主义道路是在全球化进程中形成和发展起来的。在这一过程中，我们面临着许多矛盾和问题，而要解决这些矛盾和问题首先必须解决人们的思想认识问题。改革开放以来的历史进程表明，解放思想是中国特色社会主义道路得以开拓与推进的重要思想保障。正如胡锦涛在党的十七大报告中指出："解放思想是发展中国特色社会主义的一大法宝。"①　也正如 2007 年 6 月 25 日他在中共中央党校省部级干部进修班上的讲话中指出："解放思想，是党的思想路线的本质要求，是我们应对前进道路上各种新情况新问题、不断开创事业新局面的一大法宝，必须坚定不移地加以坚持。"②　胡锦涛的重要讲话从理论与实践、历史与现实的多重维度充分肯定了解放思想的价值、意义和作用。目前，在建设中国特色社会主义的历史进程中，我们仍然需要不断地解放思想。

（一）在解放思想中形成中国特色社会主义发展道路

解放思想是邓小平对我们党的思想路线内容的丰富和发展，邓小平对解放思想曾多次作过明确的界定。什么是解放思想？1979 年 3 月，邓小平在《坚持四项基本原则》一文中指出："解放思想，就是要运用马列主义、毛泽东思想的基本原理，研究新情况，解决新问题。"③　一年后，邓小平在《坚持党的路线，改进工作方法》一文中再次重申："我们讲解放思想，是指在马克思主义指导下打破习惯势力和主观偏见的束缚，研究新情况，解决新问题。""解放思想决不能够偏离四项基本原则的轨道，不能损害安定团结、生动活泼的政治局面。全党对这个问题要有一个统一的认识。"④　之后，他进一步明确提出："解放思想，就是使思想和实际相符合，使主观和客观相符合，就是实事求是。"⑤　从邓小平的这些讲话中，我们可以看出，解放思想具有四个内在规定性：一是解放思想是在马克思主义的指导下进行的；二是解放思想的对象是习惯势力和主观偏见；三是解放思想的目的是研究新情况，解决新问题，从而维持安定团结、生动活泼的政治局面；四是解放思想和实事求是具有内在的同一性。可见，解放思想就是不断

①　中共中央文献研究室编《十七大以来重要文献选编》（上卷），中央文献出版社，2009，第 207 页。
②　胡锦涛：《坚定不移走中国特色社会主义伟大道路　为夺取全面建设小康社会新胜利而奋斗》，《人民日报》2007 年 6 月 26 日。
③　《邓小平文选》第 2 卷，人民出版社，1994，第 179 页。
④　《邓小平文选》第 2 卷，人民出版社，1994，第 279～280 页。
⑤　《邓小平文选》第 2 卷，人民出版社，1994，第 364 页。

地探寻、求索事物的本质和规律，不断地修正已有的认识、理论，使之与事物的本质和规律相符合，使之更好地实现合目的性与合规律性的有机统一。在邓小平看来，解放思想就是毛泽东提倡的实事求是，一切从实际出发。

中国特色社会主义道路正是在解放思想的过程中形成和发展起来的。从党的十一届三中全会冲破"两个凡是"的禁锢以来，一次又一次的思想解放都无一例外地成为开辟中国特色社会主义道路的先导。可以说，没有解放思想就没有中国特色社会主义道路。

"文化大革命"结束后，我国面临着向何处去、如何纠正以往的错误以及如何赶上时代潮流、迅速走上社会主义现代化的道路等一系列问题。在此情况下，邓小平首先起来反对"两个凡是"的错误，提出必须完整、准确地理解毛泽东思想的问题，认为只有这样，才能用毛泽东思想来指导全党、全军和全国人民，胜利推进社会主义现代化事业。他明确指出，"两个凡是"不符合马克思主义，"这是个重要的理论问题，是个是否坚持历史唯物主义的问题"①，并且带领全党开展了关于真理标准问题的大讨论。1978年12月党的十一届三中全会前夕，邓小平发表了《解放思想，开动脑筋，团结一致向前看》的重要讲话，进一步号召人们解放思想，冲破思想禁锢。他指出："只有思想解放了，我们才能正确地以马列主义、毛泽东思想为指导，解决过去遗留的问题，解决新出现的一系列问题，正确地改革同生产力迅速发展不相适应的生产关系和上层建筑，根据我国的实际情况，确定实现四个现代化的具体道路、方针、方法和措施。"② 他特别强调："一个党，一个国家，一个民族，如果一切从本本出发，思想僵化，迷信盛行，那它就不能前进，它的生机就停止了，就要亡党亡国。"③ 这次全会重新确立了党的解放思想、实事求是的思想路线，实现了党和

---

① 《邓小平文选》第 2 卷，人民出版社，1994，第 38 页。
② 《邓小平文选》第 2 卷，人民出版社，1994，第 141 页。
③ 《邓小平文选》第 2 卷，人民出版社，1994，第 143 页。

国家工作重心的转移，作出了实行改革开放的重大决策，开始了中国特色社会主义道路的伟大探索。对此，江泽民和胡锦涛给予了高度评价。江泽民指出："十一届三中全会，是建国以来我党历史上具有深远意义的伟大转折。……建设有中国特色社会主义的新道路，是以这次全会为起点开辟的。……十一届三中全会是一个光辉的标志，它表明中国从此进入了社会主义事业发展的新时期。"① 胡锦涛也指出："这次会议，实现了新中国成立以来我们党历史上具有深远意义的伟大转折，开启了我国改革开放历史新时期。"②

十一届三中全会以后，我们党开始了探索适合我国国情发展道路的伟大征程。1982 年 12 月，邓小平在党的十二大开幕词中明确指出："把马克思主义的普遍真理同我国的具体实际结合起来，走自己的道路，建设有中国特色的社会主义，这就是我们总结长期历史经验得出的基本结论。"③ 从此，"走自己的路，建设有中国特色的社会主义"就成为新时期我国社会主义现代化建设的鲜明主题。1992 年春，针对改革开放过程中出现的新问题，邓小平在南方谈话中再一次向全党发出思想解放的宣言书。邓小平南方谈话提出了判断改革是非成败的"三个有利于"标准，揭示了社会主义的本质④。在邓小平南方谈话精神指引下，根据邓小平南方谈话精神，党的十四大明确提出，我国经济体制改革的总体目标是建立社会主义市场经济体制。1993 年，党的十四届三中全会通过了《关于建立社会主义市场经济体制若干问题的决议》，对经济体制改革进行了全面部署。

其后，经过党的十五大和十六大，继续坚持解放思想和改革开放，取得了改革开放和社会主义现代化建设的新成就。进入 21

---

① 中共中央文献研究室编《十五大以来重要文献选编》（上卷），人民出版社，2000，第 673 页。

② 胡锦涛：《在纪念党的十一届三中全会召开 30 周年大会上的讲话》，人民出版社，2008，第 1 页。

③ 《邓小平文选》第 3 卷，人民出版社，1993，第 3 页。

④ 《邓小平文选》第 3 卷，人民出版社，1993，第 373 页。

世纪以来，随着改革开放的深入发展，原有的利益格局发生了重大变化，深层次的矛盾和问题不断涌现。如何看待和应对发展中出现的这些新问题和新矛盾？人们的思想再度陷入困惑。针对改革开放和经济发展中出现的新情况、新问题，党中央审时度势，及时提出了"科学发展观"和"以科学发展观统领经济社会发展全局""构建社会主义和谐社会"，以及"转变经济发展方式"等一系列重要的战略决策，同时强调指出，发展中国特色社会主义必须坚定不移地坚持解放思想、推进改革开放。2007 年 10 月召开的党的十七大进一步强调指出："改革开放是决定当代中国命运的关键抉择，是发展中国特色社会主义、实现中华民族伟大复兴的必由之路；只有社会主义才能救中国，只有改革开放才能发展中国、发展社会主义、发展马克思主义。""在当代中国，坚持中国特色社会主义道路，就是真正坚持社会主义。"① 从而为我们进一步解放思想和坚持中国特色社会主义道路指明了方向。

（二）发展中国特色社会主义必须继续解放思想

解放思想具有认识世界、改造世界的巨大价值和伟大意义。当前，我国经济社会发展已进入关键阶段。当今世界正在发生广泛而深刻的变化，当代中国正在发生广泛而深刻的变革。因此，在中国特色社会主义道路上前进的过程中，我们遇到了前所未有的机遇和挑战。这些机遇和挑战要求我们继续解放思想。只有这样，才能不断推动中国特色社会主义道路的发展。新一轮解放思想的基本要求就是："立足社会主义初级阶段这个最大的实际，科学分析我国全面参与经济全球化的新机遇新挑战，全面认识工业化、信息化、城镇化、市场化、国际化深入发展的新形势新任务，深刻把握我国发展面临的新课题新矛盾。"② 对我国来说，这种新机遇新挑战、新课题新矛盾来自国际国内两个方面。

---

① 中共中央文献研究室编《十七大以来重要文献选编》（上卷），中央文献出版社，2009，第 8~9 页。

② 中共中央文献研究室编《十七大以来重要文献选编》（上卷），中央文献出版社，2009，第 11 页。

从国际形势看，世界多极化和经济全球化的趋势深入发展，大国关系错综复杂，科学技术进步日新月异，综合国力的竞争非常激烈。这种形势有利于我国利用国外的资本、技术、资源和市场，有利于扩大我国在国际舞台上的回旋余地。和平与发展仍是时代主题，但是，由于霸权主义、强权政治依然存在，影响和平与发展的不稳定、不确定因素增多。和平与发展的时代主题，为我国的经济社会发展提供了良好的外部环境。而霸权主义与强权政治的存在，又给我国的主权与安全带来了一定的威胁。敌对势力仍然对我国实施"西化""分化"战略，各国贸易摩擦日益增多。由于我国是现存最大的发展中的社会主义国家，所以将在一个相当长的历史时期面临敌对势力对我国实施的"西化""分化"的挑战。我国仍将长期面对发达国家在经济科技等方面占优势的压力。改革开放以来，我国经济科技获得了很大的发展。就经济而言，2008年我国GDP已经位居世界第三，但和位居第一的美国却相差甚远，人均GDP和发达国家的差距就更大了。就科技而言，我国在航空航天技术、生物工程技术等方面已经居于世界领先水平，但总体科技实力和发达国家仍有不小的差距。总体而言，目前我们面临着总体态势良好、不利因素增多的国际环境。

从国内情况看，"我国仍处于并将长期处于社会主义初级阶段的基本国情没有变，人民日益增长的物质文化需要同落后的社会生产之间的矛盾这一社会主要矛盾没有变"[①]。但是，经过30多年的改革开放，我国从生产力到生产关系、从经济基础到上层建筑都发生了意义深远的重大变化。社会主义初级阶段和主要矛盾呈现出一系列新的阶段性特征。党的十七大报告从八个方面对此进行了概括："进入新世纪新阶段，我国发展呈现一系列新的阶段性特征，主要是：经济实力显著增强，同时生产力水平总体上还不高，自主创新能力还不强，长期形成的结构性矛盾和粗放型增长方式尚未根本改变；社会主义市场经济体制初步建立，同时影响

---

① 中共中央文献研究室编《十七大以来重要文献选编》（上卷），中央文献出版社，2009，第123页。

发展的体制机制障碍依然存在，改革攻坚面临深层次矛盾和问题；人民生活总体上达到小康水平，同时收入分配差距拉大趋势还未根本扭转，城乡贫困人口和低收入人口还有相当数量，统筹兼顾各方面利益难度加大；协调发展取得显著成绩，同时农业基础薄弱、农村发展滞后的局面尚未改变，缩小城乡、区域发展差距和促进经济社会协调发展任务艰巨；社会主义民主政治不断发展、依法治国基本方略扎实贯彻，同时民主法制建设与扩大人民民主和经济社会发展的要求还不完全适应，政治体制改革需要继续深化；社会主义文化更加繁荣，同时人民精神文化需求日趋旺盛，人们思想活动的独立性、选择性、多变性、差异性明显增强，对发展社会主义先进文化提出了更高要求；社会活力显著增强，同时社会结构、社会组织形式、社会利益格局发生深刻变化，社会建设和管理面临诸多新课题；对外开放日益扩大，同时面临的国际竞争日趋激烈，发达国家在经济科技上占优势的压力长期存在，可以预见和难以预见的风险增多，统筹国内发展和对外开放要求更高。"[1] 不难看出，我国社会主义现代化建设事业已经取得了举世瞩目的辉煌成就，综合国力大幅跃升，为进一步发展奠定了雄厚的基础，积累了丰富的经验。但是，由于经济体制的深刻变革、社会结构的深刻变动、利益格局的深刻调整以及思想观念的深刻变化，必然给我国发展进步带来种种矛盾和问题。

当前，我国所面临的矛盾和问题具有以下特点[2]。一是"新"。我们现在遇到的很多矛盾和问题都是新的矛盾和问题，这和改革开放初期不一样，那时我们解决面临的矛盾和问题，国外有很多现成的东西是可以参照的，有很多成熟的经验可以引进来。而现在很多矛盾和问题的解决，连国外也没有什么现成的经验，确实需要新的探索。比如生态平衡问题、反腐败问题、在经济快速发展中满足人民的精神追求以及社会和谐等问题，都是全新的矛盾

① 中共中央文献研究室编《十七大以来重要文献选编》（上卷），中央文献出版社，2009，第10页。
② 参见侯惠勤《解放思想与中国特色社会主义》，《常熟理工学院学报》（哲学社会科学版）2008年第1期。

和问题。二是"深"。现在的矛盾和问题都是深层次的矛盾和问题，解决难度很大。比如说民主政治怎么进一步健全，党统揽全局、协调各方，但是党自身怎么建设。党的十七大报告提出以理想信念为重点的思想建设、以培养高素质干部队伍为重点的组织建设、以反腐倡廉体系为重点的廉政建设等，都是必须着力解决的重大问题。为此，党提出以扩大党内民主带动人民民主、以增进党内和谐促进社会和谐、以优良的党风促政风带民风。党能够起到这种作用是很困难的，现在世界上很少有政党能够很好地解决这个问题，能够真正起到这种作用。三是"杂"。现在我们面临的矛盾和问题都是错综复杂的，可称之为积压性的矛盾。这是我们用几十年时间走过了西方发达国家用一百多年甚至几百年时间走完的道路所形成的，西方国家的历时性矛盾在我们这里成了共时性矛盾。

在新的历史条件下，人民群众对生活充满了新期待。这就是说，随着社会生活的日益多样化，人民群众的物质文化需求有了新的提升，产生了诸多新需求和新观念，政治参与积极性也不断提高。人民群众更加注重生活质量，更加追求文化享受，更多地关注公共资源和产品的分配，更加需要知情权、参与权、表达权、监督权。这对执政的中国共产党来说，既是机遇也是挑战。一方面，这说明人民群众对党充满信任和信赖，我们党执政的群众基础不断巩固；另一方面，也提出了问题，即党如何既满足群众更高的物质生活追求，又能引导群众避免陷入"消费主义"的误区？如何既满足群众对大众文化的需求，又能提高群众的文化鉴赏水平？如何既动员群众"共建"和谐社会，又能保证群众"共享"和谐社会？如何既确保人民当家作主，又能引导群众有序地参与政治？

在中国特色社会主义道路发展的新的历史起点上所面临的上述新课题、新矛盾，是以往整个国际共产主义运动发展历程中所没有的。这就是说，我们没有任何现成经验可供参照。根据对我们党治国理政实践经验的深刻总结，欲化解这些矛盾，解决这些课题，只能充分调动全党、全国人民的智慧，继续解放思想。因此，只有坚定不移地坚持解放思想，我们才能更加准确地把握世界和中国发展的全局，才能更有效地解决现有的问题和困难，把中国特色社会主义继续推向前进。

（三）在发展中国特色社会主义进程中解放思想

恩格斯在《自然辩证法》一书中谈到一些"缺乏逻辑修养和辩证法修养的自然科学家"由于"相互排斥的假说的数目之多和更替之快"而"很容易引起这样一种想法"，即"我们不可能认识事物的本质"时曾指出："抽象地说，这种论断听起来好像是完全合理的"，但实际上却是不合理的。然后，他指出："从历史的观点来看，这件事也许有某种意义：我们只能在我们时代的条件下去认识，而且这些条件达到什么程度，我们就认识到什么程度。"① 这就是说，人们的认识和实践都是随着"时代的条件"而不断发展的。发展中国特色社会主义，我们将面临更多的挑战和难以预料的复杂问题，这对解放思想提出了新的、更高的要求。只有继续解放思想，才能推进中国特色社会主义事业进一步向前发展。然而，解放思想不是胡思乱想，必须坚持正确的方向，把握正确的原则。

在发展中国特色社会主义进程中解放思想，必须坚持以马克思主义为指导。邓小平曾指出："我们讲解放思想，是指在马克思主义指导下打破习惯势力和主观偏见的束缚，研究新情况，解决新问题。"他还强调："解放思想决不能够偏离四项基本原则的轨道，不能损害安定团结、生动活泼的政治局面。"② 这就是说，解放思想是在马克思主义指导下进行的，而不能偏离马克思主义。马克思主义始终是中国特色社会主义保持正确方向的根本指针。但是，坚持马克思主义又不能采取教条主义的方法。恩格斯在1894 年致桑巴特的一封信中曾写道："马克思的整个世界观不是教义，而是方法。它提供的不是现成的教条，而是进一步研究的出发点和供这种研究使用的方法。"③ 也正如胡锦涛在党的十七大报告中指出："马克思主义只有与本国国情相结合、与时代发展同进

---

① 《马克思恩格斯文集》第 9 卷，人民出版社，2009，第 493～494 页。
② 《邓小平文选》第 2 卷，人民出版社，1994，第 279 页。
③ 《马克思恩格斯文集》第 10 卷，人民出版社，2009，第 691 页。

步、与人民群众共命运，才能焕发出强大的生命力、创造力、感召力。"① 在我国，坚持以马克思主义为指导，就是要把马克思主义的普遍真理与我国的具体实际结合起来，走自己的路，建设中国特色的社会主义。这是我们总结长期历史经验得出的基本结论，是新时期继续解放思想必须坚持的正确方向。

在发展中国特色社会主义的进程中解放思想，必须排除来自"左"和右的干扰。中国特色社会主义是一个空前艰巨的伟大事业，在其发展过程中必然会有各种各样的干扰。如何排除干扰？党的十七大报告提出两点要求：一是"不为任何风险所惧"，二是"不被任何干扰所惑"。这对于解放思想都是有针对性的。这种针对性就是警惕"左"和右两种错误思想。正如邓小平所说："右可以葬送社会主义，'左'也可以葬送社会主义。"②

"左"和右的表现看上去不同，实际上是相通的，都认为改革开放就是搞资本主义，中国特色社会主义就是"中国特色资本主义"。对此，党的十七大已经给予了回答："在当代中国，坚持中国特色社会主义道路，就是真正坚持社会主义。"③"我们现在所干的事业是一项新事业，马克思没有讲过，我们的前人没有做过，其他社会主义国家也没有干过。"④"我们既不能照搬西方资本主义国家的做法，也不能照搬其他社会主义国家的做法。"⑤

在发展中国特色社会主义的进程中解放思想，必须坚持创新性和开放性原则。江泽民曾指出："创新是一个民族进步的灵魂，是一个国家兴旺发达的不竭动力。"⑥"一个没有创新能力的民族，难以屹立于世界先进民族之林。"⑦"要迎接科学技术突飞猛进和知

---

① 中共中央文献室编《十七大以来重要文献选编》（上卷），中央文献出版社，2009，第9页。

② 《邓小平文选》第3卷，人民出版社，1993，第375页。

③ 中共中央文献室编《十七大以来重要文献选编》（上卷），中央文献出版社，2009，第9页。

④ 《邓小平文选》第3卷，人民出版社，1993，第258页。

⑤ 《邓小平文选》第3卷，人民出版社，1993，第256页。

⑥ 《江泽民文选》第2卷，人民出版社，2006，第237页。

⑦ 《江泽民文选》第1卷，人民出版社，2006，第432页。

识经济迅速兴起的挑战，最重要的是坚持创新。"① 发展中国特色社会主义的历史进程就是在解放思想的进程中不断推进理论创新和实践创新的过程。中国特色社会主义道路的形成与发展是我们不断坚持实践创新的结果，中国特色社会主义理论体系的形成则是我们不断坚持理论创新的结果。在新世纪新阶段，我们要取得经济建设、政治建设、文化建设、社会建设等各项工作的新突破新进展，必须坚持创新性原则。同时，新时期的思想解放还必须坚持开放性原则。这是时代和世界现代化实践的客观要求。我们只有坚持开放性原则，才能吸收和借鉴国外包括资本主义国家创造的一切优秀文明成果，为我所用。历史实践证明，创新性和开放性已经越来越成为解放思想的内在要求。

二 改革开放与中国特色社会主义发展道路的选择

改革开放的进程就是我国逐步融入全球化的进程。在这一过程中，我们成功地开辟了中国特色社会主义发展道路。在新的历史条件下，只有坚定不移地推进改革开放，才能使中国特色社会主义的道路越走越宽广。中国特色社会主义和改革开放具有内在一致性。

（一）中国特色社会主义道路是在改革开放进程中形成和发展的

在如何回顾和分析历史的问题上，马克思曾指出："对人类生活形式的思索，从而对这些形式的科学分析，总是采取同实际发

---

① 《江泽民文选》第 2 卷，人民出版社，2006，第 237 页。这里需要指出的是：马克思主义所说的"创新"是指以人民群众为主体的各种"创造性的工作及其成果"，这与资产阶级经济学家所说的资本家阶级的以盈利为目的的、对于他人的发明和发现的单纯的"引进"和"组合"，是两种完全不同的概念。参见许兴亚《论当代中国的马克思主义经济学》，数字中国网，http：//www.china001.com/show_ hdr.php? xname = PPDDMV0&dname = 4OA7D41&xpos = 27，最后访问日期：2013 年 6 月 18 日。

展相反的道路。这种思索是从事后开始的，就是说，是从发展过程的完成的结果开始的。"①

站在新的历史起点上，回望我国改革开放以来所走过的道路，探析我国发生历史性变化的深层原因，可以清晰地看出，改革开放与中国特色社会主义密不可分，两者相伴共生、相融共进。中国特色社会主义之所以具有蓬勃的生命力，就在于它是实行改革开放的社会主义；我国的改革开放之所以能够顺利推进，就在于它是坚持社会主义方向的改革开放。可以说，一部改革开放史，就是中国共产党人不断探索和开辟中国特色社会主义新道路的历史。伴随着改革开放的进程，中国特色社会主义道路的形成和发展也经历了一个长期的探索过程，这一过程凝结着几代中国共产党人带领人民不懈探索的智慧和心血。

改革开放是"决定中国命运的一招"②。这就是说，不改革开放，中国的发展就没有出路。邓小平指出："如果现在再不实行改革，我们的现代化事业和社会主义事业就会被葬送。"③"不坚持社会主义，不改革开放，不发展经济，不改善人民生活，只能是死路一条。"④ 他指出："我们冷静地分析了中国的现实，总结了经验，肯定了从建国到一九七八年三十年的成绩很大，但做的事情不能说都是成功的。我们建立的社会主义制度是个好制度，必须坚持。"⑤ 但是，体制方面存在着弊端，束缚了生产力的发展。他说："社会主义的首要任务是发展生产力，逐步提高人民的物质和文化生活水平。""不发展生产力，不提高人民的生活水平，不能说是符合社会主义要求的。"⑥ 他还指出："历史经验教训说明，不开放不行。开放伤害不了我们。我们的同志就是怕引来坏的东西，最担心的是会不会变成资本主义。恐怕我们有些老同志有这个担

① 《马克思恩格斯文集》第 5 卷，人民出版社，2009，第 93 页。
② 《邓小平文选》第 3 卷，人民出版社，1993，第 368 页。
③ 《邓小平文选》第 2 卷，人民出版社，1994，第 150 页。
④ 《邓小平文选》第 3 卷，人民出版社，1993，第 370 页。
⑤ 《邓小平文选》第 3 卷，人民出版社，1993，第 115 页。
⑥ 《邓小平文选》第 3 卷，人民出版社，1993，第 116 页。

心。搞了一辈子社会主义、共产主义，忽然钻出个资本主义来，这个受不了，怕。影响不了的，影响不了的。肯定会带来一些消极因素，要意识到这一点，但不难克服，有办法克服。你不开放，再来个闭关自守，五十年要接近经济发达国家水平，肯定不可能。"① 党的十一届三中全会作出了改革开放的历史性决策，以此为开端，从农村到城市、从经济领域到其他各个领域，全面改革的进程势不可当地展开了。从沿海到沿江沿边，从东部到中西部，对外开放的大门毅然地打开了。在改革开放的进程中，我们党带领全国各族人民成功开辟了中国特色社会主义道路。这一进程大体上经历了三个阶段。

第一阶段：改革开放的开创阶段（1978～1992年）。党的十一届三中全会，标志着我们党重新确立了马克思主义的思想路线、政治路线、组织路线，标志着中国共产党人在新的时代条件下的伟大觉醒，标志着我国社会主义的发展回到了科学社会主义的轨道上来。这主要体现在以下方面：一是重新确立了实事求是的思想路线，实现了思想路线的拨乱反正。邓小平提出，搞社会主义一定要遵循马克思主义的辩证唯物主义和历史唯物主义。这样，党的十一届三中全会恢复了党的思想路线。二是提出要搞清楚社会主义首要的基本问题，这就是什么是社会主义，怎样建设社会主义。三是果断地停止使用"以阶级斗争为纲"的错误方针，作出把党和国家的工作重心转移到社会主义现代化建设上来的战略决策，实现了政治路线的拨乱反正。四是形成了以邓小平为核心的党的第二代中央领导集体，实现了组织路线的拨乱反正。五是作出了实行改革开放的重大决策。可以说，以这次大会为标志，我国开始了改革开放和现代化建设的新时期，走上了建设中国特色社会主义的新道路。1982年9月，党的十二大召开。在总结历史经验尤其是新中国成立以来社会主义建设经验教训的基础上，党的十二大提出了建设有中国特色的社会主义的伟大历史任务。从此开始，建设中国特色社会主义就成为我们党全部理论和实践

---

① 《邓小平文选》第3卷，人民出版社，1993，第90页。

的主题。邓小平在党的十二大上第一次提出这个重大命题，就是从道路这个角度切入的。1987年10月党的十三大召开。在总结党的十一届三中全会以来改革开放和现代化建设实践经验的基础上，系统阐述了社会主义初级阶段理论，阐明了党在社会主义初级阶段的基本路线，提出了我国实现现代化分三步走的发展战略。党的十三大宣布，我们开始找到一条建设有中国特色的社会主义道路。1992年10月，党的十四大召开。大会提出"加快改革开放和现代化建设步伐"的任务。为此，大会作出了三项具有决定性意义的决策。一是抓住机遇，加快发展；二是确立了我国经济体制改革的目标是建立社会主义市场经济体制；三是确立邓小平建设有中国特色社会主义理论在全党的指导地位。可以这么说，我国改革开放的起步和探索阶段也是中国特色社会主义道路的转折和奠基阶段。

第二阶段：改革开放的发展阶段（1992～2002年）。这是由高度集中的计划经济体制向社会主义市场经济体制转变，实现改革开放新的历史性突破的阶段。这可以从以下几个方面反映出来。一是以1992年邓小平南方谈话和党的十四大召开为标志，我国进入进一步推进改革开放的新阶段；二是形成"三个代表"重要思想并把这一思想同邓小平理论一起作为建设中国特色社会主义的指导思想；三是改革开放和现代化建设取得巨大成就，经过全国人民的努力，"三步走"的发展战略已经胜利完成了前两步，我国综合国力明显增强；四是党对建设中国特色社会主义的基本理论和实践经验的认识不断提高。党的十四大从9个方面论述了建设中国特色社会主义理论的基本内容；党的十五大把中国特色社会主义概括为10个基本问题；党的十六大总结了13年的辉煌成就和建设中国特色社会主义必须坚持的10条基本经验。可以这么说，改革开放进一步发展的阶段也是中国特色社会主义道路的基本形成和不断完善的阶段。

第三阶段：改革开放的推进阶段（2002年至今）。这是进入以全面建设小康社会为目标，继续全面推进改革开放事业的阶段；也是中国特色社会主义道路的深化和拓展阶段。这主要体现在以下几个方面：一是改革进入攻坚阶段，发展到了关键时期。在这一时期，既积累了进一步发展的基础，也使改革开放面临许多深层次的矛盾和问题。只有很好地解决这些矛盾和问题，才能进一步拓展中国特色社会主义道路。二是党的十七大第一次对中国特色社会主义道路作出了全面概括："中国特色社会主义道路，就是在中国共产党领导下，立足基本国情，以经济建设为中心，坚持四项基本原则，坚持改革开放，解放和发展社会生产力，巩固和完善社会主义制度，建设社会主义市场经济、社会主义民主政治、社会主义先进文化、社会主义和谐社会，建设富强民主文明和谐的社会主义现代化国家。"① 三是党的十七大指出的中国特色社会主义道路是一条总道路，它是由若干具体道路构成的。这是我们党在总结 30 年来改革开放和现代化建设实践经验基础上，对这条道路认识的深化。可以说，进一步解决改革开放遇到的深层次矛盾和问题的阶段即新世纪新阶段，也是中国特色社会主义道路不断拓展的阶段。

通过上述分析，我们完全可以得出这样的结论：中国特色社会主义道路是在改革开放进程中开辟、形成和不断发展的。

（二）发展中国特色社会主义必须继续坚持改革开放

以党的十一届三中全会召开为标志，中国进入了一个新的历史时期。新时期最鲜明的特点是改革开放。改革开放深刻地改变了中国人民的面貌、社会主义中国的面貌和中国共产党的面貌。30 多年来，中国的发展成就举世瞩目，中国特色社会主义道路引起了越来越多国外政要和学者的关注。历史和现实的比较使我们认识到："改革开放符合党心民心、顺应时代潮流，方向和道路是完全正确的，成效和功绩不容否定，停顿和倒退没有出路。"② 如果说过去实行改革开放是决定中国命运的关键的话，那么今后能

---

① 中共中央文献室编《十七大以来重要文献选编》（上卷），中央文献出版社，2009，第 811 页。
② 中共中央文献室编《十七大以来重要文献选编》（上卷），中央文献出版社，2009，第 8 页。

不能坚定不移地继续推进改革开放，同样决定中国的命运。因此，发展中国特色社会主义必须继续坚持改革开放。

1. 发展中国特色社会主义必须继续坚持改革开放，这已经为我国改革开放以来所取得的巨大历史成就所证明

改革开放解放和发展了社会生产力，大幅提升了我国的综合国力，改变了我国的国际形象，使社会主义中国的面貌发生了历史性的变化。改革开放极大地解放和发展了社会主义社会的生产力。我们知道，社会主义社会的根本任务是发展生产力，而"要发展生产力，就要实行改革和开放的政策。不改革不行，不开放不行"①。随着改革开放的逐步深入，我国生产力获得了很大的发展，综合国力得到大幅提升。1978～2007 年，我国经济保持了年均 9.8% 的增长速度，是同期世界经济年增速的 3 倍多。国内生产总值由 1978 年的 3624.1 亿元增加到 2007 年的 24.66 万亿元，增长 68 倍，占全球的比重由 1978 年的 1% 上升到 5% 以上，由世界第十一位跃升到世界第四位，2008 年底已居世界第三位。我国的对外贸易总额由 1978 年的 206 亿美元，发展到 2007 年的 21737 亿美元，增长了 105 倍，居世界第三位。进出口总额占全球的比重由 1978 年的不足 1% 发展到 2007 年的约 8%。我国实际使用外资额累计近 1 万亿美元，吸引外资总额居世界第一。我国的外汇储备由 1978 年的 1.67 亿美元发展到 2007 年的 1.52 万亿美元，增长 9101 倍，由世界第四十位跃升到世界第一位。我国的财政收入由 1978 年的 940 亿元发展到 2007 年的 5.13 万亿元，增长 54.5 倍。我国的钢产量由 1978 年的 3000 万吨发展到 2007 年的 4.6 亿吨。汽车产量由 1978 年的 14 万辆发展到 2007 年的 888 万辆。高速公路由 1978 年的 0 公里发展到 2007 年的 5.4 万公里，占世界第二位。我们依靠自己的力量稳定地解决了 13 亿人口的吃饭问题。我国主要农产品和工业产品的产量已居世界第一。中国经济对世界经济增长的贡献率超过 10%，对国际贸易增长的贡献率超过 12%。这样的发展速度不仅超过了第二次世界大战后资本主义 20 年的黄金发展时期，

---

① 《邓小平文选》第 3 卷，人民出版社，1993，第 265 页。

而且在人类历史上也是罕见的①。中国的快速发展为世界经济发展和人类文明进步作出了重大贡献，从而提升了中国的国际地位和影响力，改变了中国的国际形象。如今，一个面向现代化、面向世界、面向未来的社会主义中国正以崭新的姿态屹立在世界东方。改革开放使中国特色社会主义焕发出旺盛的生命力，使社会主义中国充满了生机与活力。

改革开放显著改善了我国人民的生活，提高了人民的素质，使人民的面貌发生了历史性的变化。改革开放以来，我们党把改善人民生活作为制定和执行各项方针政策的出发点和落脚点。邓小平提出："最根本的因素，还是经济增长速度，而且要体现在人民的生活逐步地好起来。"② 江泽民指出："不断提高人民生活水平，是我们党一切工作的根本出发点和归宿。"③ 胡锦涛强调："必须坚持以人为本。"④ "做到发展为了人民、发展依靠人民、发展成果由人民共享。"⑤ 正因为如此，改革开放得到了广大人民群众的拥护和支持，也给广大人民群众带来了巨大实惠。我国的人均国民收入由 1978 年的 379 元增加到 2007 年的 1.85 万元，增长了 48 倍。城镇居民人均可支配收入由 1978 年的 343.4 元增加到 2007 年的 13786 元，增长了 40 倍。农民人均可支配收入由 1978 年的 133.57 元增加到 2007 年的 4140 元，增长了 30 倍。农村贫困人口由 1978 年的 10 亿人中的 2.5 亿人，减少到 2007 年的 13 亿人中的 1000 多万人。我国的人均预期寿命由 1978 年的 68 岁增加到 2007 年的 73 岁，超过世界平均寿命（65 岁）8 岁。我国的粮食产量由 1978 年的 3 亿吨增加到 2007 年的 5 亿吨。城市人均住宅面积和农

---

① 参见徐崇温《改革开放是发展中国特色社会主义的必由之路》，《中国特色社会主义研究》2008 年第 6 期；中共中央宣传部理论局《发展中国特色社会主义的必由之路》，《领导科学》2008 年第 15 期。

② 《邓小平文选》第 3 卷，人民出版社，1993，第 355 页。

③ 《江泽民文选》第 3 卷，人民出版社，2006，第 121~122 页。

④ 中共中央文献研究室编《十六大以来重要文献选编》（中卷），中央文献出版社，2006，第 446 页。

⑤ 中共中央文献研究室编《十七大以来重要文献选编》（上卷），中央文献出版社，2009，第 12 页。

村人均住房面积成倍增加，群众家庭财产普遍增多，吃穿住行用的水平明显提高。手机由 1978 年的 0 部增加到 2007 年的 5.6 亿部，占全球的一半以上。我国的网民从 1978 年的 0 户增加到 2007 年的 2.1 亿户，占世界第一位。反映城市和农村居民生活水平的恩格尔系数，分别由 1978 年的 57.5%、67.7% 降至 2007 年的 36.3% 和 43.1%①。人民群众对改革开放以来的发展成果是满意的。2006 年美国皮尤世界民情年度调查报告显示：中国人民对执政党和政府、生活状况的满意度为 81%，而美国仅为 29%，日本为 27%，法国只有 20%。所有这些成就是举世瞩目的。人民生活水平实现了由温饱不足到总体小康的跨越。当家作主权利得到保证，物质文化需求不断得到满足。与此同时，广大人民群众的思想观念、价值取向、精神状态、思维方式和行为方式发生了巨大变化，与时俱进、勇于变革、积极进取、开拓创新、讲求实效等成为社会思想意识的主流。广大人民群众建设和发展中国特色社会主义的巨大积极性和创造性空前高涨。在这一过程中，人民群众自身的素质明显提高，生活方式、精神面貌发生了深刻变化。

当然，我国改革开放所取得的成就远不只这些，在发展社会主义民主政治、发展社会主义先进文化、国防和军队建设以及祖国统一等方面均取得了巨大成就。所有这些成就的取得说明：发展中国特色社会主义必须继续坚持改革开放。

2. 发展中国特色社会主义必须继续坚持改革开放，这是由社会主义自身的特点决定的

社会主义事业具有世界历史性，即具有开放性特征。马克思主义认为，社会主义必须建立在世界性普遍交往和联系的基础之上，因此社会主义在本质上是开放的。开放不但是基于经济发展的内在必然性，而且是整个社会进步的根本要求。马克思恩格斯反复强调，社会主义和共产主义是"世界历史性的"事业。在《德意志意识形态》中他们认为，实现共产主义需要有两个绝对必需的前提。一是生产力的巨大增长和高度发展。如果没有这种发

---

① 秋石：《改革开放是决定当代中国命运的关键抉择》，《求是》2008 年第 24 期。

展就只会有贫穷、极端贫困的普遍化。而在极端贫困的情况下，必然会重新开始争夺必需品的斗争，全部陈腐污浊的东西又要死灰复燃。二是地域性的个人为世界历史性的个人所代替，即世界性的普遍交往。他们认为，如果不具备这两个前提，就会造成以下两个后果：第一，共产主义就只能作为某种地域性的东西存在；第二，交往的力量本身就不能发展成为一种普遍的因而是不堪忍受的力量，它们会仍然处于地方性的、笼罩着迷信气氛的"状态"。于是他们得出结论："交往的任何扩大都会消灭地域性的共产主义。共产主义只有作为占统治地位的各民族'一下子'同时发生的行动，在经验上才是可能的，而这是以生产力的普遍发展和与此相联系的世界交往为前提的。""无产阶级只有在世界历史意义上才能存在，就像共产主义——它的事业——只有作为'世界历史性的'存在才有可能实现一样。"① 恩格斯在《共产主义原理》中进一步指出："共产主义革命将不是仅仅一个国家的革命，而是将在一切文明国家里，至少在英国、美国、法国、德国同时发生的革命，在这些国家的每一个国家中，共产主义革命发展得较快或较慢，要看这个国家是否有较发达的工业，较多的财富和比较大量的生产力。……它是世界性的革命，所以将有世界性的活动场所。"②

社会主义所具有的这种世界历史特点告诉我们，社会主义建设不能在封闭的条件下进行，只能在开放的条件下进行，否则就有可能带来灾难性的后果，难以达到预期的目的。这已经为社会主义建设正反两个方面的经验所证实。

社会主义不仅是世界历史性事业，而且是在改革中前进的社会。恩格斯曾说："我认为，所谓'社会主义社会'不是一种一成不变的东西，而应当和任何其他社会制度一样，把它看成是经常变化和改革的社会。"③ 人类社会都是在生产力与生产关系、经济

---

① 《马克思恩格斯文集》第 1 卷，人民出版社，2009，第 538～539 页。
② 《马克思恩格斯文集》第 1 卷，人民出版社，2009，第 687 页。
③ 《马克思恩格斯文集》第 10 卷，人民出版社，2009，第 588 页。

基础与上层建筑的矛盾运动中发展的，社会主义社会也不例外。社会主义社会的基本矛盾仍然是生产力与生产关系、经济基础与上层建筑之间的矛盾。但是，社会主义条件下的这些矛盾是在人民利益根本一致基础上的矛盾，具有非对抗性质。因此，解决这种矛盾不需要通过激烈对抗的革命斗争形式来实现，可以通过对社会主义制度本身不断完善和发展的改革来解决。在我国社会主义制度建立以后，毛泽东就提出，社会主义社会的矛盾"不是对抗性的矛盾，它可以经过社会主义制度本身，不断地得到解决"①。对此，不论是苏联还是改革开放前的中国都有深刻的教训。在苏联，列宁逝世以后，以斯大林为代表的苏联理论界长期否认社会主义社会存在矛盾。在他们看来，在社会主义条件下，生产关系完全适合生产力状况的发展，两者之间已不再有矛盾。推动社会主义社会发展的，不再是生产力与生产关系、经济基础与上层建筑之间的矛盾运动，政治上、道义上的一致才是社会主义发展的动力。由于否认矛盾的存在，也就否认了改革的必要性，从而导致社会主义的发展在实践中出现某种停滞和僵化。

在我国，毛泽东认识到社会主义条件下仍然存在矛盾，并且认为这种矛盾可以在社会主义条件下自行解决。这无疑是一大进步。因为承认矛盾的存在，就为在社会主义条件下进行改革奠定了哲学基础，也为社会主义的发展找到了动力。但是，由于缺乏社会主义建设的实践经验，后来党的指导方针受到"左"倾错误的影响，我们误判了社会主义社会的主要矛盾，认为社会主义社会的主要矛盾仍然是阶级之间的对抗性矛盾，阶级斗争是一切工作的动力。这给我们党和国家带来了严重的后果。党的十一届三中全会以后，我们深刻总结历史的经验教训，重新肯定了毛泽东关于社会主义社会基本矛盾的论断，明确指出改革是社会主义社会发展的重要动力。

马克思主义认为，矛盾是永远存在的，一个矛盾解决了，又会出现新的矛盾。这就需要我们通过改革予以解决。从这个意义上说，

①　《毛泽东文集》第7卷，人民出版社，1995，第213页。

改革是社会主义永恒的话题，只是在社会主义发展的不同阶段上改革的任务有所不同罢了。社会主义正是在不断出现矛盾而又通过改革不断解决矛盾的过程中发展的。我国改革开放的历史证明了这一点。因此，推动社会主义事业的发展还必须依靠改革。

综上所述，正是由于社会主义既是世界历史性事业，又是在改革中前进的社会，所以要发展社会主义就必须坚持对外开放，同时要坚持进行改革。中国特色社会主义道路作为社会主义的一种模式，必然具有社会主义的一般特点。因此，发展中国特色社会主义必须继续坚持改革开放。

（三）坚持改革开放，发展中国特色社会主义

中国特色社会主义道路是在改革开放的进程中形成和发展起来的。不论从改革开放以来我国所取得的成就看，还是从社会主义自身的特点看，发展中国特色社会主义都必须继续坚持改革开放。那么，如何坚持改革开放呢？笔者以为，最重要的是在坚持"十个结合"的基础上，更加强调"两个结合"，这就是"把坚持四项基本原则同坚持改革开放结合起来""把坚持独立自主同参与经济全球化结合起来"。

1. 把坚持四项基本原则同坚持改革开放结合起来

我国的改革开放始终是同坚持四项基本原则紧密地联系在一起的。这就使我国的改革开放成为坚持社会主义方向的改革开放，成为社会主义制度的自我完善和发展的改革开放，从而是有利于巩固和发展社会主义的改革开放。在我国改革开放的过程中，邓小平把社会主义基本制度和具体体制进行了严格的区分，认为我们所建立的社会主义制度是一个好制度，必须坚持，要改革的是束缚生产力发展的、存在弊端的具体体制。因此，必须坚持改革的社会主义方向。"在改革中坚持社会主义方向，这是一个很重要的问题。"① 针对有人打着改革的旗号，企图把我国引向资本主义道路的情况，邓小平指出："我们的改革要达到一个什么目的呢？

---

① 《邓小平文选》第3卷，人民出版社，1993，第138页。

总的目的是要有利于巩固社会主义制度，有利于巩固党的领导，有利于在党的领导和社会主义制度下发展生产力。""我们的改革不能离开社会主义道路，不能没有共产党的领导，这两点是相互联系的，是一个问题。没有共产党的领导，就没有社会主义道路。"[①] 他还说："某些人所谓的改革，应该换个名字，叫作自由化，即资本主义化。他们'改革'的中心是资本主义化。我们讲的改革与他们不同，这个问题还要继续争论的。"[②] 可以看出，以邓小平为核心的中央领导集体，把改革开放和四项基本原则有机结合起来了。以江泽民为核心的中央领导集体，坚持了邓小平的这一思想，明确提出要划清两种改革开放观的界限。1989 年，他在庆祝新中国成立 40 周年的大会上曾一针见血地指出："在改革开放问题上，实际上存在着两种截然不同的主张。一种是党中央和邓小平同志一贯主张的坚持社会主义道路，坚持人民民主专政，坚持共产党的领导，坚持马列主义、毛泽东思想的改革开放，即作为社会主义制度自我完善的改革开放。另一种是坚持资产阶级自由化立场、要求中国'全盘西化'的人所主张的同四项基本原则相割裂、相背离、相对立的'改革开放'。这种所谓'改革开放'的实质，就是资本主义化，就是把中国纳入西方资本主义体系。我们必须明确划清两者的根本界限。"[③] 1991 年他又强调："要划清两种改革开放观，即坚持四项基本原则的改革开放，同资产阶级自由化主张的实质上是资本主义化的'改革开放'的根本界限。"[④] 中央领导集体深刻认识到坚持四项基本原则对于坚持改革开放的重大意义，把四项基本原则和改革开放统一于发展中国特色社会主义的伟大实践中，使中国特色社会主义事业不断向前发展。在党的十七大报告中，胡锦涛"把坚持四项基本原则同坚

---

① 《邓小平文选》第 3 卷，人民出版社，1993，第 241～242 页。
② 《邓小平文选》第 3 卷，人民出版社，1993，第 297 页。
③ 中共中央文献研究室编《十三大以来重要文献选编》（中卷），人民出版社，1991，第 618 页。
④ 中共中央文献研究室编《十三大以来重要文献选编》（下卷），人民出版社，1993，第 1649 页。

持改革开放结合起来"①，作为"取得了我们这样一个十几亿人口的发展中大国摆脱贫困、加快实现现代化、巩固和发展社会主义的宝贵经验"② 之一。在新进中央委员会委员、候补委员学习贯彻党的十七大精神研讨班上胡锦涛同志指出："我们党领导的改革开放绝不是要改掉社会主义制度。""我国改革开放之所以成功，在于我们既以四项基本原则保证改革开放的正确方向，又通过改革开放赋予四项基本原则新的时代内涵。"③ 在纪念党的十一届三中全会召开30周年大会上的讲话中他再次强调："必须把坚持四项基本原则同坚持改革开放结合起来，牢牢扭住经济建设这个中心，始终保持改革开放的正确方向。"④ 不难看出，从党的十一届三中全会以来，我们党始终把坚持四项基本原则同坚持改革开放结合起来，从而使我国社会主义建设事业呈现出勃勃生机。作为一条十分宝贵的经验，在发展中国特色社会主义的进程中，我们还必须把坚持四项基本原则同坚持改革开放结合起来。

2. 把坚持独立自主同参与经济全球化结合起来

独立自主，是中国共产党在领导革命、建设和改革的进程中一贯坚持的原则，也是我们取得胜利和成功的一条宝贵经验。在经济全球化背景下，仍要继续坚持这一原则和经验，并且要把独立自主同参与经济全球化两者结合起来。经济全球化作为世界经济发展的客观趋势和进程，是不以人们的意志为转移的，任何国家都回避不了。关键在于我们既要积极参与，又要坚持独立自主。全球化是我国经济社会发展的一个重要的历史环境。可以说，我国对外开放不断深入的过程，就是逐步融入全球化的过程。参与经济全球化对我国的发展有利。"它有利于我们吸引外资，弥补国

---

① 中共中央文献研究室编《十七大以来重要文献选编》（上卷），中央文献出版社，2009，第102页。

② 中共中央文献研究室编《十七大以来重要文献选编》（上卷），中央文献出版社，2009，第8页。

③ 中共中央文献研究室编《十七大以来重要文献选编》（上卷），中央文献出版社，2009，第101～102页。

④ 中共中央文献研究室编《十七大以来重要文献选编》（上卷），中央文献出版社，2009，第797页。

内建设资金的不足；有利于我们引进先进技术设备，实现技术发展的跨越；有利于我们学习先进管理经验，培养高素质管理人才；有利于我们发挥比较优势，开拓国际市场。"① 但是，经济全球化是一把"双刃剑"，对我国发展有利也有弊。就我国来说，"经济总体素质还不高，国际竞争能力还比较弱，经济全球化不可避免地会给我们带来不利的因素和风险"。"国际金融自由化的发展也会加大我国的金融风险。"② 当今世界是一个开放的世界，谁也不可能孤立于世界之外去发展自己的经济。我们国家也不例外。"当代中国的前途命运已日益紧密地同世界的前途命运联系在一起。中国的发展离不开世界，世界的发展也需要中国。在当今世界，任何国家关起门来搞建设都是不能成功的。"③ "我们要坚定不移地实行对外开放政策，适应经济全球化趋势，积极参与国际经济合作和竞争，充分利用经济全球化带来的各种有利条件和机遇。不能看到有风险、有不利因素，就因噎废食，不敢参与进去。同时，又要对经济全球化带来的风险保持清醒的认识，坚持独立自主，加强防范工作，增强抵御和化解能力，以切实维护我国的经济安全，更好地发展壮大自己。"④

在我们这样一个人口众多的发展中的社会主义大国，"任何时候都不能依靠别人搞建设，必须始终把独立自主、自力更生作为自己发展的根本基点"⑤。为此，参与经济全球化必须始终注意把维护国家的主权和经济社会安全放在首位。当今的经济全球化是在国际政治经济旧秩序没有根本改变的情况下形成和发展起来的。西方发达资本主义国家在其中起主导作用。这就使得世界各国在经济全球化进程中所处的地位和处境大不相同。西方发达国家利用自己的优势地位尽享经济全球化带来的红利。广大发展中国家

①　《江泽民文选》第 2 卷，人民出版社，2006，第 200～201 页。
②　《江泽民文选》第 2 卷，人民出版社，2006，第 201 页。
③　中共中央文献研究室编《十七大以来重要文献选编》（上卷），中央文献出版社，2009，第 805 页。
④　《江泽民文选》第 2 卷，人民出版社，2006，第 201 页。
⑤　《江泽民文选》第 2 卷，人民出版社，2006，第 255 页。

的经济主权和经济社会安全受到挑战。对此，我们要保持高度警觉，在对外开放的过程中，"始终把国家主权和安全放在第一位，坚决维护国家主权、安全、发展利益"①。同时，在参与经济全球化进程中，我们要学习借鉴国外发展模式和经验，但绝不可照搬。全球化为我们学习国外经验提供了条件，但同时也为西方发达国家对我国进行"西化""分化"提供了便利。我们可以利用全球化带来的机遇，认真学习借鉴人类社会创造的一切文明成果。但是，国外的模式和经验不能照搬。因为每个国家的基础不同，历史不同，所处的环境不同，左邻右舍不同，还有其他许多不同。"别人的经验可以参考，但是不能照搬。过去我们中国照搬别人的，吃了很大苦头。中国只能搞中国的社会主义。"② 冷战结束以后，我国成为最大的发展中的社会主义国家。随着我国综合国力、国际地位的不断提高，西方发达国家把我国作为潜在的竞争对手，总想设法阻止我国的发展。因此，全球化就成为它们对我国实施"西化""分化"战略的重要契机。它们借机宣扬西方的价值观和社会制度，企图改变我国的社会制度和发展道路。这实际上就是全球化的意识形态性。对此，我们不能掉以轻心。"任何时候都要坚持中国人民自己选择的社会制度和发展道路，始终把国家主权和安全放在第一位，坚决维护国家主权、安全、发展利益，坚持中国的事情按照中国的情况来办、依靠中国人民自己的力量来办，坚决反对外部势力干涉我国内部事务。"③ 而对于任何国际事务，都要从中国人民的根本利益和各国人民的共同利益出发、根据事情本身的是非曲直确定我们的立场和政策。按照冷静观察、沉着应对的方针和相互尊重、求同存异的精神进行处理，不屈从于任何外来压力。

---

① 中共中央文献研究室编《十七大以来重要文献选编》（上卷），中央文献出版社，2009，第805页。
② 《邓小平文选》第3卷，人民出版社，1993，第265页。
③ 中共中央文献研究室编《十七大以来重要文献选编》（上卷），中央文献出版社，2009，第805页。

三　社会主义市场经济：发展中国特色
社会主义的根本要求

第四章所说的各种挑战和机遇，分别是从经济、政治和文化等不同的侧面加以探讨的。而这一切无不与我国目前正在实行的社会主义市场经济体制有关。社会主义的发展与世界经济体系是密不可分的。我国社会主义市场经济就是在全球化进程中逐渐形成的。发展社会主义市场经济，是在全球化进程中建设和发展我国社会主义事业的根本要求。

（一）我国社会主义市场经济的理论依据和资产阶级经济学关于这一问题的主张

在马克思主义的经典著作中，包含大量的关于完全的共产主义社会和社会主义社会中商品生产必将消亡的论述。对于这些论述，国内外马克思主义理论界和非马克思主义的理论界，都曾经作出过许多不同的解读。在这些论述中，比较著名的有以下几段论述。

（1）马克思在著名的《哥达纲领批判》中指出："在一个集体的、以生产资料公有为基础的社会中，生产者不交换自己的产品；用在产品上的劳动，在这里也不表现为这些产品的价值，不表现为这些产品所具有的某种物的属性，因为这时，同资本主义社会相反，个人的劳动不再经过迂回曲折的道路，而是直接作为总劳动的组成部分存在着。"[①]

（2）恩格斯也指出："一旦社会占有了生产资料，商品生产就将被消除，而产品对生产者的统治也将随之消除。社会生产内部的无政府状态将为有计划的自觉的组织所代替。"[②]"社会一旦占有生产资料并且以直接社会化的形式把它们应用于生产，每一个人

① 《马克思恩格斯文集》第3卷，人民出版社，2009，第433页。
② 《马克思恩格斯文集》第3卷，人民出版社，2009，第564页。

的劳动，无论其特殊的有用性质是如何的不同，从一开始就直接成为社会劳动。"① 在马克思恩格斯看来，商品经济是以社会分工和私有制的存在为前提条件的，而社会主义社会是以生产资料公有制为基础的，因此，一旦建立起以生产资料公有制为基础的社会主义社会，商品经济就会消亡。对于马克思恩格斯的这些论述，长期以来，很多人往往都是把它们作为马克思恩格斯认为社会主义和商品生产不相容的观点来理解的。这种看法的弊端在于：一是脱离了马克思恩格斯这些论述的理论前提和现实"社会主义社会"的实际，二是忽视了马克思恩格斯关于"过渡时期"的其他许多相关的论述。而对于其中的第一点，列宁、斯大林和毛泽东，早已从现实社会主义社会的实际出发，作出过明确的解释。例如，针对人们对恩格斯《反杜林论》中上述论断的解释，斯大林在其《苏联社会主义经济问题》一文中就已经指出："恩格斯在他的公式中所指的，不是把一部分生产资料收归国有，而是把一切生产资料收归国有，即不仅把工业中的生产资料，而且也把农业中的生产资料都转归全民所有。""由此可见，恩格斯所指的是这样的国家，在那里，不仅在工业中，而且也在农业中，资本主义和生产集中都充分发达，以致可以剥夺全国的一切生产资料，并把它们转归全民所有。因而，恩格斯认为，在这样的国家中，在把一切生产资料公有化的同时，还应该消除商品生产。这当然是正确的。"② "如果可以公有化的不是一切生产资料，而仅仅是一部分生产资料，而无产阶级夺取政权的有利条件又已经具备，那该怎么办呢，——无产阶级是否应该夺取政权，在夺取政权以后是否必须立即消灭商品生产呢？"③

斯大林对于前一个问题的回答是肯定的，而对于后一个问题的回答则引用了列宁在《论粮食税》一文中的话，作出了否定的回答。斯大林的这一论述，同样适用于马克思《哥达纲领批判》

---

① 《马克思恩格斯文集》第9卷，人民出版社，2009，第326页。
② 《斯大林文集》，人民出版社，1985，第604页。
③ 《斯大林文集》，人民出版社，1985，第605页。

中的论述。可见，对于马克思恩格斯的上述论断，如果离开了它的理论前提以及现实社会主义社会的实际，就难以从中得出对现实的社会主义商品生产问题的正确结论。

不仅如此，对于无产阶级在夺取政权以后对于市场机制的运用，马克思恩格斯还曾留下过明确的启示。例如，他们在《共产党宣言》中就曾提出："无产阶级将利用自己的政治统治，一步一步地夺取资产阶级的全部资本……剥夺地产，把地租用于国家支出……征收高额累进税……通过拥有国家资本和独享垄断权的国家银行，把信贷集中在国家手里。"①

显然，所有这些最初的经济措施，都是以国家和市场的继续存在为前提的。现实的社会主义社会，只不过是在实践和时间上延长了的这个过渡时期而已。此外，马克思在讲到商品生产的起源时也曾多次指出：商品交换最初是在原始共同体的尽头、在不同的原始共同体之间进行的，这时，"以独立资格互相接触的不是个人，而是家庭、氏族等等"②。

在马克思主义的经济思想史上，最早提出和使用"商品经济""市场经济"和"计划经济"这些概念的，是列宁，而不是马克思恩格斯。早在 1905 年 11 月所写的《对维·加里宁〈农民代表大会〉一文作的两处增补》一文中列宁就指出："我们认为，觉悟的社会主义者应该无条件地支持一切农民甚至富裕农民反对官僚和地主的革命斗争，但是觉悟的社会主义者应该直率和明确地指出：农民所希望的'土地平分'还远远不是社会主义。社会主义要求消灭货币的权力、资本的权力，消灭一切生产资料私有制，消灭商品经济。社会主义要求把土地和工厂交给按照总计划组织大生产（而不是分散的小生产）的全体劳动者。"③

1906 年，列宁在他所写的《土地问题和争取自由的斗争》一文中，针对俄国"灰色派"（即民粹派，亦即"小市民的社会主

---

① 《马克思恩格斯文集》第 2 卷，人民出版社，2009，第 52 页。
② 《马克思恩格斯文集》第 5 卷，人民出版社，2009，第 407 页。
③ 《列宁全集》第 12 卷，人民出版社，1987，第 75 页。

义")关于"普遍平均使用土地"的主张，又写道："小市民社会主义起草种种主张普遍平均使用土地的法案。而事实上，按小业主所希望的那样做是消灭不了贫困和贫穷的。只要世界上还存在着货币权力和资本权力，就不可能平均使用土地。只要还存在着市场经济，只要还保持着货币权力和资本力量，世界上任何法律都无法消灭不平等和剥削。只有建立起大规模的社会化的计划经济，一切土地、工厂、工具都转归工人阶级所有，才可能消灭一切剥削。"①

1908 年列宁在《十九世纪末俄国的土地问题》一文中谈到土地国有化与社会主义的关系时又指出："消灭土地私有制丝毫也不改变商业性的和资本主义的土地占有制的资产阶级基础。认为土地国有化同社会主义甚至同土地平均使用制有某些共同之处，这种看法是再错误也没有了。至于社会主义，那么大家知道，它就是消灭商品经济。而国有化是把土地变为国家所有，这丝毫也不触动土地的私人经营。……不管土地是否成为全国、全民的'财产'，土地的经营制度是不会因此而改变的。只要仍然有交换，谈论什么社会主义就是可笑的。而农产品和生产资料的交换同土地占有形式是毫无关系的。"②

应当说，列宁的这些思想，也是完全符合马克思恩格斯的思想的。正因为如此，尽管列宁在十月革命前后从俄国现代工业落后、小农经济占很大比重的实际出发，也曾经设想过一系列"渐进的""过渡性"措施，但是由于苏维埃政权建立以后所面临的残酷的战争环境，同时由于对过渡时期的长期性认识不足，从而在短期内实行了"战时共产主义"的措施。列宁提出："社会主义革命和资产阶级革命的区别就在于：在资产阶级革命时已经存在资本主义关系的现成形式，而苏维埃政权，即无产阶级政权，却没有这样现成的关系，有的仅是那些实际上只包括一小部分高度集中的工业而很少触及农业的最发达的资本主义形式。组织计算，

---

① 《列宁全集》第 13 卷，人民出版社，1987，第 124 页。
② 《列宁全集》第 17 卷，人民出版社，1988，第 111 页。

监督各大企业，把全部国家经济机构变成一架大机器，变成一个使亿万人都遵照一个计划工作的经济机体，——这就是落在我们肩上的巨大组织任务。"①

但是，到了1921年前后实行"新经济政策"的时期，由于列宁认识到了原来所实行的"战时共产主义"政策从经济上来看是错误的，于是转而实行了包括"租让制""粮食税"和"合作制"在内的"新经济政策"。他进一步强调指出："毫无疑问，在一个小农生产者占人口大多数的国家里，实行社会主义革命必须通过一系列特殊的过渡办法，这些办法在工农业雇佣工人占大多数的发达的资本主义国家里，是完全不需要采用的。""在俄国这样的国家里，社会主义革命只有具备两个条件才能获得彻底的胜利。第一个条件是及时得到一个或几个先进国家社会主义革命的支援。……另一个条件，就是实现自己专政的或者说掌握国家政权的无产阶级和大多数农民之间达成妥协。妥协，这是个很广泛的概念，它包含着一系列的措施和过渡办法。""在其他国家的革命还没有到来之前，只有同农民妥协，才能拯救俄国的社会主义革命。"②

而实行"新经济政策"的实质则在于："粮食税，是从极度贫困、经济破坏和战争迫使我们所实行的特殊的'战时共产主义'向正常的社会主义的产品交换过渡的一种形式。而正常的社会主义的产品交换，又是从带有小农占人口多数所造成的种种特点的社会主义向共产主义过渡的一种形式。"③

在实践的基础上，列宁进一步指出："转向新经济政策，这是上次代表大会完全一致通过的，而且比我们党决定其他问题时更加一致（应当承认，一般说来我们党是非常一致的）。这种一致表明，通过新的途径来建设社会主义经济已经绝对必要了。在许多问题上有分歧、以不同观点来估计形势的人们，都一致地、非常迅速地、毫不犹豫地得出结论说，我们还没有找到建设社会主义

---

① 《列宁选集》第3卷，人民出版社，1995，第437页。
② 《列宁专题文集——论社会主义》，人民出版社，2009，第201～202页。
③ 《列宁专题文集——论社会主义》，人民出版社，2009，第217页。

经济、建立社会主义经济基础的真正途径，但我们有找到这种途径的唯一办法，这就是实行新经济政策。"① 也正是在此基础上，列宁才指出："与此同时我们不得不承认我们对社会主义的整个看法根本改变了。这种根本的改变表现在：从前我们是把重心放在而且也应该放在政治斗争、革命、夺取政权等等方面，而现在重心改变了，转到和平的'文化'组织工作上去了。"②

斯大林在领导苏联社会主义建设的过程中，继承和发展了列宁的上述思想，从而在世界社会主义经济史上第一次正式提出了社会主义"特种商品生产"的理论。斯大林在这一问题上的贡献体现在以下几个方面。

一是斯大林在正式宣布已经建成社会主义社会的条件下，进一步提出了社会主义"特种商品生产"的理论，并且指出："我国社会主义建设的历史，证明列宁所规划的这条发展道路是完全正确的。"而在社会主义社会存在国家所有即全民所有和集体所有这两种所有制的情况下，"商品生产和商品流转，目前在我国，也象（像）大约30来年以前当列宁宣布必须以全力扩展商品流转时一样，仍是必要的东西"。"将来在两种基本生产成分即国营成分和集体农庄成分由一个包罗一切而有权支配全国一切消费品的生产成分来代替的时候，商品流通及其'货币经济'就会作为国民经济的不必要的因素而趋于消失。"③

二是斯大林指出社会主义商品生产作为"特种商品生产"的性质。他指出："可见，我国的商品生产并不是通常的商品生产，而是特种的商品生产，是没有资本家参加的商品生产，它所涉及的基本上都是联合起来的社会主义生产者（国家、集体农庄、合作社）所生产的商品。……显然，它决不能发展为资本主义生产，而且它注定了要和它的'货币经济'一起共同为发展和巩固社会主义生产的事业服务。"④

① 《列宁专题文集——论社会主义》，人民出版社，2009，第314页。
② 《列宁专题文集——论社会主义》，人民出版社，2009，第354页。
③ 《斯大林文集》，人民出版社，1985，第607、609页。
④ 《斯大林文集》，人民出版社，1985，第609页。

　　三是斯大林指出商品生产并不是在任何时候、任何条件下都会"必然引导到资本主义"。针对有些人的有关提法，斯大林指出："这是不对的。并不是在任何时候，也不是在任何条件下都是如此！不能把商品生产和资本主义生产混为一谈。"① 在他看来，这是两种不同的东西。资本主义生产只是商品生产的最高形式。他提出了商品生产"必然会引导到资本主义"的条件："只有存在着生产资料的私有制，只有劳动力作为商品出现于市场而资本家能够购买并在生产过程中加以剥削，就是说，只有国内存在着资本家剥削雇佣工人的制度，商品生产才会引导到资本主义。"② 而在社会主义社会，这两个条件都已不存在了，所以不会引导到资本主义。

　　四是斯大林指出社会主义条件下价值规律的作用不限于流通范围内，同时也扩展到生产方面。他指出，尽管价值规律在社会主义生产中"并没有调节的意义，可是它总还影响生产，这在领导生产时是不能不考虑到的……因此，在我们的企业中，这样一些问题，如经济核算和赢利问题、成本问题、价格问题等等，就具有现实的意义。所以，我们的企业是不能不，而且不应该不考虑到价值规律的"③。

　　五是斯大林提出了著名的社会主义商品的"外壳"论，从而科学地阐明了社会主义社会中的商品和货币等范畴，在内容和形式方面与旧社会的这些范畴的联系和区别。斯大林指出："在我国社会主义条件下，经济发展并不是以变革的方式，而是以逐渐变化的方式进行的，旧的东西并不是干脆被废除干净，而是把自己的本性改变得与新的东西相适应，仅仅保持着自己的形式；至于新的东西，也不是干脆消灭旧的东西，而是渗透到旧的东西里面去，改变旧东西的本性和职能，并不破坏它的形式，而是利用它的形式来发展新的东西。不仅商品是这样，而且我国经济流通中

---

　　① 《斯大林文集》，人民出版社，1985，第607页。
　　② 《斯大林文集》，人民出版社，1985，第607页。
　　③ 《斯大林文集》，人民出版社，1985，第611页。

的货币也是这样，连银行也是这样，它们失去自己旧的职能并取得了新的职能，同时保持着旧的形式而为社会主义制度所利用。"①

斯大林的社会主义商品生产理论的不足之处，是对于社会主义商品生产和价值规律发生"调节"作用的范围，作出了过分狭隘的限制，如不承认和不允许社会主义社会中的生产资料也可以成为商品，认为价值规律只在流通领域内起调节作用而在生产领域内只是发生"影响"等。但是，这主要还是由当时的社会主义实践所决定的。错误在于思想方法上的绝对化，把当时苏联一国的具体做法，上升到了马克思主义基本原理的高度。

毛泽东在领导中国社会主义革命和社会主义建设的过程中，进一步发展了马克思主义的商品生产的理论。这些发展表现在以下几个方面。

一是突破了斯大林把社会主义商品生产存在的原因仅仅归结为"两种所有制"的理论，指出商品生产归根到底是由生产力发展水平决定的。毛泽东指出："两种所有制存在是商品生产的主要前提，但商品生产的命运最终和社会生产力水平有密切关系。因此，即使是过渡到了单一的社会主义全民所有制，如果产品还不很丰富，某些范围内的商品生产和商品交换仍然有可能存在。"②

二是指明了商品生产既可以与资本主义相联系，也可以与社会主义相联系。在《关于〈苏联社会主义经济问题〉一书的批语》中毛泽东指出："为什么怕商品生产？无非是怕资本主义。现在是国家同人民公社做生意，早已排除资本主义，怕商品生产做什么？不要怕，我看要大大发展商品生产。我国还有没有资本家剥削工人？没有了，为什么还怕呢？不能孤立地看商品生产，斯大林的话完全正确，他说：'决不能把商品生产看作是某种不依赖周围经济条件而独立自在的东西。'商品生产，要看它是同什么经济制度相联系，同资本主义制度相联系就是资本主义的商品生产，同社

---

① 《斯大林文集》，人民出版社，1985，第638页。
② 中共中央文献研究室编《毛泽东著作专题摘编》（上卷），中央文献出版社，2003，第977页。

会主义制度相联系就是社会主义的商品生产。"①

三是提出了价值法则是"一个伟大的学校"的命题。毛泽东指出，价值法则，等价交换，这是个客观规律，客观法则，违反它，要整得头破血流。"这个法则是一个伟大的学校，只有利用它，才有可能教会我们的几千万干部和几万万人民，才有可能建设我们的社会主义和共产主义。否则一切都不可能。"②

四是指明了即使在社会主义条件下商品生产和商品交换也具有自身的自发性和消极性的一面。对此，只能在无产阶级专政的条件下加以限制。

从以上分析可以看出，在马克思主义的经典著作中，关于社会主义社会中的商品生产或市场经济的思想，是一个一脉相承的理论体系。其中既包含一以贯之的马克思主义的基本原理或原则（例如商品生产是一个历史的范畴、社会主义商品生产和资本主义商品生产的本质区别等），同时又随着实践的发展而不断丰富和发展。这就为我国社会主义市场经济理论和社会主义市场经济体制的目标模式的提出，提供了充分的马克思主义的理论依据。我国社会主义市场经济体制的建立、发展和完善，都必须既要毫不动摇地坚持以马克思主义的基本原理为指导，又要实事求是、从实际出发，在实践中不断大胆地进行改革、实验和创新。忘记了这两点，我国的社会主义市场经济的发展就有可能走上邪路，或者停滞不前。在当代全球化的背景下，更是如此。因此，这也成为当代全球化条件下中国特色社会主义道路所面临的最大的挑战。

这里需要附带指出的是，如果说在马克思主义的经典著作中既包含完全的（或高级阶段的）社会主义和共产主义社会中商品经济肯定要走向消亡的论点，又包含在现实的社会主义社会（即社会主义社会的初级阶段）下可以大力发展社会主义的商品生产或者社会主义市场经济的理论的话，那么在许多西方学者和政治家那里也同样存在类似的情况。只不过由于他们的阶级的局限性，

① 《毛泽东文集》第7卷，人民出版社，1999，第439页。
② 《毛泽东文集》第8卷，人民出版社，1999，第34页。

不可能对资本主义和社会主义本身作出正确的理解或解释，而是充满了形形色色的误解和偏见。限于篇幅，这里不再一一展开论述。

（二）中国社会主义市场经济的确立与发展

党的十一届三中全会以来，我国开始了由社会主义计划经济向社会主义市场经济转变的深刻体制改革。这是在对我国社会发展所处的历史阶段进行准确定位的基础上提出来的。我们知道，毛泽东早在 1959 年 12 月至 1960 年 2 月《读苏联〈政治经济学教科书〉的谈话》中就曾指出过："社会主义这个阶段，又可能分为两个阶段，第一个阶段是不发达的社会主义，第二个阶段是比较发达的社会主义。后一阶段可能比前一阶段需要更长的时间。""在我们这样的国家，完成社会主义建设是一个艰巨任务，建成社会主义不要讲得过早了。"① 党的十一届三中全会以来，我们党在对国情问题的认识上所取得的一个重要成果就是：我国社会正处在社会主义社会的初级阶段。正如江泽民在党的十五大报告中指出："社会主义是共产主义的初级阶段，而中国又处在社会主义的初级阶段，就是不发达的阶段。在我们这样的东方大国，经过新民主主义走上社会主义道路，这是伟大的胜利。但是，我国进入社会主义的时候，就生产力发展水平来说，还远远落后于发达国家。这就决定了必须在社会主义条件下经历一个相当长的初级阶段，去实现工业化和经济的社会化、市场化、现代化。这是不可逾越的历史阶段。"② 而社会主义初级阶段就是"逐步摆脱不发达状态，基本实现社会主义现代化的历史阶段……是由自然经济半自然经济占很大比重，逐步转变为经济市场化程度较高的历史阶段……是通过改革和探索，建立和完善比较成熟的充满活力的社会主义市场经济体制、社会主义民主政治体制和其他方面体制的

---

① 《毛泽东文集》第 8 卷，人民出版社，1999，第 116 页。
② 中共中央文献研究室编《十五大以来重要文献选编》（上卷），人民出版社，2000，第 15 页。

历史阶段"①。为了实现这些转变，就必须大力发展社会主义的商品经济即社会主义市场经济。

由社会主义计划经济向社会主义市场经济的转变，也是基于对新中国成立到改革开放之前 30 年的社会主义建设实践经验和教训的总结。新中国成立后，我们学习苏联，采取了高度集中的计划经济体制。应该说，这种体制在新中国成立后对于迅速恢复国民经济和建立国民经济体系发挥了重要的历史作用。"第一个五年计划时期我国经济建设取得的成就，为社会主义工业化奠定了初步的基础。"② 而对于第二、第三个五年计划，正如《关于建国以来党的若干历史问题的决议》指出："我们现在赖以进行现代化建设的物质技术基础，很大一部分是这个期间建设起来的；全国经济文化建设等方面的骨干力量和他们的工作经验，大部分也是在这个期间培养和积累起来的。"③ 尽管如此，随着社会主义建设实践的进一步发展，原有经济体制的弊端也逐步暴露出来，因此必须对这种体制进行改革。正如陈云指出："当时苏联和中国这样做是完全对的，但是没有根据已经建立社会主义经济制度的经验和本国生产力发展的实际状况，对马克思的原理（有计划按比例）加以发展，这就导致现在计划经济中出现的缺点。"④ 党的十一届三中全会以来，我们党总结历史经验教训，逐步克服原有经济体制的弊端，从而实现了从社会主义计划经济向社会主义市场经济的转变。

由社会主义计划经济向社会主义市场经济的转变，也是在对改革开放实践经验的总结的基础上实现的。20 世纪 80 年代，我国的经济体制改革是从计划经济体制比较薄弱的环节——农村——开始的。党的十一届三中全会后，中央首先对农村、农业和农民

---

① 中共中央文献研究室编《十五大以来重要文献选编》（上卷），人民出版社，2000，第 16 页。

② 中共中央党史研究室编《中国共产党的七十年》，中共党史出版社，1991，第 338 页。

③ 中共中央文献研究室编《十一届三中全会以来重要文献选读》（上卷），人民出版社，1987，第 310 页。

④ 《陈云文选》第 3 卷，人民出版社，1995，第 244 页。

问题实行了一系列优先发展的政策，其中包括大幅度提高农产品收购价格，放开农产品市场，搞活农村流通，以及实行双层经营的农村联产承包经营制等。由于这一系列政策的实行，农民拥有了生产和经营的自主权，成为独立的商品生产经营者，从而极大地调动了广大农民的生产积极性。农村改革的成功为城市改革提供了经验。正如江泽民在党的十四大报告中指出："改革从农村开始，这是符合中国国情的战略决策。实行家庭联产承包，是中国农民的伟大创造。党中央尊重群众愿望，积极支持试验，几年功夫在全国推开。废除人民公社，又不走土地私有化道路，而是实行家庭联产承包为主，统分结合、双层经营，解决了我国社会主义农村体制的重大问题。八亿农民获得对土地的经营自主权，加上基本取消农产品的统购派购，放开大部分农产品价格，从而使农业生产摆脱长期停滞的困境，农村经济向着专业化、商品化、社会化迅速发展，广大城乡人民得到显著实惠，带动了整个改革和建设事业。乡镇企业异军突起，是中国农民的又一个伟大创造。它为农村剩余劳动力从土地上转移出来，为农村致富和逐步实现现代化，为促进工业和整个经济的改革和发展，开辟了一条新路。"①

适应改革从农村向城市发展的新形势，党的十二届三中全会通过了关于经济体制改革的决定。这个决定提出我国社会主义经济是公有制基础上的有计划商品经济，突破了把计划经济同商品经济对立起来的传统观念，是对马克思主义政治经济学的新发展，为全面经济体制改革提供了新的理论指导。接着，党相继决定对科技体制和教育体制进行改革，并进一步提出政治体制改革的目标和任务。

兴办深圳、珠海、汕头、厦门四个经济特区是对外开放的重大步骤，是利用国外资金、技术、管理经验来发展社会主义经济的崭新试验，取得了很大成就。实践证明，经济特区姓"社"不姓"资"。在兴办经济特区之后，又相继开放沿海十几个城市，在长江三角洲、珠江三角洲、闽东南地区、环渤海地区开辟经济开

---

① 《江泽民文选》第1卷，人民出版社，2006，第214页。

放区，批准海南建省并成为经济特区。对外开放不断扩大，两亿人口的沿海地带迅速发展，有力地推动了全国的改革开放和经济建设。

江泽民指出："我国经济体制改革确定什么样的目标模式，是关系整个社会主义现代化建设全局的一个重大问题。这个问题的核心，是正确认识和处理计划与市场的关系。传统的观念认为，市场经济是资本主义特有的东西，计划经济才是社会主义经济的基本特征。十一届三中全会以来，随着改革的深入，我们逐步摆脱这种观念，形成新的认识，对推动改革和发展起了重要作用。十二大提出计划经济为主，市场调节为辅；十二届三中全会指出商品经济是社会经济发展不可逾越的阶段，我国社会主义经济是公有制基础上的有计划商品经济；十三大提出社会主义有计划商品经济的体制应该是计划与市场内在统一的体制；十三届四中全会后，提出建立适应有计划商品经济发展的计划经济与市场调节相结合的经济体制和运行机制。特别是邓小平同志今年初重要谈话进一步指出，计划经济不等于社会主义，资本主义也有计划；市场经济不等于资本主义，社会主义也有市场。计划和市场都是经济手段。计划多一点还是市场多一点，不是社会主义与资本主义的本质区别。这个精辟论断，从根本上解除了把计划经济和市场经济看作属于社会基本制度范畴的思想束缚，使我们在计划与市场关系问题上的认识有了新的重大突破。改革开放十多年来，市场范围逐步扩大，大多数商品的价格已经放开，计划直接管理的领域显著缩小，市场对经济活动调节的作用大大增强。实践表明，市场作用发挥比较充分的地方，经济活力就比较强，发展态势也比较好。我国经济要优化结构，提高效益，加快发展，参与国际竞争，就必须继续强化市场机制的作用。实践的发展和认识的深化，要求我们明确提出，我国经济体制改革的目标是建立社会主义市场经济体制，以利于进一步解放和发展生产力。"①

党的十一届三中全会以来，我国经济体制改革逐步推进，在

---

① 《江泽民文选》第1卷，人民出版社，2006，第225～226页。

这一进程中，社会主义市场经济体制得以形成和发展。这个过程大致经历了以下几个阶段。

第一阶段，1978 年 12 月至 1984 年 9 月，强调计划经济为主，市场经济为辅。1979 年，邓小平就指出："说市场经济只存在于资本主义社会，只有资本主义的市场经济，这肯定是不正确的。社会主义为什么不可以搞市场经济，这个不能说是资本主义。""这是社会主义利用这种方法来发展社会生产力。把这当作方法，不会影响整个社会主义，不会重新回到资本主义。"① 在邓小平这一思想的指导下，1981 年，党的十一届六中全会《关于建国以来党的若干历史问题的决议》明确提出："必须在公有制基础上实行计划经济，同时发挥市场调节的辅助作用。要大力发展社会主义的商品生产和商品交换。社会主义生产关系的发展并不存在一套固定的模式，我们的任务是要根据我国生产力发展的要求，在每一个阶段上创造出与之相适应和便于继续前进的生产关系的具体形式。"② 1982 年党的十二大明确地提出了关于正确贯彻计划经济为主、市场调节为辅原则的问题，指出："我国在公有制基础上实行计划经济。有计划的生产和流通，是我国国民经济的主体。同时，允许对于部分产品的生产和流通不作计划，由市场来调节，也就是说，根据不同时期的具体情况，由国家统一计划划出一定的范围，由价值规律自发地起调节作用。这一部分是有计划生产和流通的补充，是从属的、次要的，但又是必需的、有益的。国家通过经济计划的综合平衡和市场调节的辅助作用，保证国民经济按比例地协调发展。"③

第二阶段，1984 年 10 月至 1991 年 12 月，强调计划与市场的内在统一。1984 年党的十二届三中全会通过的《中共中央关于经济体制改革的决定》提出了"建立自觉运用价值规律的计

---

① 《邓小平文选》第 2 卷，人民出版社，1994，第 236 页。
② 中共中央文献研究室编《十一届三中全会以来重要文献选读》（上卷），人民出版社，1987，第 347 页。
③ 中共中央文献研究室编《十一届三中全会以来重要文献选读》（上卷），人民出版社，1987，第 485 页。

划体制，发展社会主义商品经济"的任务，明确提出："要突破把计划经济同商品经济对立起来的传统观念，明确认识社会主义计划经济必须自觉依据和运用价值规律，是在公有制基础上的有计划的商品经济。商品经济的充分发展，是社会经济发展的不可逾越的阶段，是实现我国经济现代化的必要条件。"① 此后，邓小平进一步论述了计划与市场的关系问题。1985 年 10 月，他在会见美国时代公司组织的美国高级企业代表团时对社会主义市场经济问题作了进一步的阐述。他说："社会主义和市场经济之间不存在根本矛盾。问题是用什么方法才能更有力地发展社会生产力。我们过去一直搞计划经济，但多年的实践证明，在某种意义上说，只搞计划经济会束缚生产力的发展。把计划经济和市场经济结合起来，就更能解放生产力，加速经济发展。"② 1987 年 2 月，邓小平在同几位中央负责同志谈话时又明确指出："为什么一谈市场就说是资本主义，只有计划才是社会主义呢？计划和市场都是方法嘛。只要对发展生产力有好处，就可以利用。它为社会主义服务，就是社会主义的；为资本主义服务，就是资本主义的。好像一谈计划就是社会主义，这也是不对的，日本就有一个企划厅嘛，美国也有计划嘛。我们以前是学苏联的，搞计划经济。后来又讲计划经济为主，现在不要再讲这个了。"③ 根据邓小平的意见，党的十三大没有再提以计划经济为主，而提出了社会主义有计划的商品经济体制应该是计划与市场内在统一的体制。因此，计划与市场的关系，就由党的十二大提出的以计划经济为主、市场调节为辅，转变为十三大提出的计划与市场"平起平坐"，而且逐渐把重点向商品经济、市场经济的方面倾斜。

第三阶段，1992 年 1 月至 1997 年 9 月，社会主义市场经济理论得以确立，明确了经济体制改革的目标。1992 年春，邓小平视

① 中共中央文献研究室编《十二大以来重要文献选编》（中卷），人民出版社，1986，第 567～568 页。
② 《邓小平文选》第 3 卷，人民出版社，1993，第 148～149 页。
③ 《邓小平文选》第 3 卷，人民出版社，1993，第 203 页。

察南方时又针对计划和市场问题进一步作了论述。他指出："计划多一点还是市场多一点，不是社会主义与资本主义的本质区别。计划经济不等于社会主义，资本主义也有计划；市场经济不等于资本主义，社会主义也有市场。计划和市场都是经济手段。"① 从而对社会主义能否搞市场经济这个长期争论不休的问题，作了一个精辟的回答，从根本上解除了把计划经济和市场经济视为属于社会基本制度范畴的思想束缚。这为我国经济体制改革实现从计划经济体制向社会主义市场经济体制的转变奠定了坚实的理论基础。正是根据邓小平的社会主义市场经济理论，党的十四大明确提出，我国经济体制改革的目标是建立社会主义市场经济体制。这是我国计划与市场关系演变过程中的一个里程碑。根据党的十四大的部署，十四届三中全会通过了《中共中央关于建立社会主义市场经济体制若干问题的决定》。该文件从我国的基本国情出发，把党的十四大确立的经济体制改革的目标和基本原则系统化、具体化，对社会主义市场经济体制若干重大原则、方针和内容作出决定。该文件从社会主义市场经济体系的微观基础到宏观管理，从城市改革到农村发展，从经济运行机制到科技教育体制，从经济手段运用到法律制度建设，从生产、分配到流通、消费等各个环节和领域，规划了 20 世纪 90 年代的改革任务，以及社会主义市场经济体制的基本框架。1997 年 9 月，党的十五大对我国发展社会主义市场经济作出了新的部署，指出，建立比较完善的社会主义市场经济体制，保持国民经济持续快速健康发展，是必须解决好的两大课题；要加快国民经济市场化；把社会主义同市场经济结合起来，是一个伟大的创举。党的十五大还提出，建设有中国特色社会主义的经济，就是在社会主义条件下发展市场经济，不断解放和发展生产力。如今，我国社会主义市场经济体制已经初步建立。市场调节的范围不断扩大，现在商品流通总额中，市场调节的部分已经占到 90% 以上。

　　第四阶段，1997 年 9 月以后，社会主义市场经济体制建立和

---

① 《邓小平文选》第 3 卷，人民出版社，1993，第 373 页。

完善。党的十六大标志着我国社会主义市场经济体制初步建立。江泽民在党的十六大报告中指出，我国"社会主义市场经济体制初步建立"①。因为经过改革开放的发展，我国的所有制结构、分配制度、管理经济的方式等方面都发生了重大的变化。主要表现为：一是以公有制为主体，多种经济成分共同发展的所有制结构体系已经初步形成。二是以按劳分配为主体，多种分配方式并存的分配结构体系已经形成。三是建立了能够发挥市场机制基础性作用的宏观调控体系。四是建立健全了市场体系，公平、有序、开放的市场竞争环境已经基本形成。五是建立了多层次的社会保障体系。但是，也正由于我国社会主义市场经济体制还仅仅是"初步建立"，还存在多方面需要完善的问题，因此，党的十六大把"完善社会主义市场经济体制"②确立为21世纪头20年经济建设和改革的主要任务之一。为贯彻落实党的十六大的战略部署，2003年10月，党的十六届三中全会通过了《中共中央关于完善社会主义市场经济体制若干问题的决定》，全面部署了完善社会主义市场经济体制的各项任务③。党的十七大全面总结了改革开放的伟大历史进程和党的十六大以来的工作，明确提出了全面建设小康社会奋斗目标的新要求。党的十七大强调指出，实现未来经济发展目标，关键要在转变经济发展方式、完善社会主义市场经济体

① 中共中央文献研究室编《十六大以来重要文献选编》（上卷），中央文献出版社，2005，第157页。

② 中共中央文献研究室编《十五大以来重要文献选编》（中卷），人民出版社，2001，第1387页。党的十六大报告指出："本世纪头二十年经济建设和改革的主要任务是，完善社会主义市场经济体制，推动经济结构战略性调整，基本实现工业化，大力推进信息化，加快建设现代化，保持国民经济持续快速健康发展，不断提高人民生活水平。"参见中共中央文献研究室编《十六大以来重要文献选编》（上卷），中央文献出版社，2005，第16页。

③ 完善社会主义市场经济体制的主要任务是："完善公有制为主体、多种所有制经济共同发展的基本经济制度；建立有利于逐步改变城乡二元经济结构的体制；形成促进区域经济协调发展的机制；建设统一开放竞争有序的现代市场体系；完善宏观调控体系、行政管理体制和经济法律制度；健全就业、收入分配和社会保障制度；建立促进经济社会可持续发展的机制。"参见中共中央文献研究室编《十六大以来重要文献选编》（上卷），中央文献出版社，2005，第465页。

制方面取得重大进展，并突出强调加快完善社会主义市场经济体制。经过近几年的奋斗和努力，如今，我国社会主义市场经济体制得到了进一步发展和完善。

（三）中国社会主义市场经济体制的基本特征

在全球化的背景下，由于客观存在"资强社弱"的状况，在可以预见的时间内社会主义很难在全球取代资本主义。因此，我国市场经济的建设与发展如何体现出区别于资本主义市场经济的特征，将是一个关系到我们能否始终沿着中国特色社会主义道路胜利前进的重大问题。也就是说，将关系到中国特色社会主义的前途和命运。就此而言，探究我国社会主义市场经济体制的基本特征具有十分重要的现实意义和历史意义。

市场经济作为调节社会经济、实现资源配置的手段，具有其自身的特点。主要是：市场机制成为资源配置的主要方式，各种经济活动主要通过市场进行，主要是通过价格反映价值规律的要求和供求关系的变化；企业根据市场变化进行自主经营；政府对市场进行宏观调控等。这些特点，不论是资本主义市场经济还是社会主义市场经济都具有。我国社会主义市场经济体制也不例外，必然具有市场经济的一般特点。但是，由于受社会主义基本制度的制约和规范，我国的社会主义市场经济具有自身特点。正如邓小平所说，社会主义市场经济"虽然方法上基本上和资本主义社会的相似，但也有不同，是全民所有制之间的关系，当然也有同集体所有制之间的关系，也有同外国资本主义的关系，但是归根到底是社会主义的，是社会主义社会的"①。

关于我国社会主义市场经济体制的主要特征，江泽民指出："主要特征应该有这样几个：一是在所有制结构上，坚持以公有制经济为主体，个体经济、私营经济和其他经济成分为补充，多种经济成分共同发展；二是在分配制度上，坚持以按劳分配为主体，

---

① 《邓小平文选》第 2 卷，人民出版社，1994，第 236 页。

其他分配方式为补充，允许和鼓励一部分地区、一部分人先富起来，逐步实现共同富裕，防止两极分化；三是在经济运行机制上，把市场经济和计划经济的长处有机结合起来，充分发挥各自的优势作用，促进资源优化配置，合理调节社会分配。"①

1. 我国社会主义市场经济体制是同社会主义基本制度结合在一起的，坚持社会主义制度是实现社会主义与市场经济结合的根本前提

许兴亚教授指出："我们所要建立的'社会主义市场经济体制是同社会主义基本制度结合在一起的'，而不是要忘记我国的社会主义基本经济制度这个最大的国情和实际，忘记它与资本主义市场经济的本质区别。"② 这里说的社会主义基本制度主要是指生产资料所有制结构。社会主义社会不同于资本主义社会的一个根本点就在于以公有制代替私有制。马克思恩格斯在《共产党宣言》中明确指出："共产党人可以把自己的理论概括为一句话：消灭私有制。"③ 列宁在说到社会主义基本特征时，主要提到了生产资料公有制和按劳分配这两条。邓小平在社会主义本质的定义中也强调要消灭剥削和消除两极分化。当然，由于我国目前尚处于社会主义初级阶段，不可能实行单一的公有制，而必须实行公有制为主体、多种所有制经济共同发展的基本经济制度。我国的市场经济就是建立在这一基本经济制度之上的。坚持公有制的主体地位，是坚持社会主义方向的根本保证，也是社会主义市场经济区别于资本主义市场经济的重要之点。江泽民指出："我们搞的是社会主义市场经济，'社会主义'这几个字是不能没有的，这并非多余，并非'画蛇添足'，而恰恰相反，这是'画龙点睛'。所谓'点睛'，就是点明我们市场经济的性质。"④ 他还说，搞市场经济，如

---

① 《江泽民文选》第 1 卷，人民出版社，2006，第 203 页。
② 许兴亚：《市场经济，还是社会主义市场经济体制》，《探索与争鸣》2005 年第 11 期。
③ 《马克思恩格斯文集》第 2 卷，人民出版社，2009，第 45 页。
④ 中共中央文献研究室编《江泽民论有中国特色社会主义（专题摘编）》，中央文献出版社，2002，第 69 页。

果离开社会主义基本制度，就会走向资本主义，这样"不但发展不起来，富强不起来，而且连国家和民族的独立也保不住，势必变成帝国主义的附庸，变成发达资本主义国家的附庸"①。可见，坚持社会主义基本制度对于我国建立社会主义市场经济体制，意义极为重大。

而坚持社会主义基本制度最根本的是要坚持公有制的主体地位。为此，在社会主义市场经济体制的建设实践中，要通过以下几条途径实现公有制的主体地位：一是在社会总资产中始终保持国家所有和集体所有的资产占优势。二是国有经济在关系国民经济命脉的重要部门和关键领域占支配地位，对整个国民经济发展起主导作用。三是公有制特别是国有大中型企业要适应社会主义市场经济发展的要求，不断发展和壮大自己。四是公有经济和非公有经济的发展统一于社会主义现代化建设的进程中，各种所有制经济在市场竞争中发挥各自的优势，互相促进，共同发展。

2. 在收入分配制度上，建立了以按劳分配为主体、多种分配方式并存的制度，兼顾公平与效率，促进共同富裕

分配作为产出结果在人们之间的分割，是人们之间经济利益关系的现实表现。按照马克思主义观点，所有制决定分配，财产占有上的差别，是收入差别最大的影响因素。西方资产阶级经济学家萨缪尔森也承认："收入差别最主要的是拥有财富多寡造成的，和财产差别相比，个人能力的差别是微不足道的。"他还说："财产所有权是收入差别的第一位原因，往下依次是个人能力、教育、培训、机会和健康。"②

在我国社会主义市场经济的建设中，经济发展成果的分配，依据什么样的原则和规范，通过什么样的机制，采取什么样的方式，按照什么样的比例在不同的社会阶级、不同的社会成员之间进行分配，对整个社会经济的正常运行至关重要。由于我国现阶

---

① 中共中央文献研究室编《江泽民论有中国特色社会主义（专题摘编）》，中央文献出版社，2002，第69页。

② 〔美〕保罗·萨缪尔森：《经济学》（下卷），高鸿业译，商务印书馆，1979，第231页。

段存在公有制为主体、多种所有制经济共同发展的所有制结构，所以，体现在分配上就呈现出按劳分配为主体、多种分配方式并存的格局。这种分配制度兼顾公平与效率，有利于促进共同富裕。从理论上说，按劳分配是公有制经济在生产与服务成果上的实现形式，由于生产资料公有制是主体，这就排除了依靠对生产资料的占有不劳而获的可能性在主体上得到保障，同时由于按劳分配作为主体的分配方式，就能使主体部分的可能性在分配方式中变为现实性，从而体现了公平。走向共同富裕之路，是社会主义的本质所在和最基本的价值追求，因而也必然是社会主义市场经济的基本特征。邓小平同志提出，社会主义的本质，"是解放生产力，发展生产力，消灭剥削，消除两极分化，最终达到共同富裕"①。他用"最终"来说明"共同富裕"的时段性和目的性。

　　市场经济能够促进生产力更快发展，有利于增加财富，从而有利于共同富裕。虽然市场经济的发展具有两极分化性倾向和趋势，但这不具有决定性，具有决定性的是与所有制相联系的分配制度和方式。改革开放前，我们过多地强调公平而忽视了效率，结果是共同贫穷。改革开放以来，我们始终坚持以按劳分配为主体，在建立社会主义市场经济的过程中既重视效率也注重公平，促进了共同富裕。可以说，这个时期是人民生活水平提高最快、得到实惠最多的时期，如今，人民生活总体上已达到小康。然而不可否认的是，近年来我国社会收入差距拉大，贫富开始分化。这都有待于进一步完善社会主义市场经济体制。社会主义市场经济必须具有共同富裕的内在特征并能实现它，这是我国市场经济真正成为社会主义市场经济的集中体现和关键所在。所以，党的十七大报告指出："合理的收入分配制度是社会公平的重要体现。要坚持和完善按劳分配为主体、多种分配方式并存的分配制度，健全劳动、资本、技术、管理等生产要素按贡献参与分配的制度，初次分配和再分配都要处理好效率和公平的关系，再分配更加注

---

① 《邓小平文选》第 3 卷，人民出版社，1993，第 373 页。

重公平。"①

3. 在经济运行机制上，把市场经济和计划经济的长处有机结合起来，充分发挥各自的优势作用，促进资源优化配置，合理调节社会分配

从运行机制来看，我国社会主义经济并非单一的市场机制，而是市场调节与计划调节相结合。因为作为经济调节手段，不论是计划还是市场都各有其优点与缺陷。市场的长处就是能够通过竞争，促进技术和管理的进步，实现产需衔接。但是，它存在自发性、盲目性和滞后性等弱点和不足。计划的长处就是集中力量办大事，对经济发展方向及时作出重大调整，还可以调节社会分配，保持社会公正。但是，计划也不是十全十美的，由于计划工作也是人做的，可能存在主观与客观的矛盾，利益关系的矛盾，等等。针对这种情况，实践中正确的做法应该是：扬长避短、趋利避害，充分发挥市场与计划各自的优势，避免两者的缺陷和不足，使之互相补充，而不是只迷信其中一方，将两者对立起来。我国改革开放的成功实践说明了这一点。30 多年来，我国经济社会在改革开放中健康发展，没有发生大的挫折，从一个经济落后的国家变为位居世界前列的国家，GDP 年均增长 9.6%（同期世界经济年均增长约为 3%，美国约为 2.5%，西欧约为 1.7%，日本约为 1.0%②），这在世界历史上都是罕见的，以至于被世人称为"中国模式"。之所以取得如此大的成就，是因为我们把计划经济的优势和市场经济的优势有机结合起来了。也就是说，我们按照社会化生产基本规律的要求，在公有制为主体的基础上，正确运用市场经济体制，既发挥它的活力，又以社会主义市场经济制度克服和限制它的负面效应。

然而，在学界和理论界却有人将两者割裂开来甚至对立起来，

---

① 中共中央文献研究室编《十七大以来重要文献选编》（上卷），中央文献出版社，2009，第 30 页。

② 转引自杨承训《科学发展观规导社会主义市场经济更完善——从改革开放 30 年成就看社会主义市场经济优于资本主义市场经济》，《高校理论战线》2008 年第 11 期。

只注意到市场的积极意义，而忽视甚至否定计划的积极作用。出现了盲目崇拜市场机制和市场经济的市场原教旨主义观点，认为似乎市场可以解决一切问题，现在出现的问题都是缘于市场化改革没有搞彻底。有人公开提出中国要照搬"欧美式自由市场"的模式，有人彻底否定"计划"的作用，在他们眼里，"计划"成了"保守"和"左"的代名词，还有人把市场的本质说成天然地要求纯粹"自由化"，同计划手段绝对对立起来，提出"无形的手才是市场经济的无冕之王、长青之树"，"无形的手"为"主导"，"有形的手"必须"退出"。这些观点和我们党关于建设和完善社会主义市场经济体制的方针政策是相悖的。党的十四大提出：建立社会主义市场经济体制，是指在国家宏观调控下，让市场在资源配置中起基础性作用。国家宏观调控的措施，除了货币金融、财政税收，还有国家计划。党的十四大报告明确指出："国家计划是宏观调控的重要手段之一。"[①] 党的十七大重新提出："发挥国家发展规划、计划、产业政策在宏观调控中的导向作用，综合运用财政、货币政策，提高宏观调控水平。"[②] 我们国家是社会主义国家，国家的性质决定了我国的市场调节必须以国家宏观调控为前提，而计划仍然是国家宏观调控的重要手段。市场调节起基础性作用，计划调节则起全局性作用。国家计划可以避免市场经济本身容易产生的问题，比如生产的盲目性和无政府状态，只追逐利润而不顾资源浪费和环境污染，等等。正如我国著名经济学家刘国光先生曾经说过的那样："现代市场经济不仅不排斥政府干预和计划指导，而且必须借助和依靠它们来弥补市场自身的缺陷，这是我们在计划经济转向市场经济时须臾不能忘记的。"[③] 国家计划指导下的宏观调控，是中国特色社会主义市场经济的应有之义，不能把"计划性"排除在社会主义市场经济的含义之外。江泽民早就强

---

① 中共中央文献研究室编《十四大以来重要文献选编》（上卷），人民出版社，1996，第 20 页。

② 中共中央文献研究室编《十七大以来重要文献选编》（上卷），中央文献出版社，2009，第 21 页。

③ 《刘国光文集》第 7 卷，中国社会科学出版社，2006，第 130 页。

调："社会主义经济从一开始就是有计划的。"① 总之，我国的市场经济应综合运用计划和市场两种调节手段，尤其是不能忽视计划调节手段，否则，我国的市场经济就很难达到预期目标。

四 科学发展、社会和谐与中国特色社会主义发展道路的选择

我国社会主义现代化建设是在全球化背景下展开的，这就使得我国的现代化建设不能不受到全球化的影响。可以说，这种影响是双重的，也就是说利弊兼有，机遇和挑战并存。因此，必须"科学分析我国全面参与经济全球化的新机遇新挑战"②。党的十六大以来，中央提出贯彻落实科学发展观和构建社会主义和谐社会的重大战略思想，可以说是对此进行的积极回应。由此推动了中国特色社会主义事业的新发展。党的十七大进一步提出："科学发展、社会和谐是发展中国特色社会主义的基本要求。"③ 这一论断，反映了我们党对人类社会发展规律、社会主义建设规律和共产党执政规律"三大规律"的新认识，丰富和发展了中国特色社会主义理论。科学发展与社会和谐是内在统一的。这就要求我们在发展中国特色社会主义的伟大实践中实现科学发展和社会和谐的有机统一。

（一）科学发展、社会和谐是发展中国特色社会主义的基本要求

我国经济社会发展在全球化进程中面临一些矛盾和困境。如何破解这些矛盾是我们面临的十分迫切的现实问题。因此，推进科学发展、促进社会和谐就成了发展中国特色社会主义的基本要求。

---

① 《江泽民文选》第 1 卷，人民出版社，2006，第 202 页。
② 中共中央文献研究室编《十七大以来重要文献选编》（上卷），中央文献出版社，2009，第 11 页。
③ 中共中央文献研究室编《十七大以来重要文献选编》（上卷），中央文献出版社，2009，第 1 页。

1. 我国经济社会发展出现的阶段性特征要求我们创新发展理念、转变发展方式、实现科学发展

20世纪70年代末以来，由于我国正确地把握了全球化的趋势，提出并实施了利用这一趋势发展自己的战略和策略，主动参与到世界分工与竞争中去。30多年来，全球化成为推动我国发展的一个强大动力；我国的参与反过来又有力地推进了全球化进程。其结果是，我国取得了利用全球化发展自己的显著成果。但是，伴随着全球化的进展，也出现了一些矛盾和问题。进入21世纪以来，随着改革开放和现代化建设的深入，全球化所带来的这种双重效应集中体现在我国发展所呈现的阶段性特征上。

党的十七大报告从八个方面对这些阶段性特征作出了全面、深刻的分析："经济实力显著增强，同时生产力水平总体上还不高，自主创新能力还不强，长期形成的结构性矛盾和粗放型增长方式尚未根本改变；社会主义市场经济体制初步建立，同时影响发展的体制机制障碍依然存在，改革攻坚面临深层次矛盾和问题；人民生活总体上达到小康水平，同时收入分配差距拉大趋势还未根本扭转，城乡贫困人口和低收入人口还有相当数量，统筹兼顾各方面利益难度加大；协调发展取得显著成绩，同时农业基础薄弱、农村发展滞后的局面尚未改变，缩小城乡、区域发展差距和促进经济社会协调发展任务艰巨；社会主义民主政治不断发展、依法治国基本方略扎实贯彻，同时民主法制建设与扩大人民民主和经济社会发展的要求还不完全适应，政治体制改革需要继续深化；社会主义文化更加繁荣，同时人民精神文化需求日趋旺盛，人们思想活动的独立性、选择性、多变性、差异性明显增强，对发展社会主义先进文化提出了更高要求；社会活力显著增强，同时社会结构、社会组织形式、社会利益格局发生深刻变化，社会建设和管理面临诸多新课题；对外开放日益扩大，同时面临的国际竞争日趋激烈，发达国家在经济科技上占优势的压力长期存在，可以预见和难以预见的风险增多，统筹国内发展和对外开放要求更高。"[①]

---

① 中共中央文献研究室编《十七大以来重要文献选编》（上卷），中央文献出版社，2009，第10～11页。

　　以上八个方面的阶段性特征表明：一方面，虽然改革开放以来我国从生产力到生产关系、从经济基础到上层建筑都发生了意义深远的重大变化，但是"两个没有变"的客观事实依然存在。这就是：我国仍处于并将长期处于社会主义初级阶段的基本国情没有变，人民日益增长的物质文化需要同落后的社会生产之间的矛盾这一社会主要矛盾没有变。从根本上说，当前我国发展的这些阶段性特征，正是社会主义初级阶段基本国情在新世纪新阶段的具体表现。邓小平早就多次说过，社会主义初级阶段就是不发达阶段。同发达国家相比，我国还处于相对落后状态，尤其是在人均物质财富的拥有量上。据专家测算，如果美国年增长率为3%，中国年增长率为8%，那么中国需要68年才能实现人均GDP与美国相当；如果美国增长率为4%，中国增长率为7%，那么中国需要118年才能赶上美国①。因此，社会主义初级阶段的基本国情应是我们推进改革和发展的根本依据。正如胡锦涛所说："强调认清社会主义初级阶段基本国情，不是要妄自菲薄、自甘落后，也不是要脱离实际、急于求成，而是要坚持把它作为推进改革、谋划发展的根本依据。"②另一方面，尽管改革开放以来，我国经济社会发展取得了巨大成就，但是长期形成的粗放型经济增长方式已经到了难以继续支撑我国经济进一步发展的时候了。城乡之间、区域之间和经济社会发展之间的不协调状况，也已经由社会可以承受的阶段进入了难以承受的阶段。尤其是资源、环境和生态等方面的问题如果得不到解决，将会使我国经济的高速发展难以维持。所有这一切，都要求我们必须在实践上和理论上作出探索和回答。归根结底，也就是如何在已有发展成果的基础上，进一步开辟当代中国的发展道路问题。

　　正是在科学分析正确判断当前我国发展的阶段性特征的基础上，面对新阶段提出的新课题、新要求和新挑战，党中央着眼于

---

① 李月娇：《用科学发展观矫正经济全球化发展的弊端和缺陷》，《商业经济》2007 年第 7 期。

② 中共中央文献研究室编《十七大以来重要文献选编》（上卷），中央文献出版社，2009，第 11 页。

创新发展理念、转变发展方式和破解发展难题，提出了科学发展观。科学发展观是党的十六大以来，我们党从新世纪新阶段中国特色社会主义事业全局出发提出的重大战略思想，是立足社会主义初级阶段的基本国情，总结我国发展实践，借鉴国外发展经验，适应新的发展要求提出来的。

2. 构建和谐社会是我国改革发展进入关键时期社会主义现代化建设的客观要求

以党的十一届三中全会为标志，我国开启了改革开放的新航程。这也是我国开始主动参与全球化的进程。我们利用全球化带来的机遇，聚精会神搞建设、一心一意谋发展，不断推进社会主义现代化建设。我国的社会主义市场经济体制日益完善，人们的公平意识、民主法制意识、开拓创新意识和自主创业意识不断增强，整个社会呈现出勃勃生机。同时，在这一进程中，我们党始终坚持把改善人民生活作为正确处理改革发展稳定关系的结合点，致力于维护好、实现好、发展好人民群众的利益，积极化解社会矛盾，妥善处理一些敏感问题，从而保持了社会的长期稳定。这样，从总体上看，目前我国社会是和谐的。但是，由于全球化仍是在旧的国际政治经济秩序尚未得到根本改变的情况下发展的，发达国家仍居于主导地位。显然，这种状况对发达国家有利，而对包括中国在内的发展中国家非常不利。正如萨米尔·阿明所说：“资本主义的全球化的后果是两极分化，全球范围内的不公正。”[①]联合国《人类发展报告》也承认，迄今为止的全球化是不平衡的，它加深了穷国和富国、穷人和富人的鸿沟。全球化的这种负面效应也影响到我国。因此，目前我国社会也存在不少影响社会和谐的矛盾和问题。这些矛盾和问题主要表现在以下几个方面。

第一，城乡、区域、经济社会发展很不平衡，人口资源环境面临压力增大。首先是城乡发展不平衡。改革开放以来，我国城

---

① 王逸舟：《全球化背景下的第三世界——萨米尔·阿明访谈录》，《世界经济与政治》2001 年第 2 期。

乡面貌都发生了重大变化，人民生活得到了很大改善。但是，由于多方面的原因，城乡差距出现扩大趋势。以城乡居民人均可支配收入为例，1978 年城乡居民人均可支配收入差距为 2.57：1，2007 年扩大到 3.33：1，绝对差距达到 9646 元[①]。如果考虑到教育、医疗、社会保障等方面的差别，估计城乡收入差距可能要达到四五倍，甚至更大。其次是区域发展不平衡。改革开放以后，我国东部沿海地区由于地理位置、自然资源、文化环境、政策和体制等方面的原因，实际上是受惠于经济的全球化，抓住了发展的国际机遇，利用了全球产业结构调整，发挥了自己的比较优势，因而取得了明显的发展成就。其中，有的地方已经达到或接近了中等发达国家的水平，这些地区的经济已经部分地纳入了世界经济体系。相比而言，中西部地区因自然条件、工业基础和社会文化等方面的原因，发展比较缓慢。这样，两者之间的差距就拉开了。在经济走向全球化的时代，中西部地区由于对外开放的速度慢，社会经济的国际化程度很低，不但没有能够从世界经济发展中得到多少利益，而且其发展的条件还因国内经济向开放型发展而恶化，越发拉大了与东部地区的差距。1980～2003 年，从人均 GDP 的相对差距方面看，西部与东部之比由 1：1.92 扩大为 1：2.59，中部与东部之比由 1：1.53 扩大为 1：2.03，西部与中部之比由 1：1.25 扩大为 1：1.27，其中有的地区甚至被"边缘化"了，走上了"落后再落后"的恶性循环，这实际上是世界经济发展中边缘化的国内表现。国内落后地区与发达地区的差距加大并被固化，极有可能导致两类地区的对立和冲突[②]。最后是经济社会发展的不平衡。改革开放以来，我国经济保持了 9% 以上的高速发展，而社会发展相对滞后。公共教育体系、社会保障体系、公共卫生体系、文化管理体系等社会事业体系尚待进一步完善，由此导致经济发展的"一条腿长"和社会发展的"一条腿短"的局面，带

---

① 国家统计局：《30 年改革开放成就统计表》，《求是》2008 年第 19 期。

② 参见杨龙《经济全球化对国内区域发展的影响》，《甘肃理论学刊》2003 年第 4 期；邓伟志《和谐社会浅说》，《上海大学学报》2005 年第 3 期。

来了许多矛盾和问题。另外，我国经济社会发展与人口、资源、环境和生态之间的矛盾也越来越突出。我国既要继续推进现代化建设事业，又要满足人民群众对改善生态环境的新期待。而我国生态环境恶化的趋势还没有得到完全遏制，这严重制约了我国各项事业的正常发展。

第二，一些关系群众切身利益的问题比较突出。这些问题主要集中在就业、社会保障、收入分配、教育、医疗、住房、安全生产和社会治安等方面。在就业方面，作为世界第一人口大国，这些年来，中国一直承受着巨大的就业压力。面临农村劳动力非农就业、下岗职工再就业、失地农民就业、大学生就业等问题。2000 年，中国的城镇登记失业率虽然只有4%，但是第五次人口普查数据显示，2000 年中国城镇的实际失业率已达 8.3%，中国城镇的失业问题比较严重①。如果再考虑到中国近 8 亿的劳动力人口基数和农村中庞大的富余劳动力数量，那么失业问题已经成为中国目前一个十分严重的社会问题。"就业是民生之本。"② 如果就业问题不能得到妥善解决，对整个社会来讲将是一个不安定的因素，会影响到社会的和谐与稳定。在社会保障方面，我国目前的社会保障体系还不健全。社会保障覆盖面小，而且覆盖方式也不合理。据统计，2005 年参加城镇基本养老保险的职工为 1.31 亿人，加上享受机关事业单位养老保险的 3500 万名职工，总的来说，享受国家正式养老保险制度的从业人员全国是 1.66 亿人，只能覆盖全国就业人员的 22%，覆盖第二、第三产业就业人员的 40%。"现行社会保障制度对流动和迁移人员缺乏有效的保护，1 亿多农民工有80% 左右没有任何社会保障；1.38 亿乡镇企业职工徘徊在城乡社会保障制度的边缘，既未进城保，也未进农保；4000 万失地农民身份转换后进入城镇未能得到有效保障。传统体制之外的社会成员，在为社会作出贡献的同时无法享受到社会保险方面的有关待

---

① 蔡昉主编《中国人口与劳动问题报告 No.4（2003）——转轨中的城市贫困问题》，社会科学文献出版社，2003，第 34 页。

② 中共中央文献研究室编《十七大以来重要文献选编》（上卷），中央文献出版社，2009，第 29 页。

遇，对于他们来说，容易引起社会不公感，影响社会稳定。"① 群众对看病难看病贵、上学难上学贵等问题意见较大，有的家庭出现因病致贫返贫、子女教育费用负担过重的问题。在社会治安方面，刑事犯罪仍居高不下，抢劫、盗窃等财产犯罪呈现多发之势，人民群众的安全感不强。

第三，一些领域的腐败现象仍然比较严重。由于体制和机制不完善，改革开放以来，我国社会在发展中出现了一些通过不正当手段聚敛社会财富的消极腐败现象。少数领导干部利用手中的权力搞权钱交易、贪污受贿、损公肥私、生活腐化。在 2006 年 10 月 23 日召开的国际反腐败联合会上，最高人民检察院公布的数字显示，全国检察机关近 3 年共查处了贪污贿赂犯罪 67505 人。也就是说，仅被揪出的腐败分子每年就有 2 万多人。领导干部的腐败行为，对社会的影响极其恶劣。这既不利于引导规范社会行为，也容易引起人们对党和国家的不满，在一定程度上可以说，将会影响社会的稳定和发展。这些消极腐败现象的存在，引起了广大人民群众的强烈不满，在一定程度上激化了贫富对立情绪，增加了社会不安定因素。近年来多次出现的仇富、杀富事件就说明了这一点。

第四，敌对势力的渗透破坏活动危及我国的国家安全和社会稳定。在国外，敌对势力采取种种手段对我国进行渗透，以企图达到它们"西化""分化"我国的目的。在国内，存在宗教极端势力和民族分裂势力，它们和国外敌对势力勾结进行破坏活动。敌对势力的渗透和破坏活动造成的各种突发事件，对我国国家安全构成现实威胁，严重干扰了我国经济社会发展的正常秩序，成为我国在保障国家安全、维护社会稳定方面必须高度关注的重大问题。

我国在新的历史阶段发展中所出现的这些矛盾和问题，不仅影响到我国经济的健康快速发展和社会的安定与和谐，而且成为

---

① 何兰萍、张再生：《健全养老保险制度促进和谐社会建设》，《科学社会主义》2008 年第 1 期。

广大人民群众反映强烈、迫切希望加以解决的问题。正是根据我国发展面临的这些矛盾和问题，党中央提出了构建社会主义和谐社会的战略任务。这一战略任务的提出适应了我国改革发展进入关键时期的客观要求，体现了广大人民群众的根本利益和共同愿望。

（二）科学发展与社会和谐是内在统一的

胡锦涛在党的十七大报告中指出："深入贯彻落实科学发展观，要求我们积极构建社会主义和谐社会。社会和谐是中国特色社会主义的本质属性。科学发展和社会和谐是内在统一的。没有科学发展就没有社会和谐，没有社会和谐也难以实现科学发展。"[①] 胡锦涛的这一重要论述，深刻阐明了科学发展与社会和谐的辩证统一关系，即科学发展是社会和谐的前提和基础，社会和谐为科学发展提供良好的社会环境。

1. 科学发展是社会和谐的前提和基础

追求社会和谐是人类的美好愿望，也是共产党人所追求的目标。在社会主义社会已经建立的条件下，社会要和谐，首要的是科学发展。而科学发展在于不仅要发展，而且必须是科学发展。没有科学发展观，没有在这一观点统领下的经济与社会的发展，我国社会主义和谐社会建设中的一切问题都难以解决。从这个意义上说，只有与科学发展密切相联系的和谐社会才是真正的社会主义和谐社会。

科学发展观的第一要义是发展。改革开放以来，我们党高度重视发展问题，一直把发展作为决定国家和民族命运的根本问题来抓，紧紧扭住经济建设这个中心不动摇，使我国的经济实力、科技实力与综合实力不断增强，人民生活不断改善，国际影响不断扩大。正如胡锦涛在党的十七大报告中总结我国改革开放的伟大历史进程时指出："新时期最显著的成就是快速发展。""新时期

---

① 中共中央文献研究室编《十七大以来重要文献选编》（上卷），中央文献出版社，2009，第13页。

最鲜明的特点是改革开放。"① 但是，我们在享受发展成果的同时，也受到了失业、"三农"和贫富差距拉大，城乡、区域发展不平衡，经济社会发展不协调，环境污染和能源紧张等问题的困扰。这些都是影响我国社会和谐的突出矛盾和问题。从根本上说，这些矛盾和问题都既与我国生产力和经济发展水平不高有关，又与我国许多地方和部门盲目发展、非科学发展有关。而科学发展观的基本要求则在于以人为本，经济与社会全面、协调可持续发展，人与自然相协调。社会和谐在很大程度上一方面取决于社会生产力的发展水平，另一方面则取决于发展的科学性，亦即是否真正做到了以人为本（亦即以最广大的人民群众为本，而不是以物为本、以政绩为本、以 GDP 为本和以少数人发财致富为本），全面、协调、可持续发展，人与自然和谐相处，以及使改革与发展的成果惠及全体人民群众，由人民共享。只有生产力的充分发展，才能为构建社会主义和谐社会提供雄厚的物质基础；只有科学发展，才能满足人民群众日益增长的物质文化需要，才能实现好、维护好、发展好人民群众的利益。所以，在构建社会主义和谐社会的进程中，必须把科学发展放在首位。发展是硬道理，是解决中国所有问题的关键和基础。然而，如果发展不是科学的，而是违背了科学发展观，违背了社会主义经济与社会发展的规律、性质和宗旨，那就很难实现真正意义上的发展，也难以实现社会和谐。古往今来，贫困都是社会不和谐的主要根源。正如马克思所说，如果没有生产力的充分发展，"那就只会有贫穷、极端贫困的普遍化；而在极端贫困的情况下，必须重新开始争取必需品的斗争，全部陈腐污浊的东西又要死灰复燃"② 可见，离开了科学发展，构建社会主义和谐社会就失去了物质基础和物质保障，就会成为一句空谈。所以，党的十七大报告强调："要通过发展增加社会物质财富、不断改善人民生活，又要通过发展保障社会公平正义、

① 中共中央文献研究室编《十七大以来重要文献选编》（上卷），中央文献出版社，2009，第7、182 页。
② 《马克思恩格斯文集》第 1 卷，人民出版社，2009，第 538 页。

不断促进社会和谐。"① 当然，这里所说的"公平正义"和"社会和谐"，都只应是指社会主义的"公平正义"和"社会和谐"。这与封建阶级和资产阶级的"公平正义"和"社会和谐"是有本质区别的。

2. 社会主义的社会和谐为科学发展提供良好的社会环境

从一定意义上说，马克思主义的核心就在于通过共产主义运动来达到最终解决人类社会由于私有制而造成的"人与人之间的矛盾"和"人与自然之间的矛盾"这两大矛盾，从而实现这两个方面的"和解"②。

而社会主义和谐社会的基本特征，首先是要解放生产力、发展生产力，消灭剥削、消除两极分化，最终达到共同富裕。这一点做不到，就根本谈不上社会主义和谐社会的建设。当然，这一切都只应是一个从现实条件出发、逐步实现的过程。其次则是社会主义的民主和法治、社会主义的公平和正义、社会主义的诚信和友爱，以及充满活力、安定有序、人与自然和谐相处等。在这里，社会主义的民主和法治是科学发展的政治保障，社会主义的公平和正义则是科学发展的价值取向或目标，安定有序是发展的必备条件，社会活力是科学发展的动力源泉，人与自然的和谐则是科学发展的最高境界。可以看出，建立社会主义和谐社会的这些基本特征和要求都是有利于实现科学发展的。社会主义和谐社会的建设为科学发展提供良好的社会环境。这可以从以下几个方面体现出来。

第一，社会主义和谐社会的建设可以为社会主义市场经济的健康发展提供良好的社会环境。改革开放以来，伴随着社会主义市场经济改革目标的确立，我国的经济发展越来越快，市场经济体制发展生产力的作用表现得日益明显。但是，随着社会主义市场经济体制的确立和改革开放的深入，我国在引入市场经济体制

①　中共中央文献研究室编《十七大以来重要文献选编》（上卷），中央文献出版社，2009，第13页。

②　参见马克思《1844年经济学哲学手稿》，人民出版社，2000，第81页。

的同时，也不可避免地引入了不少资本主义的生产方式、经营方式、经营理念和经营作风等。与此同时，也伴随着出现了商业欺诈和金融欺诈、诚信缺失、道德失范，以及贪污腐败、行贿受贿、违法犯罪、严重侵犯劳动者利益和权利的现象等。城乡之间、区域之间的差距呈拉大趋势，农民收入增长缓慢。就业矛盾突出，资源环境压力增大。实践表明，社会主义市场经济越发展，就越需要在全社会倡导并形成诚信友爱、互帮互助和全体人民平等友爱、融洽相处的社会氛围和人际关系；越需要尊重劳动、尊重知识、尊重人才、尊重创造，增强全社会的发展活力；越需要加强社会管理，健全社会机制，实现社会的安定有序；越需要保护和改善生态环境，提高资源利用效率，处理好人与自然的关系，实现人与自然和谐相处。只有这样，我国的社会主义市场经济才能健康顺利地发展。

第二，社会和谐能够为科学发展创造稳定的政治局面。政治稳定是科学发展的前提条件。政治稳定主要是指安定团结的政治局面，整个社会不会出现政治动乱。也就是说，保持社会的政治稳定，意味着整个社会处于稳固、安定、和谐、有序的状态。而维护社会政治稳定的首要前提是坚持中国特色社会主义道路的社会主义方向，坚持并且更好地发挥党的全心全意为人民服务的宗旨，更好地代表最广大人民群众的利益，真正更好地做到以人为本、执政为民，发扬党的密切联系群众的好传统，正确处理人民内部的各种矛盾。而当前影响我国社会政治稳定的因素主要是人与各种资源——经济资源、政治资源、社会资源以及自然资源——之间的矛盾。一旦配置各种资源的机制不合理、不完善，必然发生对这些资源的无序竞争，使社会矛盾突出。因此，必须通过深化改革，逐步规范竞争秩序。要综合运用多种手段、方式、方法，有效调节不同群体之间的利益关系，整合社会资源，调控社会结构，使整个社会协调高效运转。这种协调高效、良性有序的社会可以为实现科学发展提供稳定的社会政治环境。

第三，社会和谐可以有效化解发展中出现的社会矛盾。在现阶段，影响我国科学发展的社会矛盾，比较突出的是社会成员之间的收入差距扩大。造成收入差距扩大的原因，既有收入分配自身方面的，也有经济、政治方面的，还有社会上一部分成员的非法收入、灰色收入以及非劳动收入与劳动收入相比较差距过大等方面。因此，调节收入差距，既是促进社会和谐的重要任务，也是实现科学发展的重要前提。在当前，最重要的首先是要进一步调整和完善按劳分配和按要素分配相结合的分配制度。坚持初次分配和再分配都要处理好效率和公平的关系，再分配更加注重公平，强化政府对收入分配的调节职能。此外，坚持科学发展，促进社会主义和谐社会的建设，更重要的是还应该从坚持和完善公有制为主体、多种所有制共同发展的基本经济制度着手。基本方针是"两个毫不动摇"①，并把两者统一到社会主义现代化建设的进程中。只有不断调整和改革我国生产关系中与生产力发展不相适应、与社会发展不协调的部分和环节，才能有效化解发展中出现的各种社会矛盾和突出问题，把科学发展观贯彻落实到经济社会发展的各个方面。

从以上论述可以看出，社会主义和谐社会的建设可以为科学发展提供良好的社会环境。正如党的十七报告指出："要按照民主法治、公平正义、诚信友爱、充满活力、安定有序、人与自然和谐相处的总要求和共同建设、共同享有的原则，着力解决人民最关心、最直接、最现实的利益问题，努力形成全体人民各尽其能、各得其所而又和谐相处的局面，为发展提供良好社会环境。"②

总之，科学发展与社会主义和谐社会的建设作为发展中国特色社会主义的基本要求的两个方面，既有联系又有区别。科学发展的中心是科学地发展经济，注重各种经济社会关系的协调，其精神实质是又好又快，用科学发展体现社会主义的本质；侧重用发展促公平，从发展的效率上体现社会主义的根本要求；社会和谐则从制度和观念的构建上，为科学发展提供良好的社会环境，

---

① 两个"毫不动摇"，即毫不动摇地巩固和发展公有制经济，毫不动摇地鼓励、支持和引导非公有制经济发展。

② 中共中央文献研究室编《十七大以来重要文献选编》（上卷），中央文献出版社，2009，第14页。

体现社会主义的本质要求。两者相互联系，互相渗透，相互作用。离开了科学发展，社会和谐就无从谈起。离开了社会和谐去追求发展，就不是科学发展，发展既不可能好，也不可能快，更不可能长久。只有把两者结合起来并落到实处，中国特色社会主义道路才能越走越宽广。

（三）在发展中国特色社会主义的伟大实践中实现科学发展与社会和谐

理论的意义在于揭示事物运动的本质和规律，从而能够进一步指导实践。科学发展观与构建社会主义和谐社会理论的创立，实现了马克思主义辩证唯物主义认识论从实践到理论的第一次飞跃。但是，正如毛泽东同志所说："如果有了正确的理论，只是把它空谈一阵，束之高阁，并不实行，那末，这种理论再好也是没有意义的。"① 因此，在新世纪新阶段，站在我国发展新的历史起点上，我们要清醒地认识当今世界和当代中国发展的新变化，全面把握我国发展的新要求和人民群众的新期待，坚定不移地把科学发展和社会和谐的总体要求贯彻落实到各项工作中去，在发展中国特色社会主义的伟大实践中不断推进科学发展和社会和谐。为此，我们要从以下几个方面作出努力。

第一，认真抓好党的自身建设。这是推进我国科学发展和社会和谐的根本保证。我们党历来十分重视自身建设。党的建设是中国革命成功的"三大法宝"之一。在过去的年代里，我们能战胜一个又一个敌人，克服一个又一个困难，最重要的就是靠党的坚强领导，靠党的建设。如今尽管我们所处的年代不同，世情、国情、党情发生了深刻的变化，但是党的建设这个法宝必须坚持。"党的建设是党领导的伟大事业不断取得胜利的重要法宝。"② 发展中国特色社会主义是党在新的历史条件下所从事的伟大事业。在

---

① 《毛泽东选集》第 1 卷，人民出版社，1991，第 292 页。
② 中共中央文献研究室编《十七大以来重要文献选编》（上卷），中央文献出版社，2009，第 231 页。

这一过程中，我们党面临执政考验、改革开放考验、市场经济考验、外部环境考验，因而更应进一步加强和改进党的建设。这直接关系到我们党和国家的前途命运。中国共产党是中国特色社会主义建设事业的领导核心。实现科学发展与社会和谐，关键取决于我们党。从这个意义上说，党的建设是推进我国科学发展和社会和谐的根本保证。党要实现领导科学发展和社会和谐的重大历史使命，就必须大力加强自身建设。当前，党的领导水平和执政水平、党的建设状况、党员队伍素质总体上同党肩负的历史使命是适应的。同时，党内也存在不少不适应新形势新任务要求、不符合党的性质和宗旨的问题。党的十七届四中全会通过的决定从理想信念、贯彻民主集中制、领导能力、基层党组织作用的发挥、与人民群众的关系以及领导干部中的腐败等六个方面，深刻地指出了党的建设所面临的问题。这些问题的存在不利于我们推动科学发展、促进社会和谐。因此，党必须下大力气解决这些问题。要努力提高党的领导水平和执政水平，提高拒腐防变和抵御风险的能力。要大力加强党的执政能力建设和先进性建设，使党始终充满创造力、凝聚力、战斗力，始终成为团结带领人民建设中国特色社会主义的坚强领导核心。唯有如此，实现科学发展和社会和谐才有可靠的保障。

　　第二，立足于社会主义初级阶段的基本国情。这是推进我国科学发展和社会和谐的根本依据。毛泽东曾指出："认清中国的国情，乃是认清一切革命问题的基本的根据。"[①]毛泽东虽然是针对新民主主义革命讲的，但是在社会主义时期仍然具有指导意义。在民主革命时期，由于我们党正确地认识了我国的国情，从而解决了一系列关于革命的根本性问题，引导革命取得了成功。在社会主义建设时期，我们也只有正确认识我国的国情，才能解决一系列我国社会主义现代化建设中的根本性问题。社会主义建设的历史经验表明，社会主义制度建立以后，能否正确判断社会主义所处的历史阶段对社会主义建设能否取得成功意义重大。正如恩

---

① 《毛泽东选集》第2卷，人民出版社，1991，第633页。

格斯指出："较低的经济发展阶段解决只有高得多的发展阶段才产生了的和才能产生的问题和冲突，这在历史上是不可能的。""每一种特定的经济形态都应当解决它自己的、从它本身产生的问题；如果要去解决另一种完全不同的经济形态的问题，那是十分荒谬的。"① 改革开放以后，我们逐步认清了我国的国情，提出了我国处于社会主义初级阶段的论断。社会主义初级阶段，"就是不发达的阶段。一切都要从这个实际出发，根据这个实际来制订规划"②。这就是说，认清国情是建设社会主义的前提和出发点。"强调认清社会主义初级阶段基本国情，不是要妄自菲薄、自甘落后，也不是要脱离实际、急于求成，而是要坚持把它作为推进改革、谋划发展的根本依据。"③ 在现阶段，我国发展呈现出阶段性特征。这些阶段性特征正是社会主义初级阶段基本国情的体现。因此，无论是推进科学发展还是促进社会和谐，都不能脱离我国的基本国情。因为在这个阶段我国社会的主要矛盾依然是人民群众日益增长的物质文化需要同落后的社会生产之间的矛盾。我们推进科学发展、促进社会和谐都是为了解决这一矛盾。为此，我们必须牢牢把握社会主义初级阶段的基本国情，毫不动摇地坚持党的"一个中心，两个基本点"的基本路线，认清全面建设小康社会、实现我国现代化、巩固和发展社会主义制度的重要性、长期性、艰巨性，提高想问题、办事情绝不可脱离实际的自觉性。唯有如此，推进科学发展、促进社会和谐才能落到实处。

第三，全面推进社会主义经济、政治、文化和社会建设。这是实现我国科学发展和社会和谐的根本目标。马克思主义认为，追求利益是人类一切活动的动因。马克思指出："人们为之奋斗的一切，都同他们的利益有关。"④ 列宁则称利益是"人民生活中最

---

① 《马克思恩格斯文集》第 4 卷，人民出版社，2009，第 458 页。
② 《邓小平文选》第 3 卷，人民出版社，1993，第 252 页。
③ 中共中央文献研究室编《十七大以来重要文献选编》（上卷），中央文献出版社，2009，第 11 页。
④ 《马克思恩格斯全集》第 1 卷，人民出版社，1995，第 187 页。

敏感的神经"[①]。在现阶段，我国人民的共同理想是建设中国特色社会主义。这也是全国人民的共同利益之所在。中国特色社会主义社会是全面发展、全面进步的社会。经济建设、政治建设、文化建设、社会建设，构成了中国特色社会主义事业的总体布局。在这一总体布局中，经济建设提供物质基础，政治建设提供政治保障，文化建设提供精神动力和智力支持，社会建设提供有利的社会环境和条件。人民群众的利益体现于、实现于中国特色社会主义事业的总体布局之中。也就是说，只有我国的经济、政治、文化和社会建设都搞好了，人民群众的利益才能得以实现。我们党提出科学发展和社会和谐意在全面推进中国特色社会主义经济、政治、文化和社会建设。从这个意义上说，全面推进我国社会主义经济、政治、文化和社会建设，是实现我国科学发展和社会和谐的根本目的。为此，在推进我国经济政治文化社会建设全面发展的过程中，必须牢牢把握住"科学发展"这个主题与"和谐"这个理念。从经济建设方面来看，要重点在转变经济发展方式、完善社会主义市场经济体制方面取得重大的新进展。从政治建设方面来看，必须坚持政治体制改革的正确方向，坚持党的领导、人民当家作主、依法治国有机统一，不断推进社会主义政治制度的自我完善和发展。从文化建设方面来看，必须更加自觉、更加主动地推动文化大发展大繁荣，更好地保障人民群众的文化权益，大力建设社会主义核心价值体系。从社会建设方面来看，要以解决人民最关心、最直接、最现实的利益问题为重点，使经济发展成果更多地体现在改善民生上。唯有如此，推进科学发展、促进社会和谐的目的才能达到。

---

① 《列宁全集》第 16 卷，人民出版社，1988，第 136 页。

第六章

比较视野下的中国
特色社会主义道路

　　新中国成立后，毛泽东同志就提出要实现马克思主义基本原理和中国实际的"第二次结合"，试图找到一条具有中国特色的社会主义建设道路。在前进过程中，我国经济社会发展取得了巨大的历史性进步，但由于缺乏建设经验以及受苏联社会主义模式的影响，也遭遇到一些挫折。1978年，邓小平同志打开了我国改革开放的大门，开始探索有中国特色的社会主义道路，在中国发展社会主义市场经济，利用西方资本主义国家的建设经验来发展中国。其后党的领导人以中国化的马克思主义为指导，结合中国实际，不断推进中国的现代化建设，取得了举世瞩目的成就。然而，在如何看待我们所走的道路问题上却存在分歧。在有些人看来，中国形式上是走社会主义道路，实际上已经发生了变化。比如有的人认为，中国表面上是在走中国特色社会主义道路，本质上并没有摆脱苏联模式的束缚；有的人认为，中国已经发生了根本性的变化，只是借着中国特色社会主义的外衣来走资本主义道路，它是对民主社会主义模式或美国模式的复制。应该说，这些观点对中国特色社会主义道路存有误读。本书试图从理论渊源和历史背景两个方面介绍中国特色社会主义道路与民主社会主义模式、苏联模式、美国模式的形成，从而揭示出这四种模式在指导思想、政治经济建设等方面的不同之处，以进一步廓清人们对中国特色社会主义道路的认识。

一　中国特色社会主义道路与其他主要发展模式
形成的理论渊源和历史背景不同

任何发展道路和模式都有其理论渊源及历史背景，都与特定国家的国情有着十分密切的关系。"任何一个理论的产生都是适应时代的要求应运而生，紧扣时代的脉搏应时而变的。"①

就美国模式而言，"它的理论渊源可以追溯到 18 世纪以亚当·斯密为代表的经济自由主义思潮，该思潮主张摒除政府对于经济事务的干预，认为自由贸易是国家经济发展的最佳途径"②。美国有着长期的自由主义传统，号称自由主义的王国，直至 20 世纪 30 年代爆发资本主义世界经济危机，国家才开始较大范围地介入对经济活动的干预。实际上，美国模式就是自由市场经济体制与政府有限干预的结合。

从美国模式兴起的历史背景看，多种族、多元文化的历史环境为美国模式的兴起创造了条件。美国是一个移民之邦，1607 年英国在此建立了第一块殖民地，从此移民浪潮便一波接着一波。美国还是一个不存在封建历史的国家，因此很少受封建历史的束缚，这对于资本主义市场经济在美国的发展提供了十分重要的条件。同时，当时北美的自然环境十分残酷，移民者最初来到北美时所面对的是凄凉的荒原莽野、可怕的疾病威胁和不间断的与当地土著人的矛盾冲突。在如此艰苦的环境下，他们锻造出注重自我奋斗的民族个性，这种民族个性使这个移民国家在发展中注重个人自由、个人意志，从而有利于自由市场经济的发展。当然，各国移民给美国带来的历史文化传统在塑造美国模式上也起了很大作用，其中，英国的历史文化传统对美国的影响最为突出。英国移民移入美国后，不仅给美国带来了相对先进的科学文化技术，

---

① 李霞：《中国特色社会主义理论体系的政治整合价值》，《吉首大学学报》（社会科学版）2010 年第 4 期。

② 赵宏：《中国模式与世界主要发展模式比较研究》，《科学社会主义》2009 年第 4 期。

还带来了自由、民主、人权等资本主义思想，于是，资本主义就在美国这片大地上生根发芽，慢慢成长。在殖民地时期，美国人民为了获得民族解放和国家独立，进行了反对以英国为主要对象的殖民国家统治的斗争，取得了独立战争的胜利。从此之后，美国便排除一切障碍，大力发展资本主义经济，逐渐建立起美国自由市场经济模式。

就苏联模式而言，其理论渊源植根于马克思主义对未来共产主义社会的设想。根据马克思主义创始人的观点，未来共产主义社会有如下一些特征：实行生产资料公有制，对社会生产进行有计划的组织和管理；实行各尽所能、按需分配的原则；彻底消灭了阶级差别和重大社会差别；社会生产力高度发展，物质财富极大丰富；人们的思想觉悟和道德水准极大提高。苏联是世界上第一个走上社会主义道路的国家，由于没有任何的现成经验可以借鉴，因此，苏共在探索社会主义建设道路之初，便严格遵循马克思主义对共产主义的构想，尤其是斯大林，把社会主义理解为绝对的计划经济、公有制和按劳分配，从而在实践中建立起以高度集中的计划经济体制为特征的苏联模式。

苏联模式兴起于"战争与革命"这样一个时代背景之中。首先，在国际方面，当时的苏联受资本主义的包围和战争的影响。十月革命胜利初期，革命风暴曾一度席卷欧洲资本主义国家，使许多国家走上了革命之路。列宁对这种世界革命浪潮曾寄予厚望，特别寄希望于英、法、德的工人阶级，但是，欧洲工人革命却被一个个地镇压下去，走向失败。此时的苏联已成为资本主义汪洋大海中一个社会主义的孤岛。在这种情况下，苏联为了应对国外侵略和国内反抗势力的压迫，必须大力发展生产力，加速发展重工业和军事工业，增强国家实力，以备战争之需。但是，在当时的历史环境下，要增强国家实力，不能仅仅依靠经济手段，而必须依靠高度集中的行政手段。可以说，苏联模式就是在这种备战、战争和医治战争创伤的过程中形成的。其次，在国内方面，当时的俄国正处在经济文化落后和党内斗争激烈的环境中。列宁逝世后，俄国布尔什维克党内围绕着一个经济文化落后的国家在资本主义包围下如何建设社会主义等问题发生了激烈的争论和斗争，斯大林在这场斗争中，利用自己手中的权力，排除异己，逐渐建立起以高度集中的计划经济体制为特征的苏联模式。

欧洲社会民主党在美、苏冷战及美、苏两种模式展开全方位竞争的背景下，积极探索本国发展道路，形成了不同于美、苏两国发展模式的第三种发展模式——民主社会主义模式。从理论渊源看，民主社会主义模式"植根于西方的基督教伦理、人道主义和古典哲学，直接继承了社会主义运动历史上改良主义、修正主义的理论，广泛吸收了现代西方哲学和社会科学流派的思想和观点"①。

从历史背景看，民主社会主义模式兴起于当时社会经济比较发达的欧洲资本主义国家。当时，西方资本主义制度已经经历了300多年的发展，生产力发展水平较高，工人阶级力量不断壮大，这些国家的资产阶级迫于当时社会主义国家的压力和国内工人阶级的斗争，必须探索出一条既能缓解国内矛盾，又能最终维护资产阶级利益的发展道路，于是，这些国家纷纷建立起了普选的民主制度。在这些实行民主政治的国家里，一个党派完全有可能通过选举掌握议会多数，他们或者一党，或者联合其他政党执掌国家政权，以民主社会主义理论和纲领指导国家建设。事实上，1919～1949年，以英国、法国、瑞典为代表的许多欧洲国家的社会民主党通过多党平等竞选的方式上台执政，他们采取了一系列措施推动社会生产力的发展，一定程度上缓和了社会矛盾，为民主社会主义的发展奠定了雄厚的物质基础，创造了有利的社会环境。

从理论渊源看，中国特色社会主义道路源于科学社会主义理论。正如党的十八大报告指出："中国特色社会主义，既坚持了科学社会主义基本原则，又根据时代条件赋予其鲜明的中国特色。"②

---

① 赵宏：《中国模式与世界主要发展模式比较研究》，《科学社会主义》2009年第4期。

② 胡锦涛：《坚定不移沿着中国特色社会主义道路前进　为全面建成小康社会而奋斗——在中国共产党第十八次全国代表大会上的报告》，人民出版社，2012，第13页。

科学社会主义理论是关于无产阶级解放斗争的性质、条件和一般目的的学说。其主要内容是：阐明生产社会化和生产资料资本主义私人占有形式之间的矛盾的发展，必然导致社会主义取代资本主义，以生产资料的公有制取代生产资料私有制，科学地论述了资本主义必然灭亡、社会主义必然胜利的客观规律；为消灭阶级以进入无阶级社会，必须实行无产阶级专政，在无产阶级专政条件下改造社会、发展生产力、进行社会主义建设，最终实现共产主义社会。中国特色社会主义坚持共产主义远大理想，坚持以公有制为主体、多种所有制共同发展而不搞私有化，坚持无产阶级专政与共产党领导下的多党合作和政治协商制度而不搞议会制和多党制，坚持解放和发展社会生产力，坚持走共同富裕道路，坚持促进社会和谐等，都是对科学社会主义基本原则的坚持和发展。

从历史背景看，中国特色社会主义道路是在以毛泽东等为代表的中国共产党人艰辛探索的基础上，于新中国成立后形成和发展起来的。"三大改造"完成后，我国确立了社会主义制度，我们党就面临一个新的历史任务，即在经济文化落后的东方大国建设社会主义。于是，毛泽东提出了马克思主义和中国实际进行"第二次结合"的问题，进行了艰难的探索。"在探索过程中，虽然经历了严重曲折，但党在社会主义建设中取得的独创性理论成果和巨大成就，为新的历史时期开创中国特色社会主义提供了宝贵经验、理论准备、物质基础。"① 在改革开放的新时期，以邓小平同志为核心的党的第二代领导集体带领中国人民深刻总结我国社会主义建设正反两个方面的经验，借鉴世界上其他社会主义国家发展的历史经验，科学地把握我国社会主义初级阶段的基本国情，经过10余年的探索，终于为中国人民找到了真正符合中国国情的社会发展模式，即中国特色社会主义道路。此后，党的领导集体带领全国各族人民狠抓机遇，迎接来自各个方面的挑战，不断地

---

① 胡锦涛：《坚定不移沿着中国特色社会主义道路前进　为全面建成小康社会而奋斗——在中国共产党第十八次全国代表大会上的报告》，人民出版社，2012，第10页。

丰富和完善了中国特色社会主义道路。

二　中国特色社会主义道路与其他主要发展模式在指导思想、政治经济建设等方面不同

由以上所述可知，四种模式兴起的理论渊源和历史背景存在巨大差异，不仅如此，这四种模式在指导思想、政治经济建设等方面也存在明显的不同。

美国模式以新自由主义为其指导思想。"新自由主义是当代右翼资产阶级的意识形态，是适应当代国家垄断资本主义向国际垄断资本主义转变的要求而形成的一种理论思潮和思想体系。"① 美国模式的特点及其所采取的政治经济方针集中地反映了新自由主义理论。首先，在政治上，美国实行资产阶级政党制度，坚决反对共产党执政，提倡"小政府、大社会"，尽量减少政府的干预。美国政治是建立在三权分立基础上的多元化、民主化的资本主义政治，这是与社会主义国家政治截然相反的。它反对公有制，主张资产阶级私有制，国家政权仅仅掌握在资产阶级手中，代表的是以资产阶级为主的少数人的利益，其目的是为了实现资产阶级利益最大化。其次，在经济上，美国确立了以生产资料私有制为主要特征的自由市场经济体制，主张经济建设上的自由化、私有化、市场化、非调控化。例如，美国在经济领域中实行的自由企业制度就很明显地体现了这一点。美国企业主要依据市场价格信息，自主地进行生产、经营、销售和分配等方面的决策，拥有充分的决策自主权，政府对企业既不能进行直接的行政干预，也不会制定全国性的计划制约企业行为。综上所述，我们看到，美国模式立足于美国的具体国情，顺应了全球化发展的潮流，促进了美国经济的发展，增强了其综合国力和国际竞争力。但是，美国不顾别国的基本国情，极力将美国模式向别的国家推广，并要求

---

① 李炳炎：《马克思产权理论创新与我国现代产权制度建设》，《南京理工大学学报》（社会科学版）2005 年第 1 期。

它们实行不折不扣的美国模式。显然，这种做法产生了许多消极影响，"如加剧社会结构的两极分化，影响社会的稳定，非洲的悲剧、亚洲金融自由化的消极后果以及拉美的经济和金融动荡等，都是证明"①。

从本质上看，苏联模式与美国模式相比是一种完全不同性质的社会发展模式，它高扬社会主义旗帜，追求共产主义社会目标。苏联模式是以马克思列宁主义作为自己的指导思想的。但是，由于苏联缺乏社会主义建设经验，教条式地对待马克思主义经典作家关于社会主义的理论，尤其是斯大林，更是僵化地认为社会主义就是绝对的计划经济、公有制和按劳分配，从而在实践中建立起以高度集中的计划经济体制为特征的苏联模式。具体地说，在政治上，苏联实行高度集权的行政命令体制。苏联名为联邦制国家，实际上是单一制国家，国家权力都集中在政府手中，政府掌控国家生活中的各项事务。在经济上，苏联实行高度集中的计划经济体制。在经济体制上，苏联实行单一的公有制体制，其他经济成分不能与之并存，主张推行指令性计划经济，以行政手段、排斥市场调节的方式对国民经济进行统一的领导和管理；在分配制度上，实行单一的按劳分配方式，过于注重平等。苏联的发展历程表明，建立于特定时期的高度集中的计划体制虽曾发挥过重要作用，但是随着实践的发展这种体制必须进行改革，否则就会出问题。第二次世界大战后，世界形势发生了巨大而深刻的变化，特别是新科技革命的迅速发展，使得原来的生产关系已不完全适应生产力的发展，因此必须改革生产关系中不适应生产力发展的方面和环节。虽然苏联也进行了一些改革，但这种改革并没有从本国的实际情况出发，从而严重地影响了苏联社会的发展，再加上后来苏联领导人错误的改革路线，最终导致苏联解体。

民主社会主义模式虽然也打着"社会主义"的旗号，但从本质上说，它是一种资产阶级改良主义的发展模式。在指导思想上，

---

① 赵宏：《中国模式与世界主要发展模式比较研究》，《科学社会主义》2009 年第 4 期。

主张多元化，否定马克思主义的指导。在政治上，民主社会主义主张在资本主义条件下的多党轮流执政，反对共产党的领导，主张在资本主义制度范围内，用和平的渐进的改良方法谋求社会的发展，实行"劳资合作"和阶级调和。在经济上，民主社会主义"主张在维持私有制主体的基础上，实行国有企业、私人企业和其他经济成分并存的'混合经济'制度，并维护以按资分配为主体的分配制度"①。民主社会主义的这些举措使人民生活水平有了些许提高，阶级对立有所减缓，有助于社会的稳定与发展。东欧剧变后，由于苏联模式的失败，许多人把目光转向民主社会主义模式，甚至认为民主社会主义关涉中国的前途和命运，这是一种完全没有考虑到本国国情的想法。民主社会主义模式从根本上说仍属于资本主义范畴，不适合中国的具体国情，因此中国绝不能完全照抄照搬。

相比于上述三种模式，中国特色社会主义一直把马克思主义作为根本的指导思想，并坚持马列主义基本原理同中国实际相结合，不断推进马克思主义中国化，从而形成了以邓小平理论、"三个代表"重要思想和科学发展观为主要内容的中国特色社会主义理论体系。在政治上，中国特色社会主义始终坚持中国共产党的领导，坚持工人阶级领导的以工农联盟为基础的人民民主专政，坚持人民当家作主的人民代表大会制度、中国共产党领导的多党合作和政治协商制度、民主区域自治制度等，绝不搞西方的多党制和三权分立。在经济上，中国特色社会主义主张实行社会主义市场经济体制。在发展社会主义市场经济的实践中，中国特色社会主义实现了由完全的计划调节，到计划经济为主、市场调节为辅的阶段，又从确立社会主义商品经济的阶段，到建立社会主义市场经济体制目标的阶段。在所有制结构上，是以公有制为主体、多种所有制经济共同发展；在分配方式上，是以按劳分配为主体、多种分配方式并存。总之，中国特色社会主义道路是有别于其他

---

① 严文波、徐红霞：《不能用民主社会主义取代中国特色社会主义》，《保定学院学报》2009 年第 3 期。

主要发展模式的社会主义发展道路。

三　小结

通过分析比较上述四种模式可知，人类在通往未来的道路上，每个国家所选择的发展模式和道路是可以多样化的，甚至一国在不同的历史时期也可以选择不同的发展模式，这是社会历史发展的多样性。每一种发展模式的产生都是各种因素综合作用的结果，它们之间可以相互借鉴，但绝不可以照抄照搬。一个国家是否选择了正确的发展道路，关键是看其是否适合这个国家的基本国情，是否能促进这个国家的发展，是否能给这个国家的人民带来幸福。改革开放以来，中国虽然遇到了许多挫折，但总体上说，取得了被誉为"中国奇迹"的辉煌成就。"中国特色社会主义在改革开放中酝酿、形成、发展，是科学社会主义在中国的新发展，是建立在中国现实基础之上的社会主义，是对传统与现代政治理论、传统与现代社会主义的超越。"[①] 这足以说明，中国特色社会主义道路是一条符合中国实际的以实现现代化为旨归的社会主义发展道路。它"是中国共产党人创造性地把马克思主义的基本原理结合中国实际，又充分吸取了人类文明的共同成果而形成的"[②]。

---

① 胡振良：《论中国特色社会主义与当代世界社会主义》，《科学社会主义》2010年第 3 期。

② 吴恩远：《"中国特色社会主义"和"苏联模式"关系析论》，《马克思主义研究》2007 年第 9 期。

全球化背景下中国特色社会
主义道路选择的世界意义

　　全球化是一个客观的历史进程和发展趋势。不论人们喜欢还是不喜欢或准备好还是没有准备好，全球化都以前所未有的速度发展，并且已经或正在对我们生活的方方面面产生重要影响。全球化已经成为理解我们这个时代变革原因的必要线索之一，也是构成 20 世纪世界历史的重要内容。"全球化概念首先意味着社会、政治以及经济活动跨越了边界，因此世界上一个地区的事件、决定和活动能够对距离遥远的地方的个人和共同体产生影响。"①

　　中国特色社会主义道路是在同全球化相联系而不是相脱离的进程中形成和发展起来的，目的是使中国在社会主义基础上实现现代化。"这样一条道路，在世界近代以来后兴大国崛起的历史上是一条前所未有的全新战略道路，在世界现实社会主义的历史上是一条前所未有的全新战略道路，在马克思主义发展史上也是一条前所未有的全新战略道路。"② 这条道路，从中国的实际国情出发，挽救并发展了中国社会主义，同时对各国人民在全球化时代如何坚持社会主义道路，进行了有益的探索，提供了自己的经验。正如邓小平指出："这不但是给占世界总人口四分之三的第三世界

　　① 〔英〕戴维·赫尔德等：《全球大变革——全球化时代的政治、经济与文化》，杨雪冬等译，社会科学文献出版社，2001，第22页。
　　② 郑必坚：《思考的历程》，中共中央党校出版社，2006，第98页。

走出了一条路，更重要的是向人类表明，社会主义是必由之路，社会主义优于资本主义。"① "我们的改革不仅在中国，而且在国际范围内也是一种试验，我们相信会成功。如果成功了，可以对世界上的社会主义事业和不发达国家的发展提供某些经验。"② 改革开放以来我国经济社会发展取得了巨大成就，被国际社会誉为"中国奇迹"。

应该看到，在中国这样一个人口居世界第一、国土面积居世界第三的发展中的大国，中国特色社会主义取得的成功，对世界格局和历史发展的影响是举足轻重的，对世界社会主义发展的促进作用也是巨大的。这就使得中国与全球化接轨、利用全球化提供的机遇实现自身发展的成功经验，具有重要的世界意义。

一　中国特色社会主义道路为广大发展中国家提供了一种有别于西方的发展模式

新加坡《联合早报》2004 年 4 月 20 日刊登郑永年撰写的题为《"中国模式"概念的崛起》的文章，文章指出：中国的发展经验早已被第三世界国家认可和借鉴。2004 年 5 月 7 日，英国著名思想库伦敦外交政策中心发表了乔舒亚·库珀·雷默（Joshua Cooper Ramo）的文章《北京共识》，文章总结了中国 20 多年来改革开放的经验后指出：中国的经济发展模式不仅是适用于中国的，也是追求经济增长和改善人民生活的发展中国家效仿的榜样。中国模式之所以能为发展中国家效仿就在于中国不把这种模式强加于任何其他国家，还在于中国模式本身就是一条强调和本国国情结合的新型发展道路。2006 年 9 月，联合国贸发会议官员德特勒夫·科特也表示："中国确实是过去 10 年至 15 年中经济发展最成功的国家。中国不是单纯地依靠市场力量来发展经济，而是重视政策手段与市场力量的有机结合，这是一种成功的策略。中国在宏观

---

① 《邓小平文选》第 3 卷，人民出版社，1993，第 225 页。
② 《邓小平文选》第 3 卷，人民出版社，1993，第 135 页。

经济政策、货币政策、汇率、利率、管理方面的做法值得其他发展中国家借鉴。"①

应当说，外媒的这些说法多数是善意的，并且多少看到了问题的某些方面，但往往并不懂得这些成就都是在中国特色社会主义理论的指导下取得的。正确的说法应该是：中国特色社会主义道路的重要意义在于，对世界上那些正在寻找一条既能发展自身，又能保持本国特色和政治选择的发展道路的广大发展中国家来说，中国提供了一条新的思路。

对此，邓小平在 1987 年 4 月的一次谈话中曾经指出，到 21 世纪中叶，中国"如果那时十五亿人口，人均达到四千美元，年国民生产总值就达到六万亿美元，属于世界前列"，这就"给占世界总人口四分之三的第三世界走出了一条路"②。现在，中国的发展还没有达到邓小平所说的中等发达国家的水平。但是，从改革开放以来我国在发展经济、摆脱贫困方面所取得的成就来看，可以说中国特色社会主义道路已在这个方面为广大发展中国家指出了奋斗方向。

改革开放以来，中国特色社会主义道路使中国的现代化建设取得了举世瞩目的伟大成就：1978～2008 年，我国的国内生产总值从 3624.1 亿元增加到超过 30 万亿元，在世界各国国内生产总值中所占比重由 1.8% 上升到 7.2% 以上，由名列世界第十一位上升到第三位。我国的进出口总额由 206 亿美元增加到 2.56 万亿美元。绝对贫困人口由 2.5 亿人减少到 1479 万人，在 30 年内我国的减贫人数所占全球减贫人数的比重超过了 70%。第一个提前实现了联合国千年发展目标中贫困人口比例减半的目标。

我国现代化建设所取得的举世瞩目的伟大成就得到了国际社会的认可和称赞。2005 年 3 月，时任联合国副秘书长、联合国开发署副署长泽菲林·迪亚布雷在中国发展高层论坛上发表演讲指

① 转引自刘国远《中国经验值得发展中国家借鉴——专访联合国贸发会议官员德特勒夫·科特》，《参考消息》2006 年 9 月 14 日。

② 《邓小平文选》第 3 卷，人民出版社，1993，第 225 页。

出，中国经济的迅速发展使千百万人摆脱了贫困，在扶贫和社会进步方面取得了空前的成就。中国还注重人的发展，提出了建设社会主义和谐社会，全世界许多国家认为中国是消除贫困和落后的典范。据世界银行公布的数据，1981～2005年，中国是发展中国家减贫成就最为显著的国家。如果将中国的减贫成果排除在外，那么在此期间，世界贫困人口实际上还增加了1亿多人。尼日利亚著名学者费米·阿科莫莱夫在《没有人再嘲笑亚洲人》一文中指出："20世纪70～80年代，中国和大部分非洲地区处于同样的经济落后局面，正因为如此，中国今天的经济腾飞为非洲人提供了特殊的经验。""非洲可以从中国这个经济巨头身上学到很多经验，首先并且最重要的是，相信万事皆有可能，无论从哪个方面来说，中国的经济表现都是一个奇迹。它展示出一个拥有自信、决心和远见的民族可以取得什么样的成就。""我们可以借鉴的另一个经验是，要想发展本国经济，只能靠自己民族的努力和决心，历史上没有哪个国家的经济是靠外国人发展起来的。"①

改革开放以来，中国的快速健康持续发展积累了一些建设现代化的基本经验。党的十七大报告将它概括为"十个结合"②，认为这是我国摆脱贫困、加快实现现代化、巩固和发展社会主义的宝贵经验。对于这"十个结合"笔者完全赞同，在此基础上强调以下三个方面：一是正确把握本国国情，二是独立自主探索本国发展道路，三是勇于创新。

正确把握本国国情是一个国家革命和建设取得成功的关键。

---

① 参见徐崇温《中国特色社会主义道路的世界意义》，《中国特色社会主义研究》2009年第4期。

② "十个结合"就是："把坚持马克思主义基本原理同推进马克思主义中国化结合起来，把坚持四项基本原则同坚持改革开放结合起来，把尊重人民首创精神同加强和改善党的领导结合起来，把坚持社会主义基本制度同发展市场经济结合起来，把推动经济基础变革同推动上层建筑改革结合起来，把发展社会生产力同提高全民族文明素质结合起来，把提高效率同促进社会公平结合起来，把坚持独立自主同参与经济全球化结合起来，把促进改革发展同保持社会稳定结合起来，把推进中国特色社会主义伟大事业同推进党的建设新的伟大工程结合起来。"中共中央文献研究室编《十七大以来重要文献选编》（上卷），中央文献出版社，2009，第8页。

这是中国特色社会主义道路提供的一条重要经验。正确把握中国国情是中国革命和建设取得胜利和成功的关键。正是由于以毛泽东为代表的中国共产党人正确把握半殖民地半封建的中国国情，才最终取得了新民主主义革命的胜利。在改革开放前的一个比较长的历史时期（1957～1976 年），我国的社会主义现代化建设事业之所以遭受到某些重大损失，其根本原因之一，也在于所"制定的政策超越了社会主义的初级阶段"①。改革开放以来，由于正确把握了中国国情，我国的社会主义现代化建设事业取得了巨大成就。正如邓小平所说："过去搞民主革命，要适合中国情况，走毛泽东同志开辟的农村包围城市的道路。现在搞建设，也要适合中国情况，走出一条中国式的现代化道路。"② 因此，中国特色社会主义道路，就是一条中国式的现代化道路，就是始终立足于中国社会主义初级阶段基本国情的社会发展道路。脱离社会主义初级阶段的基本国情也就不可能有中国特色社会主义，更谈不上发展中国特色社会主义。邓小平之后的中央领导人都始终不渝地坚持这一立足于我国基本国情的社会发展道路。江泽民也指出："在我们这样的东方大国，经过新民主主义走上社会主义道路，这是伟大的胜利。但是，我国进入社会主义的时候，就生产力发展水平来说，还远远落后于发达国家。这就决定了必须在社会主义条件下经历一个相当长的初级阶段，去实现工业化和经济的社会化、市场化、现代化。这是不可逾越的历史阶段。"③ 胡锦涛在党的十七大报告中指出："强调认清社会主义初级阶段基本国情，不是要妄自菲薄、自甘落后，也不是要脱离实际、急于求成，而是要坚持把它作为推进改革、谋划发展的根本依据。"④ 因此，中国特色社会主义道路，就是立足于社会主义初级阶段中国国情的道路。立足于初级阶段的基本国情，要求我们既要重视研究中国国情，

---

① 《邓小平文选》第 3 卷，人民出版社，1993，第 269 页。
② 《邓小平文选》第 2 卷，人民出版社，1994，第 163 页。
③ 《江泽民文选》第 2 卷，人民出版社，2006，第 13～14 页。
④ 中共中央文献研究室编《十七大以来重要文献选编》（上卷），中央文献出版社，2009，第 11 页。

又要善于把握中国国情的变化，并在此基础上制定方针政策和发展战略。

一个国家要想获得发展必须独立自主探索本国的发展道路。这是中国特色社会主义道路提供的又一条重要经验。中国特色社会主义道路是中国共产党和中国人民从中国实际出发而走出的一条独立自主的发展道路。这条道路的成功，最根本的原因就在于它所代表的是一个发展中的社会主义大国在经济社会发展过程中逐步摸索出了一条适合自己的发展道路。也就是说，中国特色社会主义道路既没有继续采用"苏联模式"，又没有盲目地照搬资本主义国家的发展模式，也成功地避开了沦为西方发达资本主义国家"外围"和附庸，是立足自身实际，面向世界、面向未来，逐步探索出了一条既切合中国实际国情，又顺应世界历史潮流的有中国特色的社会主义现代化道路。正如邓小平所说："因为在中国建设社会主义这样的事，马克思的本本上找不出来，列宁的本本上也找不出来，每个国家都有自己的情况，各自的经历也不同，所以要独立思考。"① 也正如邓小平早在 1982 年就指出的那样："我们的现代化建设，必须从中国的实际出发。无论是革命还是建设，都要注意学习和借鉴外国经验。但是，照抄照搬别国经验、别国模式，从来不能得到成功。这方面我们有过不少教训。"②

勇于创新是中国特色社会主义道路提供的另一条重要经验。江泽民指出："创新是一个民族进步的灵魂，是一个国家兴旺发达的不竭动力，也是一个政党永葆生机的源泉。"③ 雷默在他的《北京共识》一文中把"北京共识"定义为"锐意创新和试验，积极地捍卫国家边界和利益，越来越深思熟虑地积累不对称投放力量的手段"④。尽管雷默并不是从中国特色社会主义理论出发的，却也在一定程度上看到了中国特色社会主义道路的一个方面的特点。

---

① 《邓小平文选》第 3 卷，人民出版社，1993，第 260 页。
② 《邓小平文选》第 3 卷，人民出版社，1993，第 2 ~ 3 页。
③ 《江泽民文选》第 3 卷，人民出版社，2006，第 64 页。
④ 参见黄平、崔之元《中国与全球化：华盛顿共识还是北京共识》，社会科学文献出版社，2005，第 6 页。

中国特色社会主义道路的创新体现在政治、经济、思想文化以及路径选择等方面。就政治方面来说，我们坚持"党的领导、人民当家作主和依法治国的有机统一"的原则。同时，我们还坚持和完善了人民代表大会制度、中国共产党领导的多党合作和政治协商制度、民族区域自治制度以及基层群众的民主自治制度。我国的这种政治制度和民主社会主义的政治主张有着根本的区别，也不同于苏联当年完全的一党制和苏维埃制。就经济方面来说，经过改革开放以来的探索，我们逐步形成了社会主义初级阶段以生产资料公有制为主体、多种所有制经济共同发展的基本经济制度，以及以按劳分配为主体、多种分配方式并存的分配制度。这既与民主社会主义的主张不同，也与苏联当年的做法有别。民主社会主义主张社会主义可以在不改变生产资料资本主义私有制的条件下实现，主张衡量社会性质的标准不是生产资料所有制结构的性质，实践证明这不过是一种资产阶级改良主义的主张。苏联当年实行过分单一的公有制、排斥其他经济成分在社会发展中的作用，由此而形成了一套比较僵化的所有制体制和分配体制，并且在实践中最终导致了严重的后果。就思想文化方面来说，我们既坚持马克思主义在意识形态领域中的指导地位，用社会主义核心价值体系引领社会思潮，又尊重差异、包容多样，同时有力地抵制各种错误和腐朽思想的影响和侵蚀，努力建设社会主义先进文化。就路径选择来说，中国特色社会主义道路的路径选择也具有自己的特色。改革开放以来，我们党在领导人民沿着中国特色社会主义道路前进的过程中，在中国特色社会主义道路的路径选择上，成功地开辟了中国特色新型工业化道路、中国特色农业现代化道路、中国特色自主创新道路、中国特色新型城镇化道路以及中国特色社会主义的民主政治发展道路和中国特色社会主义的文化发展道路。以上中国特色社会主义道路所呈现的不同、区别和特色，都体现出了其鲜明的创新性。正是这种创新性使得中国特色社会主义道路越走越宽广。

应该说，以上这些经验在很多方面都是具有一定普遍意义的，可以为广大发展中国家凭借后发优势尽快实现现代化提供有益的参考和借鉴。从这个意义上说，中国特色社会主义道路的成功实践，对广大发展中国家来说无疑是一个巨大的鼓舞。

值得注意的是，美国学者福山 2007 年出版了《出乎意料》一书，书中预测未来世界可能发生的七大"战略意外"之一是："人们将许多不平等现象归咎于美国式的资本主义，全世界对这些不平等现象的不满，可能会将人们的注意力更多地转向像中国这样的社会主义模式，从而结束美国的霸权地位。"2007 年初，"软实力"概念的提出者约瑟夫·奈也曾对记者说过："中国的经济增长不仅让发展中国家获益巨大，中国特殊的发展模式和道路也被一些国家视为可效仿的榜样……更重要的是，将来，中国倡导的政治价值观、社会发展模式和对外政策做法，会进一步在世界公众中产生共鸣和影响力。"① 这些外国学者对中国特色社会主义道路或许并不一定十分了解，但毕竟从不同侧面看到了若干实情。

总之，中国特色社会主义道路正在对广大发展中国家产生影响。它为这些国家提供了一条可资借鉴的不同于传统资本主义的现代化理论和新自由主义"华盛顿共识"的现代化新路。因此，中国特色社会主义就是社会主义的中国模式，它是一条既有别于苏联和东欧国家的传统社会主义模式，又有别于西方资本主义发展模式的中国特色社会主义的现代化道路。

二 中国特色社会主义道路为其他社会主义 国家提供了成功的范例

中国不仅是一个发展中的大国，还是一个社会主义大国。中国特色社会主义道路的成功是在坚持社会主义基本制度的前提下取得的。因此，中国特色社会主义道路对于社会主义国家来说，具有重要的借鉴和启示意义。

中国特色社会主义道路是把科学社会主义的基本原则同中国的

---

① 转引自韦定广《创造与贡献：世界体系视域中的"中国道路"》，《社会科学》2010 年第 6 期。

国情相结合，走自己的路，通过改革开放来巩固、建设和发展社会主义的。正是因为坚持了这条道路，才使我国的综合国力显著增强，国际地位大大提升，人民生活水平实现了由温饱到总体小康的历史性跨越。实践表明，这条道路是正确的。正如胡锦涛在党的十七大报告中指出："中国特色社会主义道路之所以完全正确、之所以能够引领中国发展进步，关键在于我们既坚持了科学社会主义的基本原则，又根据我国实际和时代特征赋予其鲜明的中国特色。"①

中国特色社会主义道路对其他社会主义国家的一个重要启示是：社会主义的发展模式和道路是多样化的，不可能有一种固定的模式，也不存在一条固定的道路。社会主义的本质和科学社会主义的基本原则是一定的、不可改变的，但是不同国家和民族建设社会主义社会的道路却可以各不相同。在这一过程中，只要始终坚持科学社会主义的基本原则同本国实际相结合，其实现模式必定是多种的，道路必定是多样的。因为社会主义在各国的发展，由于各国国情的特殊性即经济、政治、思想文化的差异性，生产力的发展水平不同，无产阶级政党自身成熟程度的不同，阶级基础与群众基础的构成状况的不同，必然产生不同的理论与实践，从而使社会主义的发展道路呈现出多样性的特点。科学社会主义是置于现实基础上的社会主义，它本身就存在社会主义在不同现实基础上会产生不同特点的理论含义。正如邓小平指出："我们的现代化建设，必须从中国的实际出发。无论是革命还是建设，都要注意学习和借鉴外国经验。但是，照抄照搬别国经验、别国模式，从来不能得到成功。这方面我们有过不少教训。把马克思主义的普遍真理同我国的具体实际结合起来，走自己的道路，建设有中国特色的社会主义，这就是我们总结长期历史经验得出的基本结论。"② 1988 年 5 月 18 日，邓小平在会见莫桑比克总统希萨诺时也说道："世界上的问题不可能都用一个模式解决。中国有中国

---

① 中共中央文献研究室编《十七大以来重要文献选编》（上卷），中央文献出版社，2009，第9页。

② 《邓小平文选》第3卷，人民出版社，1993，第2～3页。

自己的模式，莫桑比克也应该有莫桑比克自己的模式。"①

关于社会主义发展模式的多样性问题，列宁曾有论述。他指出："一切民族都将走向社会主义，这是不可避免的，但是一切民族的走法却不会完全一样，在民主的这种或那种形式上，在无产阶级专政的这种或那种形态上，在社会生活各方面的社会主义改造的速度上，每个民族都会有自己的特点。"② 社会主义的民族形式是以社会主义的科学原则为前提的，离开科学社会主义的原则，再好的民族形式也不能称为科学社会主义的发展模式。同时，社会主义的强大生命力就在于模式的多样化，科学社会主义的原则要通过一定的民族形式表现出来，并发挥自身强大的潜力。实际上，社会主义发展模式的多样性，是人类社会和社会主义社会发展的一般规律和特殊规律的现实表现，是普遍性与特殊性的统一。社会主义本质的统一性和发展模式的多样性，既是科学社会主义的一个重要原则，也是世界社会主义运动的经验总结。

坚持社会主义模式的多样性，即坚持社会主义发展道路的多样性，是一个客观真理。在认识这一真理的过程中，各国共产党人和人民已经付出过沉重的代价。苏联是世界上第一个社会主义国家，曾经成为众多第三世界国家竞相学习的榜样。以苏联为首的社会主义阵营，曾是与西方资本主义世界对抗的绝对力量。但也正因为如此，在国际共产主义运动中出现了把苏联社会主义模式教条化的错误倾向，各个社会主义国家大多程度不同地仿效了苏联的做法，照搬了苏联模式。这些做法固然也取得了一定的历史性成就，但是照搬苏联模式的结果是在体制上和实际工作中出现了与苏联类似的弊端和问题。面对社会主义发展中出现的问题，社会主义各国作出了不同的反应，并且纷纷进行了不同形式的改革。但是直到20世纪90年代为止，除了中国等少数几个社会主义国家继续保留了自己的社会主义阵地之外，包括苏联和东欧国家

---

① 《邓小平文选》第 3 卷，人民出版社，1993，第 261 页。
② 《列宁专题文集——论社会主义》，人民出版社，2009，第 398 页。

在内的整个华沙条约集团的社会主义国家，都以失败和解体而告终。与此相反，我国的社会主义道路不仅在新中国成立以后就有许多自己的创造，从而在一开始就表现出与苏联模式的许多不同，而且尤其是由于改革开放以来进一步形成了中国特色社会主义道路，进一步破除了把苏联社会主义模式教条化、神圣化、凝固化的做法，更好地认清了中国国情，坚持走自己的路，建设有中国特色的社会主义，出色地解决了如何解放和发展生产力、如何走向共同富裕、如何促进社会全面发展、如何加快实现社会主义现代化等问题，从而使社会主义在中国更好地迸发出生机和活力，并使社会主义制度和体制得到了更新和完善。因此，从这个意义上可以说，中国特色社会主义道路，为社会主义国家选择适合自己发展的模式和道路提供了成功的范例。

中国特色社会主义道路对其他社会主义国家的另一个重要启示是：社会主义要不断进行改革，但在改革开放的过程中要始终坚持社会主义方向。恩格斯指出："所谓'社会主义社会'不是一种一成不变的东西，而应当和任何其他社会制度一样，把它看成是经常变化和改革的社会。"① 这就是说，任何一种社会制度的建立都不是一劳永逸的，都要随着时间的推移、时代的发展而不断对之进行改革和完善，对社会主义社会来说也是如此。但是，在进行改革的时候必须始终坚持社会主义方向，否则改革就会走上邪路。这已经为国际共产主义运动的经验教训所证实。苏东国家在进行改革的时候，背离了社会主义方向，搞多党制、放弃了党的领导地位、不坚持马克思主义在意识形态领域的指导等，最终导致改革败北，国家发生剧变。中国在改革开放的进程中始终坚持社会主义方向，使得中国的经济社会发展取得了举世瞩目的伟大成就，国家日益繁荣。俄罗斯《真理报》发表文章指出，与苏东国家的做法相比，中国坚持社会主义的举措，其"最重要的经验是中国领导人并没有打破以前的体制，也不是绞尽脑汁地要从社会主义向资本主义过渡，而是在社会主义体制中融入已成为改

---

① 《马克思恩格斯文集》第 10 卷，人民出版社，2009，第 588 页。

革社会主义体制动力的一系列重要的成分"。"中国的经验表明：在社会主义制度下，不仅可以进行改革，而且可以建立一种比震惊全世界的'亚洲四小龙'那样的资本主义社会更快地推动经济发展的机制。"① 事实也正是如此。

在改革开放的历史进程中，"我们党把坚持马克思主义基本原理同推进马克思主义中国化结合起来，把坚持四项基本原则同坚持改革开放结合起来"②，既坚持了科学社会主义的基本原则，又根据我国实际和时代特征赋予其鲜明的中国特色。正因为如此，我们才没有重蹈苏东国家的覆辙，在国内外各种风险考验的条件下，不断把中国特色社会主义推向前进，取得了骄人的业绩。

我们党始终坚持改革开放的社会主义方向，排除了来自"左"和右的干扰。邓小平提出有"左"反"左"，有右反右，江泽民提出要区分两种改革开放观，胡锦涛提出坚持四项基本原则与改革开放的统一，都充分地说明了这一点。

实际上，改革开放以来，我们党始终都是将改革开放与四项基本原则结合起来的。邓小平在20世纪70年代末80年代初就提出，没有四项基本原则这个政治保证，经济建设和改革开放都不可能成功。因此，他指出："在改革中坚持社会主义方向，这是一个很重要的问题。"③ "我们搞改革开放，这是怎样搞社会主义的问题。作为制度来说，没有社会主义这个前提，改革开放就会走向资本主义。"④ 针对1989年的政治风波，邓小平旗帜鲜明地指出："某些人所谓的改革，应该换个名字，叫作自由化，即资本主义化。他们'改革'的中心是资本主义化。我们讲的改革与他们不

---

① 转引自徐崇温《中国特色社会主义道路的世界意义》，《中国特色社会主义研究》2009年第4期。

② 中共中央文献研究室编《十七大以来重要文献选编》（上卷），中央文献出版社，2009，第8页。

③ 《邓小平文选》第3卷，人民出版社，1993，第138页。

④ 冷溶、汪作玲主编《邓小平年谱（1975～1997）》（下卷），中央文献出版社，2004，第1317页。

同，这个问题还要继续争论的。"① "这种右的倾向不是真正拥护改革、开放政策，是要改变我们社会的性质。"② "实际上就是要把我们中国现行的政策引导到走资本主义道路。"③

江泽民在新的历史条件下，多次强调坚持四项基本原则对于改革开放的意义。在庆祝中国共产党成立70周年大会上，江泽民指出："在改革中不坚持社会主义方向，就会葬送党和人民七十年奋斗的全部成果。" "要划清两种改革开放观，即坚持四项基本原则的改革开放，同资产阶级自由化主张的实质上是资本主义化的'改革开放'的根本界限。"④ 在中国共产党第十四次全国代表大会上，他又强调："坚持党的基本路线不动摇，必须把改革开放同四项基本原则统一起来。"⑤ 在参加八届全国人大四次会议、全国政协八届四次会议的党员负责同志会议上，他再次指出："四项基本原则是保证经济建设和改革开放最根本的政治条件。"⑥

党的十六大以来，党中央高举中国特色社会主义伟大旗帜，继续把改革开放事业推向前进，很好地处理了四项基本原则与改革开放的关系，把两者统一于发展中国特色社会主义的伟大实践。在党的十七大报告中，胡锦涛强调，在改革开放的进程中，我们党把坚持四项基本原则同坚持改革开放结合起来，这是我们30多年来所取得的一条十分重要的经验。他说："把坚持四项基本原则同坚持改革开放结合起来，强调我国改革开放之所以成功，在于我们既以四项基本原则保证改革开放的正确方向，又通过改革开放赋予四项基本原则新的时代内涵，教育和引导全党全国各族人民深刻认识坚持四项基本原则、坚持改革开放的辩证关系和重大意义，坚持把以经济建设为中心同四项基本原则、改革开放这两个基本点统一于发展中国特色社会主义的伟大实践，使中国特色

① 《邓小平文选》第3卷，人民出版社，1993，第297页。
② 《邓小平文选》第3卷，人民出版社，1993，第229页。
③ 《邓小平文选》第3卷，人民出版社，1993，第181页。
④ 《江泽民文选》第1卷，人民出版社，2006，第163页。
⑤ 《江泽民文选》第1卷，人民出版社，2006，第222页。
⑥ 《江泽民文选》第1卷，人民出版社，2006，第515页。

社会主义在当今世界的深刻变动和当代中国的深刻变革中牢牢站住了、站稳了，并成为充满生机活力的社会主义。"①

他还阐述了改革开放的性质：改革开放"是我们党领导的一场新的伟大革命，又是社会主义制度的自我完善和发展。也就是说，我们党领导的改革开放决不是要改掉社会主义制度。我们党领导的改革开放之所以实现了目的和效果的高度统一，就在于我们既坚定不移地进行改革开放，又坚定不移地坚持中国共产党领导、坚持社会主义，坚决排除各种错误思潮、错误倾向的干扰，始终沿着正确方向前进"②。

不难看出，改革开放以来，我们党排除了来自"左"和右的干扰，使改革开放始终沿着社会主义方向前进。表明我们党的执政能力和领导能力提升到了一个新的水平，对社会主义建设规律的认识提升到了一个新水平。

中国特色社会主义道路对其他社会主义国家的又一个重要启示是：要通过发展不断满足人民群众的物质文化生活需求，让人民群众切实感受到实实在在的利益。和马克思主义经典作家的预言不同，现实社会主义都不是建立在资本主义高度发达的基础之上的，而是建立在经济文化比较落后的基础之上的。在这样的条件下建设、巩固和发展社会主义，要通过发展来体现优势，增强生命力。社会主义不是抽象的。邓小平多次强调，贫穷不是社会主义，发展太慢不是社会主义。因此，社会主义从本质上来说，就是要不断解放和发展生产力，消灭剥削，消除两极分化，最终达到共同富裕。长期与落后、贫穷联系在一起的社会制度是不得人心的，是注定要垮台的。正如邓小平指出："不坚持社会主义，不改革开放，不发展经济，不改善人民生活，只能是死路一条。"③在邓小平看来，经济长期处于停滞状态总不能叫社会主义，人民

---

① 中共中央文献研究室编《十七大以来重要文献选编》（上卷），中央文献出版社，2009，第102页。

② 中共中央文献研究室编《十七大以来重要文献选编》（上卷），中央文献出版社，2009，第101页。

③ 《邓小平文选》第3卷，人民出版社，1993，第370页。

生活长期停止在很低的水平总不能叫社会主义。所以，邓小平强调："坚持社会主义的发展方向，就要肯定社会主义的根本任务是发展生产力，逐步摆脱贫穷，使国家富强起来，使人民生活得到改善。"① 他还说："为什么'六·四'以后我们的国家能够很稳定？就是因为我们搞了改革开放，促进了经济发展，人民生活得到了改善。"② 中国特色社会主义之所以能够得到人民群众的支持和拥护，之所以能够引起世界各国的关注，根本原因就在于我们始终牢记"发展是硬道理"，把发展作为我们党执政兴国的第一要务，坚持发展为了人民、发展依靠人民、发展成果由人民共享，解决了我国社会主义事业的发展目的、发展理念、发展方式和发展动力等问题，使我们的发展取得了辉煌成就。

总之，中国特色社会主义道路的成功，对社会主义国家来说，其意义在于它提供了一些重要的经验和启示：搞社会主义没有固定的模式和道路，必须走自己的路，从本国的国情出发，外国经验可以借鉴，但绝不能照抄照搬；社会主义不仅要成为人民群众的福音，还要给人民群众带来实实在在的利益；社会主义在各国的发展将展现出不同的特色，各种特色不同的社会主义将在相互比较、相互借鉴的过程中共同发展，马克思主义民族化，社会主义本国化，已成为马克思主义和社会主义发展的一种规律性体现；每一个社会主义国家的执政党都可能根据自己的实践对社会主义有新的理解、新的认识，并把自己的经验提升到理论层面，为科学社会主义增添新的内容；社会主义要不断进行改革，但在改革开放中要始终坚持社会主义方向，否则改革就会变成"改向"，最终会葬送社会主义事业。

三　中国特色社会主义道路的选择对人类社会发展的意义

苏联模式的失败和中国特色社会主义的兴起，是 20 世纪后期

---

① 《邓小平文选》第 3 卷，人民出版社，1993，第 264～265 页。
② 《邓小平文选》第 3 卷，人民出版社，1993，第 371 页。

国际共产主义运动史上发生的两件大事。从世界范围来看，中国特色社会主义的兴起标志着社会主义进入了一个新的发展阶段，对人类文明发展和社会主义运动的振兴，都将产生重大影响。正如邓小平在谈到中国的改革时指出："这场改革不仅影响中国，而且会影响世界。""我们的改革不仅在中国，而且在国际范围内也是一种试验，我们相信会成功。如果成功了，可以对世界上的社会主义事业和不发达国家的发展提供某些经验。""就是说，到下一个世纪中叶，我们可以达到中等发达国家的水平。如果达到这一步，第一，是完成了一项非常艰巨的、很不容易的任务；第二，是真正对人类作出了贡献；第三，就更加能够体现社会主义制度的优越性。我们实行的是社会主义的分配制度，我们的人均四千美元不同于资本主义国家的人均四千美元。特别是中国人口多，如果那时十五亿人口，人均达到四千美元，年国民生产总值就达到六万亿美元，属于世界前列。这不但是给占世界总人口四分之三的第三世界走出了一条路，更重要的是向人类表明，社会主义是必由之路，社会主义优于资本主义。"①

1988年10月，邓小平在一次讲话中又进一步阐述说："我们中国要用本世纪末期的二十年，再加上下个世纪的五十年，共七十年的时间，努力向世界证明社会主义优于资本主义。我们要用发展生产力和科学技术的实践，用精神文明、物质文明建设的实践，证明社会主义制度优于资本主义制度，让发达资本主义国家的人民认识到社会主义确实比资本主义好。"②

可以肯定地说，中国特色社会主义道路的成功实践对人类文明发展和社会主义运动的振兴，都将产生深远的影响。正如古巴共产党领导人卡斯特罗所说："中国坚持社会主义道路，具有世界意义。"应该说，这种评价是中肯的，也是实事求是的。

中国现在正处于并将长期处于社会主义初级阶段，人均国内

---

① 《邓小平文选》第3卷，人民出版社，1993，第118、135、224~225页。
② 冷溶、汪作玲主编《邓小平年谱（1975~1997）》（下卷），中央文献出版社，2004，第1255页。

生产总值居世界第 100 多位，离邓小平所说的那种发展水平还有很大的差距。但是，改革开放以来中国特色社会主义道路所取得的成就，已从发展的趋势和速度上为社会主义是人类社会必由之路、社会主义优于资本主义提供了有力的证明。

从经济规模来说，1999 年中国还位于美、日、德、英、法、意 6 个发达资本主义国家之后，位居第七。但在 2002 年就超越意大利而位居第六，2004 年超越法国而位居第五，2005 年超越英国而位居第四，2007 年超越德国而位居第三。尽管中国与美国在经济规模和占全球比重上还有较大差距，但中美之间的力量对比也在不断地改变。比如，在知识经济的规模方面，"在 2000 年，美国的计算机销量相当于中国的 3 倍，网民数量相当于中国的 5 倍，宽带接入量相当于中国的 40 倍。但是，到了 2008 年，从整体看来，中国在以上每个方面都赶上或几乎赶上了美国人"[1]。

中国独特的发展道路也表明社会主义是必由之路、社会主义优于资本主义。在人类社会发展历史上，凡是实现现代化的国家几乎都是在资本主义生产方式的基础上完成社会的全面转型的。在这一过程中，资本对内是对大多数人民的残酷剥削，对外则是对落后国家的野蛮侵略和掠夺，使得现代文明的确立充满着血腥和罪恶。当年英国的发展就是这样。在国内它搞"羊吃人"的圈地运动，使农民流离失所。不仅如此，它还残酷地剥削工人，关于这一点，恩格斯在《英国工人阶级状况》一书中作了深刻地揭露。在国外它大搞殖民扩张，对别国进行大规模的侵略和掠夺。有资料显示，在原有基础上，19 世纪后半期，英国陆续在非洲控制了尼日利亚、黄金海岸、肯尼亚、乌干达、南北罗得西亚、埃及和苏丹；在印度洋和太平洋，控制了印度、缅甸、马六甲、新加坡以及斐济、婆罗洲、新几内亚等。1876～1990 年，英国的殖民地从 2247.6 万平方公里增加到 3271.3 万平方公里，净增达 1023.7 万平方公里。第一次世界大战爆发前，英国共控制了世界

---

① 参见徐崇温《中国特色社会主义道路的世界意义》，《中国特色社会主义研究》2009 年第 4 期。

1/5 的陆地面积和 1/4 的世界人口[①]。

不仅仅英国是这样实现现代化的，可以说，从 15 世纪到当代，西方发达资本主义国家的文明都是建立在剥削和掠夺基础之上的，它们的资本主义现代化都是靠对内剥夺农民、剥削工人，对外通过掠夺、扩张、海外殖民以至于发动侵略战争的道路来实现的。与之相反，中国特色社会主义道路则是人类追求文明进步的一条新路，这是一条在既有国际秩序下的和平发展之路。对此，邓小平曾指出："我们搞的是有中国特色的社会主义，是不断发展社会生产力的社会主义，是主张和平的社会主义。只有不断发展社会生产力，国家才能一步步富强起来，人民生活才能一步步改善。只有争取到和平的环境，才能比较顺利地发展。"[②]

和平发展是中国特色社会主义道路的标志性特征。在国际上，它表现为中国通过争取和平的国际环境来发展自己，又以自己的发展来维护世界和平、促进共同发展，反对霸权主义和强权政治，反对任何国家以任何借口干涉他国内政。中国一贯反对军备竞赛，要求全面禁止和彻底销毁核武器，大规模裁减武器和军队，倡导和平发展的新理念。同时，中国主张国与国之间的争端应当通过谈判以和平方式解决而不应诉诸武力或以武力相威胁。表现为中国遵循《联合国宪章》和国际关系准则，在国际事务中弘扬民主、和睦、协作、共赢精神，主张国与国之间政治上相互尊重、平等协商；经济上相互合作、优势互补；文化上相互借鉴、求同存异；安全上相互信任、协力推进。总之，中国特色社会主义的这种和平发展的国际战略，"意味着与发达资本主义国家在损害别的国家和民族利益的基础上实现传统现代化的情况截然不同，中国是在与当代世界其他国家的共同发展中、与当代世界各种文明的协调一致中发展自己的社会主义现代化的"[③]。

---

① 〔美〕保罗·肯尼迪：《大国的兴衰》，王保存等译，求实出版社，1989，第183 页。

② 《邓小平文选》第 3 卷，人民出版社，1993，第 328 页。

③ 徐崇温：《中国特色社会主义道路的世界意义》，《中国特色社会主义研究》2009 年第 4 期。

　　中国特色社会主义道路的和平发展，在国内则表现为科学发展、和谐发展。2006 年 4 月，胡锦涛在美国耶鲁大学发表的演讲中阐述了这种科学发展、和谐发展的理念。他指出："这就是树立和贯彻以人为本、全面协调可持续发展的科学发展观，统筹城乡发展、统筹区域发展、统筹经济社会发展、统筹人与自然和谐发展、统筹国内发展和对外开放，更加注重解决民生问题，更加注重克服发展的不平衡性，更加注重解决发展中存在的突出矛盾，致力于走科技含量高、经济效益好、资源消耗低、环境污染少、人力资源优势得到充分发挥的新型工业化道路，推进经济建设、政治建设、文化建设、社会建设协调发展，努力实现生产发展、生活富裕、生态良好的文明发展格局。"[①] 中国特色社会主义道路的这种科学发展、和谐发展，正如德国的贝特霍尔德所说的那样，它给人们指出了一条摆脱全球资本统治的破坏性进程的出路。在他看来，当今的资本主义越来越明显地暴露其无能，在经济发展速度不断加快的同时，它已无法解决日益严重的全球性问题。例如，越来越多的国家发生社会劫难、暴力和战争，南北之间的鸿沟加深，环境遭到破坏。"现在世界越来越明确地要求成功塑造一个资本主义的对立面。中华人民共和国的重要意义以及今天中国所发生的一切也正在于此"。[②]

　　中国特色社会主义道路的发展及其所取得的成就，已经初步显示出社会主义是必由之路、社会主义优于资本主义。正如邓小平于 1987 年 4 月 26 日会见外宾时所说的那样："只有到了下世纪中叶，达到了中等发达国家的水平，才能说真的搞了社会主义，才能理直气壮地说社会主义优于资本主义。"[③] 不过，在当今世界社会主义运动处于低潮的时代背景下，中国特色社会主义道路的成功有着特别重要的意义。这种意义主要体现在两个方面：一是

---

① 中共中央文献研究室编《十六大以来重要文献选编》（下卷），中央文献出版社，2008，第 428 页。

② 转引自徐崇温《中国特色社会主义道路的世界意义》，《中国特色社会主义研究》2009 年第 4 期。

③ 《邓小平文选》第 3 卷，人民出版社，1993，第 225 页。

为世界社会主义的现实运动保存了主要力量；二是使人们看到了希望，增强了对社会主义的信念和信心。

邓小平曾指出："只要中国社会主义不倒，社会主义在世界将始终站得住。"① 中国是一个拥有众多人口的大国，只要中国的社会主义不倒，世界上就有1/5的人生活在社会主义社会中，社会主义就有着坚固的基地。在中国特色社会主义理论体系的指导下，中国共产党人不断探索和开拓，必将在全球化条件下，丰富、发展社会主义的实践。可以想见，经过包括中国共产党在内的世界各国共产党人的努力，在21世纪社会主义必定能够获得新的发展，成为充满生机与活力的美好社会。中国共产党人在社会主义问题上坚持马克思主义的世界物质多样性统一的原理，走出了一条具有中国特色的社会主义道路，坚持了历史进步的正确方向，使世界社会主义力量得以保存和壮大。正如俄罗斯科学院院士季塔连科所说："在社会主义处于深刻危机和战略撤退的情况下，中国共产党承担了按照时代的要求和新的历史机遇保留并发展社会主义的任务。邓小平提出的建设中国特色社会主义理论，避免了社会主义被撤出历史舞台的危险。"他选择了"既保持了继承性，又总结了全球化条件下进行政治改革和开放的新经验"的目标，"制定了克服理论停滞和思想危机的方法"，"提出了用社会主义来代替自由派'历史末日'的模式"②。

中国特色社会主义道路的成功开辟，不仅为世界社会主义的现实运动保存了主要力量，而且使人们看到了希望，增强了对社会主义的信念和信心。20世纪80年代末90年代初，东欧剧变、苏联解体，使世界社会主义事业的发展遭受前所未有的挫折，国际共产主义运动处于空前的低潮时期。在这种情况下，一些国家的人们社会主义的信念动摇了，走社会主义道路的信心不足。一时间，国际上敌对势力额手称庆，以福山为代表的一些学者断言

① 《邓小平文选》第3卷，人民出版社，1993，第346页。
② 转引自徐崇温《中国特色社会主义道路的世界意义》，《中国特色社会主义研究》2009年第4期。

20世纪兴起的社会主义已经"失败"，共产主义已经"终结"①，他们以为从此将是资本主义的一统天下。但是实际上，国际上坚持马克思主义，要求走社会主义道路的力量依然存在，社会主义在局部地区仍有较大发展。在这种背景下，人们把社会主义的希望更多地寄托在中国特色社会主义道路的实践上。因此，社会主义能否在中国站得住，成为世人关注的重大问题。针对人们的困惑和疑虑，以邓小平为代表的中国共产党人制定了"冷静观察、稳住阵脚、沉着应付、韬光养晦、有所作为"的战略方针，同时对马克思主义和社会主义充满着必胜信心。正如邓小平指出："我坚信，世界上赞成马克思主义的人会多起来的，因为马克思主义是科学。它运用历史唯物主义揭示了人类社会发展的规律。……社会主义经历一个长过程发展后必然代替资本主义。这是社会历史发展不可逆转的总趋势，但道路是曲折的。……所以，从一定意义上说，某种暂时复辟也是难以完全避免的规律性现象。一些国家出现严重曲折，社会主义好像被削弱了，但人民经受锻炼，从中吸收教训，将促使社会主义向着更加健康的方向发展。因此，不要惊慌失措，不要认为马克思主义就消失了，没用了，失败了。哪有这回事！"②

历史的发展表明，中国共产党人的判断及其提出的建设中国特色社会主义理论是完全正确的。正是在这个理论的指导下，我们经受住了国际风云变幻的严峻考验。中国的社会主义不仅没有垮，而且进入了一个飞速发展的时期，取得了被国际社会称为"中国奇迹"的巨大成就。从而使人们看到了世界社会主义的振兴之路和希望之光，开辟了当代世界社会主义发展的新天地。从中国特色社会主义的成功和苏东国家社会主义失败的比较中，人们逐步认识到，苏联模式的失败，不是也不可能是社会主义的失败。社会主义只会在总结经验的基础上搞得更好，从而坚定了人们社

---

① 〔美〕弗朗西斯·福山：《历史的终结及最后之人》，黄胜强、许铭原译，中国社会科学出版社，2003，第2~3页。

② 《邓小平文选》第3卷，人民出版社，1993，第382~383页。

会主义必胜的信心。中国特色社会主义道路的实践证明："我们走的路是对的。但要证明社会主义真正优越于资本主义，要看第三步，现在还吹不起这个牛。我们还需要五六十年的艰苦努力。"①"如果我们达到人均国民生产总值四千美元，而且是共同富裕的，到那时就能够更好地显示社会主义制度优于资本主义制度，就为世界四分之三的人口指出了奋斗方向，更加证明了马克思主义的正确性。"②

①　《邓小平文选》第3卷，人民出版社，1993，第227页。

②　《邓小平文选》第3卷，人民出版社，1993，第195～196页。

主要参考文献

一　著作

《马克思恩格斯文集》第 1~10 卷，人民出版社，2009。

《马克思恩格斯全集》第 1 卷，人民出版社，1995。

《马克思恩格斯全集》第 30 卷，人民出版社，1995。

《列宁专题文集——论马克思主义》，人民出版社，2009。

《列宁专题文集——论社会主义》，人民出版社，2009。

《列宁专题文集——论辩证唯物主义和历史唯物主义》，人民出版社，2009。

《列宁专题文集——论资本主义》，人民出版社，2009。

《列宁全集》第 12~13 卷，人民出版社，1987。

《列宁全集》第 16~17 卷，人民出版社，1988。

《列宁选集》第 3 卷，人民出版社，1995。

马克思：《1844 年经济学哲学手稿》，人民出版社，2000。

马克思：《资本论》第 3 卷，人民出版社，2004。

《斯大林文集》，人民出版社，1985。

《斯大林选集》（上卷），人民出版社，1979。

《毛泽东选集》第 1~4 卷，人民出版社，1991。

《毛泽东文集》第 6~8 卷，中央文献出版社，1999。

冷溶、江作玲主编《邓小平年谱（1975~1997）》（下卷），中央文献出版社，2004。

《邓小平文选》第 2 卷，人民出版社，1994。

《邓小平文选》第 3 卷，人民出版社，1993。

《江泽民文选》第 1~3 卷，人民出版社，2006。

《陈云文选》第 3 卷，人民出版社，1995。

胡锦涛：《在纪念党的十一届三中全会召开 30 周年大会上的讲话》，人民出版社，2008。

中共中央文献研究室编《毛泽东著作专题摘编》（上卷），中央文献出版社，2003。

中共中央文献研究室编《江泽民论有中国特色社会主义（专题摘编）》，中央文献出版社，2002。

中共中央文献研究室编《十一届三中全会以来重要文献选读》（上卷），人民出版社，1987。

中共中央文献研究室编《十二大以来重要文献选编》（中卷），人民出版社，1986。

中共中央文献研究室编《十三大以来重要文献选编》（上卷），人民出版社，1991。

中共中央文献研究室编《十三大以来重要文献选编》（中卷），人民出版社，1991。

中共中央文献研究室编《十三大以来重要文献选编》（下卷），人民出版社，1993。

中共中央文献研究室编《十四大以来重要文献选编》（上卷），人民出版社，1996。

中共中央文献研究室编《十五大以来重要文献选编》（上卷），人民出版社，2000。

中共中央文献研究室编《十六大以来重要文献选编》（上卷），中央文献出版社，2005。

中共中央文献研究室编《十六大以来重要文献选编》（中卷），中央文献出版社，2006。

中共中央文献研究室编《十七大以来重要文献选编》（上卷），中央文献出版社，2009。

本书编写组编《中共中央关于加强和改进新形势下党的建设若干重大问题的决定》，人民出版社，2009。

中共中央党史研究室编《中国共产党的七十年》，中共党史出版社，1991。

李铁映：《论民主》，人民出版社、中国社会科学出版社，2001。

刘建武：《中国特色与中国模式——邓小平社会主义特色观研究》，人民出版社，2006。

钱守云：《毛泽东保障农民利益思想研究》，中共党史出版社，2009。

卢少求：《延安时期中国共产党执政文化建设研究》，安徽大学出版社，2009。

李景治主编《当代世界经济与政治》，中国人民大学出版社，2000。

《刘国光文集》第 7 卷，中国社会科学出版社，2006。

许兴亚：《马克思主义经济学与中国经济问题探索》，社会科学文献出版社，2004。

许兴亚：《马克思的国际经济理论》，中国经济出版社，2002。

孙伯鍨：《探索者道路的探索》，南京大学出版社，2002。

吕世荣：《马克思社会发展理论研究》，中国社会科学出版社，2001。

吕世荣、周宏：《唯物史观的返本开新》，人民出版社，2006。

吕世荣、周宏、朱荣英：《马克思主义哲学的当代视野》，人民出版社，2006。

周宏：《理解与批判——马克思意识形态理论的文本学研究》，上海三联书店，2003。

季正矩、王瑾：《国家至要——当代国家政治安全新论》，重庆出版社，2006。

俞可平：《全球化与政治发展》，社会科学文献出版社，2005。

俞可平主编《全球化：西方化还是中国化》，社会科学文献出版社，2002。

俞可平等主编《全球化与当代资本主义国际论坛文集》，社会科学文献出版社，2005。

俞可平等：《全球化与国家主权》，社会科学文献出版社，2004。

赵景峰：《经济全球化的马克思主义经济学分析》，人民出版社，2006。

尚庆飞：《国外毛泽东学研究》，凤凰出版传媒集团、江苏人民出版社，2008。

范宝舟：《论马克思交往理论及其当代意义》，社会科学文献出版社，2005。

丰子义、杨学功：《马克思"世界历史"理论与全球化》，人民出版社，2002。

殷书良等：《全球化与党的建设》，人民日报出版社，2003。

河清：《全球化与国家意识的衰微》，中国人民大学出版社，2003。

俞可平等主编《马克思主义研究论丛》第6辑，中央编译出版社，2006。

俞可平主编《全球化时代的"社会主义"》，中央编译出版社，1998。

俞可平主编《全球化时代的"马克思主义"》，中央编译出版社，1998。

张世鹏、殷叙彝编译《全球化时代的资本主义》，中央编译出版社，1998。

俞可平、黄卫平主编《全球化的悖论》，中央编译出版社，1998。

刘金源、李义中、黄光耀：《全球化进程中的反全球化运动》，重庆出版社，2006。

中国现代国际关系研究所全球化研究中心编译《全球化：时代的标识》，时事出版社，2003。

北京大学马克思主义文献研究中心编《〈共产党宣言〉与全球化》，北京大学出版社，2001。

李琮主编《经济全球化新论》，中国社会科学出版社，2005。

胡元梓、薛晓源主编《全球化与中国》，中央编译出版社，1998。

和平等：《全球化与国际政治》，中央编译出版社，2008。

周泽之等：《社会历史之谜的科学解答——马克思主义经典著作选讲》，上海三联书店，2007。

任丙强：《全球化、国家主权与公共政策》，北京大学出版社、北京航空航天大学出版社，2007。

杨立英等：《全球化、网络化境遇与社会主义意识形态建设研究》，人民出版社，2007。

黄宗良、林勋健：《经济全球化与中国特色社会主义》，北京大学出版社，2005。

周春明:《经济全球化与有中国特色社会主义》,中国人民大学出版社,2001。

陈海燕:《全球化与中国特色社会主义》,山东人民出版社,2004。

王永贵:《经济全球化与中国特色社会主义》,黑龙江人民出版社,2003。

张骥:《经济全球化与当代社会主义的发展》,中央编译出版社,2002。

李惠斌:《全球化:中国道路》,社会科学文献出版社,2003。

韩德强:《碰撞:全球化陷阱与中国现实选择》,经济管理出版社,2000。

张汉林:《强国之路:经济全球化与中国的战略及政策选择》,对外经济贸易大学出版社,2001。

曹天宇:《现代化、全球化与中国道路》,社会科学文献出版社,2003。

程恩富:《经济全球化与中国之对策》,上海科学技术文献出版社,2000。

刘力:《全球化:中国的出路何在》,中国社会出版社,1999。

李黑虎、潘新平:《经济全球化对中国的挑战》,社会科学文献出版社,2003。

丁一凡:《大潮流——经济全球化与中国面临的挑战》,中国发展出版社,1998。

徐艳玲:《全球化、反全球化思潮与社会主义》,山东人民出版社,2005。

陈海燕、李伟:《全球化视域下社会主义的理论与实践》,山东大学出版社,2007。

李崇富:《较量:关于当代社会主义历史命运的战略沉思》,当代中国出版社,2000。

许征帆、李润海:《社会主义发展道路论》,山东人民出版社,1999。

靳辉明主编《中国特色社会主义理论体系研究》,海南出版社，1998。

靳辉明主编《社会主义历史、理论与现实》，安徽人民出版社，2000。

陆南泉等主编《苏联兴亡史论》，人民出版社，2002。

卢之超、王正泉：《斯大林与社会主义——世界第一个社会主义模式剖析》，社会科学文献出版社，2002。

王长江：《苏共：一个大党衰落的启示》，河南人民出版社，2002。

周尚文等：《苏联兴亡史》，上海人民出版社，2002。

沈宗武：《斯大林模式的现代省思》，云南人民出版社，2004。

王立新：《苏共兴亡论》，中共中央党校出版社，2007。

黄宗良、孔寒冰主编《世界社会主义史论》，北京大学出版社，2004。

萧贵毓、张海燕主编《社会主义思想史纲》，中共中央党校出版社，1998。

吴于廑、齐世荣主编《世界史：近代史编》（上、下卷），高等教育出版社，2001。

吴于廑、齐世荣主编《世界史：现代史编》（上、下卷），高等教育出版社，2002。

王桧林主编《中国现代史》，北京师范大学出版社，2004。

王东等：《马克思主义与全球化——〈德意志意识形态〉的当代阐释》，北京大学出版社，2003。

李惠斌、叶汝贤：《马克思主义与全球化》，社会科学文献出版社，2006。

王列等：《全球化与世界》，中央编译出版社，1998。

吴怀友：《全球化与中国共产党执政能力建设研究》，中共中央党校出版社，2007。

王存刚：《全球化与两大制度演进——若干问题研究》，吉林人民出版社，2004。

杨雪冬：《全球化：西方理论前沿》，社会科学文献出版社，2002。

王永贵等：《经济全球化与社会主义意识形态建设研究》，人民出版社，2005。

　　李惠斌：《全球化与现代性批判》，广西师范大学出版社，2003。

　　孙承叔：《打开东方社会秘密的钥匙》，东方出版中心，2000。

　　韩源等：《全球化与中国大战略》，中国社会科学出版社，2005。

　　周新城：《民主社会主义思潮评析》，社会科学文献出版社，2008。

　　殷叙彝：《民主社会主义论》，中央编译出版社，2007。

　　徐崇温：《民主社会主义评析》，重庆出版社，2007。

　　李振城：《驳民主社会主义救国论》，中国文联出版社，2007。

　　中联部编译小组编《社会党国际重要文件选编》，当代世界出版社，2005。

　　俞良早：《列宁主义研究》，广西人民出版社，1993。

　　俞良早：《创论“东方列宁学”》，南京师范大学出版社，2004。

　　俞良早：《关于列宁学说的论争》，中共中央党校出版社，2006。

　　俞良早：《马克思主义东方社会理论研究》，中共中央党校出版社，2006。

　　张希贤：《中国道路的四次飞跃——中国共产党历次代表大会分析》，中共中央党校出版社，2007。

　　张爱武：《世界历史性社会主义研究》，社会科学文献出版社，2005。

　　孙代尧、薛汉伟：《与时俱进的科学社会主义》，安徽人民出版社，2004。

　　韦定广：《“世界历史”语境中的人类解放主题》，人民出版社，2004。

　　蒋廷黻：《中国近代史》，上海世纪出版集团，2006。

　　刘学照：《浅论近代中国的民族觉醒和抗争》，山西高校联合出版社，1994。

　　蒲国良、熊光清：《全球化进程中社会主义与资本主义的关系》，中国人民大学出版社，2006。

　　沈云锁、陈先奎主编《中国模式论》，人民出版社，2007。

　　郑必坚：《思考的历程》，中共中央党校出版社，2006。

　　刘启良：《马克思东方社会理论》，学林出版社，1994。

张曙光：《人的世界与世界的人》，河南人民出版社，1994。

赵和平主编《中国近现代史纲》，北京理工大学出版社，2006。

李侃等编《中国近代史》，中华书局，1994。

严书翰、胡振良：《当代资本主义研究》，中共中央党校出版社，2004。

胡连生、杨玲：《当代资本主义的新变化与社会主义的新课题》，人民出版社，2000。

张雷声：《资本主义的社会矛盾及其历史走向》，安徽人民出版社，2000。

肖枫：《社会主义：转折与创新》，当代世界出版社，2003。

靳辉明、谷源洋：《当代资本主义与世界社会主义》（上卷），海南出版社，2004。

马龙闪：《苏联文化体制沿革史》，中国社会科学出版社，1996。

李兴耕等编《前车之鉴：俄罗斯关于苏联剧变问题的各种观点综述》，人民出版社，2003。

孙力等：《资本主义：在批判中演进的文明》，学林出版社，2005。

陆南泉等主编《苏联剧变深层次原因研究》，中国社会科学出版社，1999。

张战生、吴波主编《与时俱进——20世纪以来若干马克思主义重大问题探析》，安徽人民出版社，2002。

〔德〕哈贝马斯等：《全球化与政治》，王学东等译，中央编译出版社，2000。

〔英〕戴维·麦克莱伦：《马克思以后的马克思主义》，李智译，中国人民大学出版社，2004。

〔德〕赫·施密特：《全球化与道德重建》，柴方国译，社会科学文献出版社，2001。

〔英〕D. 赫尔德、〔英〕A. 麦克格鲁：《全球大变革：全球化时代的政治、经济和文化》，杨雪冬等译，社会科学文献出版社，2001。

〔英〕D. 赫尔德、〔英〕A. 麦克格鲁：《全球与反全球化》，陈志刚译，社会科学文献出版社，2004。

〔美〕大卫·A. 施沃伦：《自觉全球主义——矛盾冲突与对

策》，郑文园译，社会科学文献出版社，2005。

〔印度〕卡瓦基特·辛格：《不纯洁的全球化》，吴敏等译，中央编译出版社，2005。

〔加拿大〕马乔里·格里芬·科恩：《全球化动荡》，段保良译，华夏出版社，2004。

〔美〕伊曼纽尔·沃勒斯坦：《历史资本主义》，路爱国、丁浩金译，社会科学文献出版社，1999。

〔英〕阿兰·鲁格曼：《全球化的终结》，常志霄等译，三联书店，2001。

〔巴西〕特奥托尼奥·多斯桑托斯：《帝国主义与依附》，杨衍永等译，社会科学文献出版社，1999。

〔美〕伊曼纽尔·沃勒斯坦：《现代世界体系》第1～3卷，庞卓恒等译，高等教育出版社，1998。

〔美〕塞缪尔·亨廷顿等主编《全球化的文化动力——当今世界的文化多样性》，程克雄译，新华出版社，2004。

〔美〕罗兰·罗伯森：《全球化：社会理论和全球文化》，梁光严译，上海人民出版社，2000。

〔德〕汉斯－彼德·马丁、〔德〕哈拉尔特·舒曼：《全球化陷阱：对民主和福利的进攻》，张世鹏等译，中央编译出版社，1998。

〔葡〕里斯本小组：《竞争的极限：经济全球化与人类的未来》，张世鹏译，中央编译出版社，2000。

〔法〕雅克·阿达：《经济全球化》，何竟、周晓辛译，中央编译出版社，2000。

〔埃及〕萨米尔·阿明：《全球化的挑战》，彭姝祎、贾瑞坤译，社会科学文献出版社，2001。

〔英〕安东尼·吉登斯：《失控的世界》，周红云译，江西人民出版社，2001。

〔澳〕罗·霍尔顿：《全球化与民族国家》，倪峰译，世界知识出版社，2006。

〔美〕斯塔夫里阿诺斯：《全球通史》，吴象婴、梁赤民译，上海社会科学院出版社，1999。

〔美〕费正清：《伟大的中国革命》，刘尊棋译，世界知识出版社，2001。

〔美〕乔恩·厄尔斯特、〔挪威〕卡尔·欧夫·摩尼：《资本主义的替代方式》，王镭等译，重庆出版社，2007。

〔美〕米尔顿·弗里德曼：《资本主义与自由》，张瑞玉译，商务印书馆，2001。

〔法〕让－马克·夸克：《合法性与政治》，佟心平、王远飞译，中央编译出版社，2002。

〔美〕利普塞特：《政治人——政治的社会基础》，张绍宗译，上海人民出版社，1997。

〔美〕丹尼尔·贝尔：《资本主义文化矛盾》，严蓓雯译，三联书店，2010。

〔美〕阿兰·格鲁奇：《比较经济制度》，中国社会科学出版社，1985。

〔美〕大卫·科兹、〔美〕弗雷德·威尔：《来自上层的革命——苏联体制的终结》，曹荣湘、孟鸣歧等译，中国人民大学出版社，2002。

〔英〕安东尼·吉登斯：《社会学》（第四版），李康译，北京大学出版社，2009。

〔英〕保罗·哈里森：《第三世界——苦难、曲折、希望》，钟菲译，新华出版社，1984。

Manfred B. Steger, *Globalization: A Very Short Introduction*, Oxford: Oxford University Press, 2003.

Dave Renton, *Marx on Globalization*, Lawrence And Wishart Ltd., 2001.

Schroeder G., *The System Versus Progress: Soviet Economic Problem*, London: Centre for Research into Post Communist Economies, 1986.

Ulrich Beck, *What is Globalization?* London: Polity Press, 2000.

Steve Smith, John Baylis, *The Globalization of World Politics: An Introduction to International Relations*, Oxford: Oxford University Press, 1997.

二 论文

胡锦涛:《继续把改革开放伟大事业推向前进》,《求是》2008年第1期。

吕世荣:《马克思的世界历史思想与经济全球化》,《哲学研究》2002年第10期。

吕世荣、周宏:《资本全球化与马克思的资本批判》,《当代世界与社会主义》2006年第5期。

吕世荣:《马克思对资本主义的批判与当代经济全球化的实质》,《焦作大学学报》2001年第4期。

吕世荣:《马克思研究社会发展问题的主要方法》,《河南大学学报》(社会科学版)2001年第3期。

吕世荣:《经济全球化与邓小平的对外开放思想——邓小平对外开放思想对马克思世界历史理论的贡献》,《贵州师范大学学报》(社会科学版)2005年第6期。

谭培文:《毛泽东关于中国式革命道路的哲学认识》,《衡阳师范学院学报》1993年第5期。

谭培文:《全球化是马克思"社会化的人类"的实现》,《玉林师范学院学报》2001年第4期。

谭培文:《全球化和人的存在当代价值指归》,《南京航空航天大学学报》(社会科学版)2002年第1期。

许兴亚、张建伟、张昆仑:《对"经济全球化"的理性思考》,《现代经济探讨》2000年第10期。

许兴亚、张昆仑:《公有制与市场经济的兼容性新论》,《攀登》2001年第2期。

许兴亚:《市场经济,还是社会主义市场经济体制》,《探索与争鸣》2005年第11期。

周宏、董岗彪:《马克思主义经典与中国特色社会主义理论体系》,《马克思主义研究》2009年第1期。

陈晓明、周宏:《经济全球化进程中的民族主义批判》,《社会科学》2000 年第 12 期。

侯惠勤：《中国的改革开放与科学社会主义共命运——纪念〈共产党宣言〉发表 160 周年》，《马克思主义研究》2008 年第 3 期。

侯惠勤：《解放思想与中国特色社会主义》，《常熟理工学院学报》（哲学社会科学版）2008 年第 1 期。

侯惠勤：《改革开放是决定当代中国命运的关键抉择》，《北京大学学报》（哲学社会科学版）2009 年第 1 期。

侯惠勤：《论社会主义的合法性和价值合理性》，《淮阴师范学院学报》（哲学社会科学版）2001 年第 3 期。

李崇富：《经济全球化与劳动阶级的解放》，《中国人民大学学报》2001 年第 4 期。

李慎明：《全球化与第三世界》，《中国社会科学》2000 年第 3 期。

李慎之：《全球化时代中国人的使命》，《东方》1994 年第 5 期。

王学东：《文化全球化及其论争的再思考》，《理论与现代化》2002 年第 5 期。

俞良早：《马克思主义东方社会理论体系发展的三个阶段》，《东南学术》2003 年第 1 期。

吴恩远：《"中国特色社会主义"和"苏联模式"关系析论》，《马克思主义研究》2007 年第 8 期。

魏长领：《社会公正与思想共识》，《郑州大学学报》（哲学社会科学版）2007 年第 3 期。

陈劲松、黄凤文：《社会主义观念与全球化进程》，《中国人民大学学报》2005 年第 2 期。

秋石：《经济全球化与社会主义的未来》，《求是》2004 年第 5 期。

靳辉明：《划清马克思主义与反马克思主义的界限》，《马克思主义研究》1996 年第 6 期。

李延明：《全球化与共产主义的历史趋势》，《马克思主义研究》2001 年第 6 期。

宋士昌、李荣海：《全球化与建设有中国特色社会主义》，《中国社会科学》2001 年第 6 期。

梅荣政:《经济全球化的特征、实质与中国特色社会主义》,《马克思主义研究》2001 年第 4 期。

王连喜:《全球化进程中的中国特色社会主义》,《社会主义研究》1999 年第 2 期。

周春明:《经济全球化与 21 世纪中国特色社会主义面临的挑战和机遇》,《科学社会主义》2000 年第 2 期。

贾琳:《经济全球化双刃剑与中国特色社会主义建设》,《马克思主义与现实》2007 年第 1 期。

王连峰:《两种全球化与中国特色社会主义现代化道路之选择》,《天津市工会管理干部学院学报》2005 年第 1 期。

王永贵:《挑战机遇战略——全球化与 21 世纪中国特色社会主义》,《学习与探索》2001 年第 2 期。

郑科扬:《走中国特色社会主义道路要警惕新自由主义、民主社会主义、历史虚无主义三股思潮》,《政治学研究》2008 年第 1 期。

吴怀友:《国内全球化理论研究概述》,《上海行政学院学报》2005 年第 4 期。

热合木江·沙吾提:《全球化对中国特色社会主义发展的影响及对策》,《实事求是》2003 年第 3 期。

王丹、王媚:《经济全球化与中国特色社会主义的辩证思考》,《大连海事大学学报》(社会科学版)2006 年第 4 期。

蔡拓:《中国的全球化选择与对策》,《南开学报》(哲学社会科学版)2002 年第 4 期。

纪政文:《论经济全球化背景下的中国特色社会主义民主政治建设》,《东岳论丛》2005 年第 6 期。

刘建飞:《经济全球化与建设有中国特色社会主义面临的挑战》,《中国特色社会主义研究》1998 年第 3 期。

周敏凯、张明军:《全球化进程中中国面临的双重矛盾挑战与发展战略抉择》,《河南师范大学学报》(哲学社会科学版)2000 年第 6 期。

沈东海：《全球化背景下中国特色社会主义文化面临的挑战》，《中国党政干部论坛》2005 年第 1 期。

张从田：《"全球化"视域中的建设有中国特色社会主义》，《西安政治学院学报》2001 年第 2 期。

俞良早：《全球化的性质和社会主义问题的思考》，《社会科学研究》2003 年第 6 期。

罗文东：《全球化时代的社会主义观》，《马克思主义研究》2001 年第 4 期。

罗文东：《全球化与社会主义》，《中共四川省委省级机关党校学报》2001 年第 1 期。

杨雪冬：《西方全球化理论：概念、热点和使命》，《国外社会科学》1999 年第 3 期。

张世鹏：《什么是全球化》，《欧洲》2000 年第 1 期。

姜鹏：《对全球化的起源、含义及其研究现状的考察》，《太平洋学报》2000 年第 1 期。

吴易风：《全球化的性质和利弊》，《中国人民大学学报》2001 年第 4 期。

张骥、韩树军：《"全球化"与社会主义》，《当代社会主义问题》1998 年第 4 期。

赵兴良：《马克思的全球化思想》，《求实》2000 年第 9 期。

边立新：《马克思全球化思想的当代意义》，《中共中央党校学报》2001 年第 1 期。

姜志强：《全球化浪潮与社会主义发展》，《理论与实践》2001 年第 5 期。

刘力：《经济全球化对发展中国家不是陷阱》，《中国改革报》2000 年 11 月 8 日。

林平、张立新《中国特色社会主义在经济全球化进程中的现实定位》，《山东社会科学》2000 年第 5 期。

吴恩远、刘书林：《也谈苏联剧变与中国的改革开放》，《科学社会主义》2007 年第 1 期。

程恩富：《反思和超越新自由主义主导的经济全球化》，《河北学刊》2008 年第 1 期。

　　杨雪冬：《马克思主义经典作家关于全球化的基本观点述评》，《马克思主义与现实》2006 年第 5 期。

　　王永贵：《从全球化视角解读中国特色社会主义道路和理论体系》，《甘肃社会科学》2008 年第 2 期。

　　俞可平：《全球化研究的中国视角》，《战略与管理》1999 年第 3 期。

　　蔡拓：《全球化的时代意义及其启示》，《上海交通大学学报》（哲学社会科学版）2006 年第 6 期。

　　何晓明：《近谋远虑谁能解得失成败论书生——戊戌变法一百一十周年祭》，《天津社会科学》2009 年第 2 期。

　　严书翰：《论中国特色社会主义道路的主要点》，《中共中央党校学报》2003 第 4 期。

　　郑晓亮：《中国特色社会主义道路的历史分析与理性思考》，《东北师范大学学报》（哲学社会科学版）2002 年第 6 期。

　　张传平：《经济全球化视域中有中国特色社会主义的发展道路》，《南京社会科学》2002 年第 2 期。

　　周敏凯：《马克思"世界历史"观、全球化进程与社会主义运动》，《当代世界与社会主义》2003 年第 1 期。

　　徐艳玲：《苏共执政的教训：一种全球化视角的省察》，《聊城大学学报》（社会科学版）2006 年第 1 期。

　　王艳敏：《有中国特色的社会主义：经济全球化背景下对苏联模式的突破》，《国家检察官学院学报》2004 年第 4 期。

　　蔡拓：《全球化观念在中国的传播》，《经济社会体制比较》2008 年第 4 期。

　　胡大平：《具体地历史地理解全球化和当代中国的实践》，《哲学研究》2000 年第 4 期。

　　赵曜：《关于中国特色社会主义道路的几个问题》，《前线》2007 年第 9 期。

　　刘友忠：《中国特色社会主义道路科学内涵解读》，《当代世界与社会主义》2008 年第 4 期。

韩振峰：《中国特色社会主义道路的历史选择和现实要求》，《淮海工学院学报》（社会科学版）2008年第2期。

荣开明：《关于中国特色社会主义道路的思考》，《学术论坛》2008年第2期。

肖贵清、刘爱武：《中国特色社会主义道路的内涵及其特征》，《中国特色社会主义研究》2008年第2期。

吴波：《现代性的内在超越：中国特色社会主义道路实质的一种分析》，《甘肃社会科学》2008年第2期。

秦刚：《中国特色社会主义道路的创新性及其国际意义》，《当代世界与社会主义》2008年第4期。

朱佳木：《从改革开放前后两个时期的历史性质及其相互关系上认识中国特色社会主义道路的内涵》，《当代中国史研究》2008年第1期。

牛先锋：《走中国特色社会主义道路的历史必然性和现实意义》，《思想理论教育导刊》2007年第9期。

赵存生：《社会主义的历史进程与中国特色社会主义道路的开辟》，《思想理论教育导刊》2008年第7期。

姜迎春：《论中国特色社会主义道路的辩证特性》，《毛泽东邓小平理论研究》2008年第6期。

汪青松：《马克思主义中国化与中国特色社会主义道路》，《当代世界与社会主义》2007年第6期。

吴雄丞：《坚持科学社会主义基本原则走中国特色社会主义的道路》，《科学社会主义》2008年第1期。

秦刚：《中国特色社会主义：道路与理论体系的关系》，《中国特色社会主义研究》2008年第1期。

徐觉哉：《国外学者论中国特色社会主义》，《中国特色社会主义研究》2008年第3期。

韩艳涛、许倩：《国外学者对中国经济体制改革的评价》，《经济纵横》2008年第5期。

杨金海、吕增奎：《国外学者眼中的中国改革开放》，《上海党史与党建》2009年第1期。

成龙、钟晓莉：《海外邓小平理论研究四大问题观点综述》，《攀登》2004 年第 2 期。

马启民：《国外中国特色社会主义理论研究评析》，《当代世界与社会主义》2008 年第 6 期。

周艳辉：《近期国外学者关于中国经济发展模式的研究》，《国外理论动态》2007 年第 9 期。

姜一平：《聚焦中国：来自西方的报道和评论》，《国外社会科学》1999 年第 5 期。

贾英健：《论马克思的全球化思想及其当代价值》，《唯实》2002 年第 2 期。

魏洪钟：《马克思的全球化思想初探》，《中共浙江省委党校学报》2001 年第 4 期。

王金磊、杨军燕：《试析马克思的全球化思想》，《求实》2002 年第 12 期。

马峰成：《经典作家的全球化思想与当代全球化趋势》，《马克思主义研究》2000 年第 2 期。

曹天禄：《马克思恩格斯的全球化思想探析》，《学习论坛》2002 年第 10 期。

钟一言：《马克思恩格斯关于东方社会发展道路的探索》，《党建》2002 年第 2 期。

吴晓春、陈崎：《近代中国与中国近代社会的全球化》，《求索》2006 年第 5 期。

尹翔硕：《贸易结构更为重要——中国外贸依存度及进出口贸易的不平衡与不对称》，《国际贸易》2004 年第 3 期。

张幼文：《我国外贸依存度提高的影响与对策》，《国际贸易问题》2004 年第 8 期。

王炳林、马慧吉：《解放思想与中国特色社会主义道路》，《学习与探索》2008 年第 5 期。

郑丽平：《解放思想与中国特色社会主义历史进程》，《科学社会主义》2008 年第 5 期。

严书翰：《中国特色社会主义道路研究》，《学习论坛》2009

年第 6 期。

徐崇温：《改革开放是发展中国特色社会主义的必由之路》，《中国特色社会主义研究》2008 年第 6 期。

王伟光：《改革开放是发展中国特色社会主义的强大动力》，《中国社会科学》2008 年第 5 期。

周新城：《为什么必须坚持改革开放不动摇而不能停顿和倒退》，《思想理论教育导刊》2009 年第 6 期。

廖显满：《论科学发展与社会和谐的科学内涵及内在统一》，《云梦学刊》2009 年第 1 期。

韩振峰：《试论科学发展与社会和谐的辩证统一》，《科技与经济》2008 年第 1 期。

张忠良：《论中国特色社会主义道路的实践模式创新》，《思想理论教育导刊》2009 年第 2 期。

费利群：《全球化历史进程与资本主义阶段同步发展及其当代启示——列宁主义全球化理论的思考》，《山东社会科学》2005 年第 11 期。

赵景峰：《马克思世界市场理论对经济全球化研究的指导意义》，《毛泽东邓小平理论研究》2004 年第 3 期。

赵汇、吴涛：《透视经济全球化的本质及其发展趋势》，《学术界》2005 年第 6 期。

孙蚌珠：《客观认识资本主义发达国家的经济和科技优势》，《中共福建省委党校学报》2001 年第 1 期。

徐艳玲：《从传统社会主义到中国特色社会主义的历史流变——基于全球化视角的省察》，《理论探讨》2009 年第 2 期。

王广：《中国特色社会主义道路的理论探索与历史价值——纪念新中国成立 60 周年》，《南京大学学报》（哲学社会科学版）2009 年第 4 期。

徐崇温：《中国特色社会主义道路的世界意义》，《中国特色社会主义研究》2009 年第 4 期。

贺钦：《中国特色社会主义道路对发展中国家的启示》，《马克思主义研究》2008 年第 2 期。

秦刚：《中国特色社会主义道路的创新性及其国际意义》，《当代世界与社会主义》2008 年第 4 期。

林建华：《全球化与世界资本主义和社会主义》，《学术探索》2003 年第 4 期。

严书翰：《正确认识当代资本主义的新变化》，《党建》2002 年第 5 期。

于德惠：《苏联国力的兴衰与世界格局的演变》，《马克思主义研究动态》1991 年第 2 期。

杨承训：《科学发展观规导社会主义市场经济更完善——从改革开放 30 年成就看社会主义市场经济优于资本主义市场经济》，《高校理论战线》2008 年第 11 期。

李霞：《中国特色社会主义理论体系的政治整合价值》，《吉首大学学报》（社会科学版）2010 年第 4 期。

胡振良：《论中国特色社会主义与当代世界社会主义》，《科学社会主义》2010 年第 3 期。

赵宏：《中国模式与世界主要发展模式比较研究》，《科学社会主义》2009 年第 4 期。

〔波兰〕亚当·沙夫：《我的中国观》，《当代世界社会主义问题》2001 年第 4 期。

〔澳〕尼克·奈特：《当代中国马克思主义与马克思主义传统——全球化、社会主义及对理论连续性的追寻》，《马克思主义与现实》2006 年第 6 期。

〔美〕约翰·贝拉米·福斯特：《失败的制度：资本主义全球化的世界危机及其影响》，《哲学动态》2009 年第 5 期。

Nazli Choucri, Dinsha Mistree, "Globalization, Migration, and New Challenges to Governance," *Current History*, April 2009.

Paul M. Sweezy, "More (or less) On Globalization", *Monthly Review*, September 1997.

Wolfgang Deckers, "China, Globalization and the World Trader-Organization", *Journal of Contemporarily Asia*, 2004, Vol. 34, Issue 1.

Mikhail Titarenko, "China and Globalization", *Far Eastern Affairs*, 2003, Vol. 31, Issue 4.

索　引

A

按劳分配　156，233 – 237，251，
258，262，263，271

B

悲观主义者　66，67

北京共识　22，24，25，71，266，
270

必然性　5，7，27 – 29，31，34，
53，59，96，109，113，209

C

创新　6，17，19，25，28 – 30，34，
64，65，81，106，158，183，
188，191，197，201，202，209，
225，241，243，261，268，
270，271

D

党的建设　152，158，159，173，
252，253，268

《德意志意识形态》　7，35，37，
59，86，89，209

邓小平南方谈话　154，195，205

东方社会发展道路　101，102

独立自主　20，80，118，121，128，
150，159，212，214，215，
268，270

E

俄国农村公社　102，103，105

F

发展中国家　7，10，14，16，21，
24，30，57 – 59，64 – 66，68，
69，100，133 – 135，137，165，
167，168，171，178，182，183，
215，243，266 – 268，271，272

G

《哥达纲领批判》　87，88，217，
218

《共产党宣言》　1，2，8，35，38，
73，87，101，104，219，235

共同富裕　156，235 – 237，249，
275，278，286

《国家与革命》　88

国家主权　17，50，53，68，170 –
173，216

H

和平发展 78 – 80，282，283

J

机遇 7，12 – 20，27，29，45，57，
69，82，160，161，174，177，
178，181 – 185，187，189，196，
199，205，215，216，240，243，
244，260，266，284

解放思想 20，30，149，154，192 –
196，198 – 202

经济运行机制 82，155，232，235，
238

K

科学发展观 15，20，158，159，
191，192，196，238，240，242，
243，247，248，251，252，
263，283

科学社会主义基本原则 5

可能性 14，29，81，102，103，
111，120，165，237

L

乐观主义者 66，67

历史虚无主义 21，22

"两个平行市场"理论 126

《论欧洲联邦口号》 89

M

美国模式 256，257，261，262

民主社会主义 6，21，22，27，
28，33，71，256，259，262，
263，271

民族复兴 72 – 75

Q

全球化的意识形态性 175，216

R

人民幸福 72 – 74

S

"三个代表"重要思想 158，205，
263

社会思潮 271

社会主义初级阶段 23，47，69，
73，74，82，152，154，157，
188，196，197，205，226，235，
242，243，253，254，260，269，
271，280

社会主义革命 1 – 5，28，57，63，
71 – 73，76，88，89，91 – 96，
98，101，104 – 107，110，114，
119，122，128，141，147，149，
220，221，224

社会主义和谐社会 15，71，159，
191，192，196，206，240，247 –
249，251，252，268

社会主义核心价值体系 255，271

社会主义基本制度 5，72，78，
123，156，159，187，212，234 –
236，268，272

社会主义市场经济体制 16，78，
135，155，156，179 – 181，195，

197，205，217，225，226，229，230，232 - 237，239，241，243，249，255，263

十一届三中全会　78，132，145，147，149，151，154，155，177，185，186，194，195，204 - 206，211，214，226，227，229，230，243

十月革命　4，89，91，104，107，110，112，117 - 119，191，220，258

世界历史　4，5，8，24，31，35 - 37，42 - 44，46，56，59，60，86，98，104，105，110，112，119，209，210，212，238，265，270

收入分配制度　236，237

四项基本原则　71，132，150 - 152，159，186，193，200，206，212 - 214，268，276，277

苏联模式　6，23，25，28，33，129，130，146，256，258，259，262，263，270，274，275，279，285

W

文化产业　18，21，176，177

"文化大革命"　142，143，145，149，194

X

《辛丑条约》　109

新民主主义革命　4，5，72，77，94，96，109 - 111，116，119，121 - 123，253，269

《新民主主义论》　93 - 96

新自由主义　12，20 - 22，133 - 135，261，272

Z

政治体制改革　27，50，148，185，186，198，228，241，255

《中国革命和中国共产党》　94，96，119，121

中国模式　22，24，25，71，238，257，259，262，266，272

中国社会主义道路　29，34，84，93，98，111，113 - 115，117，118

主导意识形态　174 - 176

转变经济发展方式　181，196，233，255

后　记

　　本书为笔者 2012 年承担的安徽省社科规划项目"全球化视野下中国特色社会主义道路的选择研究"最终研究成果（项目编号：AHSK11－12D222），同时获得阜阳师范学院学术著作出版专项经费资助。特向安徽省哲学社会科学规划办公室的领导、阜阳师范学院的领导致以诚挚的感谢，正是他们的关怀和支持，使本书得以完成并出版。

　　本书的出版得到社会科学文献出版社的大力支持，特别是责任编辑曹义恒老师为本书的设计、编校及出版倾注了大量心血，在此深表谢意。

　　对全球化与中国特色社会主义问题的关注始于 2002 年。当时笔者在南京师范大学攻读硕士学位，是年 6 月 14～17 日"全球化与世界社会主义"全国学术研讨会在南京师范大学举行，笔者于是向大会提交了一篇论文——"全球化背景下的中国特色社会主义"。该文发表后被中国人民大学报刊复印资料《社会主义论丛》全文转载。这对笔者来说是一个非常大的鼓舞。从此，就比较多地关注全球化与中国特色社会主义问题，毕业后也陆续发表了一些相关研究文章。2007 年 10 月，党的十七大胜利召开，这次大会一个非常重大的理论成果，就是提出了中国特色社会主义理论体系和中国特色社会主义道路的概念。于是，笔者产生了把全球化和中国特色社会主义道路结合起来进行研究的设想。之后陆续发表了一些研究文章，在此基础上成功申报安徽省社科规划项目。经过一年多的辛苦，在自己的努力和多方的帮助下，最终完成项目的研究任务。

感谢我的导师许兴亚教授和吕世荣教授。从项目选题到书稿写作与修改，两位老师都给予了悉心的指导。可以说，本书写作中取得的每一点进步，无不凝结着他们的智慧和心血。尤其是许兴亚教授，为本书的写作倾注了大量心血。拙著草成后，他是第一位读者，对拙著进行了认真细致的审阅和修改，给予了全方位、多方面的指导。在此，笔者表示深深的谢意！

感谢所有关心、支持和帮助过我的领导、同事、同学和朋友，正是他们的激励，才使得拙著得以比较顺利地完成并出版。

感谢我的家人，他们是我坚强的后盾、可靠的大后方。妻子刘艳勤承担了几乎所有的家务，儿子朱恒一虽小小年纪却很懂事，这些为我的课题研究和著作撰写提供了不可或缺的重要条件和时间保障。在此我要对妻子和儿子说：我爱你们！

在本书的写作过程中，笔者参阅、引用了不少论文和论著，在此对这些成果的作者深表感谢！他们的著作大多在"主要参考文献"中列出，这里恕不一一赘述。

全球化对中国特色社会主义道路选择的作用、影响是全面的、深刻的，如何把全球化与中国特色社会主义道路的选择有机结合起来进行研究更是一个崭新的课题，其中不少问题还有较大争议。本书所作出的努力只是一种粗浅的和初步的探索，许多问题还有待今后进行进一步的探讨和研究。由于本人的水平和能力所限，书中一定存在不少缺点和疏漏，敬请各位专家和广大读者批评指正。

朱宗友

2013 年 6 月于颍州

图书在版编目（CIP）数据

中国特色社会主义道路选择研究：全球化视野下的意义与战略／
朱宗友著 . —北京：社会科学文献出版社，2013.9
ISBN 978 - 7 - 5097 - 4877 - 0

Ⅰ.①中… Ⅱ.①朱… Ⅲ.①中国特色社会主义 - 社会主义
建设模式 - 研究 Ⅳ.①D616

中国版本图书馆 CIP 数据核字（2013）第 163273 号

中国特色社会主义道路选择研究
—— 全球化视野下的意义与战略

著 者／朱宗友

出 版 人／谢寿光
出 版 者／社会科学文献出版社
地 址／北京市西城区北三环中路甲 29 号院 3 号楼华龙大厦
邮政编码／100029

责任部门／社会政法分社（010）59367156 责任编辑／曹义恒
电子信箱／shekebu@ ssap. cn 责任校对／谢 敏
项目统筹／曹义恒 责任印制／岳 阳
经 销／社会科学文献出版社市场营销中心（010）59367081 59367089
读者服务／读者服务中心（010）59367028

印 装／三河市尚艺印装有限公司
开 本／787mm×1092mm 1/20 印 张／16.2
版 次／2013 年 9 月第 1 版 字 数／290 千字
印 次／2013 年 9 月第 1 次印刷
书 号／ISBN 978 - 7 - 5097 - 4877 - 0
定 价／59.00 元